Du
côté
des
lettres

Collection dirigée par
Marie-France Sculfort

Grammaire et expression 6e

Français

Nouvelle édition
Programme 1996

Cécile DE CAZANOVE
Professeur agrégé de Lettres modernes
Collège Pierre de Ronsard à Paris

Laurent COSTE
Professeur certifié de Lettres modernes

Marie-France SCULFORT
Professeur agrégé de Lettres Modernes
Collège Jean-Philippe Rameau à Tours

NATHAN

Avant-propos

Conforme aux programmes et Instructions officielles de 1996, Grammaire et Expression 6e *propose une articulation cohérente entre l'étude de la grammaire, l'apprentissage de l'orthographe, du vocabulaire et les activités d'expression orale et écrite.*

La structure de l'ouvrage

● L'ouvrage est organisé en **six grandes parties** commandées par le rythme de la progression grammaticale :

1. La communication
2. La phrase
3. Les fonctions dans la phrase
4. Le groupe nominal
5. Le verbe
6. Le texte

● Chaque **partie** propose :

- des **chapitres de grammaire** : une leçon de 2 à 3 pages et des exercices progressifs sur 2 ou 3 pages.
Ces exercices s'organisent en trois étapes :
Identifier : exercices d'approche globale, permettant à l'élève de reconnaître les faits de langue abordée ;
Transformer : exercices de manipulation ;
Écrire : exercices de réinvestissement, souvent à partir d'une consigne amusante.
À la fin de chaque leçon, l'élève est invité à faire le point sur ce qu'il a appris.
- des fiches d'**orthographe** : leçon et exercices sur une double page ;
- une fiche d'**expression orale**, sur une double page, en étroite liaison avec le thème de la partie ;
- un **bilan d'évaluation** avec barème : présenté sur une page, il regroupe les notions abordées dans l'ensemble de la partie.

● En **fin d'ouvrage**, une partie « **Pour vous aider** » :

- quatre dossiers d'**orthographe lexicale** abordent, autour d'un thème, les notions suivantes : étymologie, synonymie, antonymie, homonymie, dérivation, sens propre - sens figuré. Ces fiches proposent de nombreux exercices, attrayants et amusants.
- des **tableaux de conjugaison**,
- un **jeu** d'entraînement à la conjugaison,
- un tableau d'**alphabet phonétique international**,
- un **lexique grammatical** de 93 mots.

Les points forts

● Ce **manuel de grammaire complet** offre une description du système de la langue. Il aborde toutes les notions indispensables, et donne ainsi aux élèves de Sixième des repères précis et une formation de qualité.

● D'autre part, cet ouvrage établit un **véritable décloisonnement** entre les différentes activités de français.
Ainsi, les leçons de grammaire s'appuient sur des textes d'observation qui sont repris du manuel *Textes et méthodes 6e* : l'ensemble est destiné à proposer des **séquences pédagogiques** cohérentes.
Les **fiches d'orthographe grammaticale** sont intégrées à la progression de grammaire. Les fiches d'**orthographe lexicale** sont liées étroitement à l'acquisition du vocabulaire. Les fiches d'**expression orale** proposent des activités opérationnelles en relation avec les notions de grammaire abordées.

● Nous avons également voulu permettre à l'élève et au professeur d'**évaluer les connaissances** acquises tout au long du processus d'apprentissage :
– à la fin de chaque leçon, la rubrique « **Autoévaluation** » invite l'**élève** à faire le point sur ce qu'il a appris ;
– le **bilan** qui clôt chaque partie permet au **professeur** d'évaluer les connaissances grammaticales et orthographiques acquises.

● Enfin, nous avons conçu l'étude de la grammaire comme un **instrument pour l'expression orale et écrite**, afin de placer cette étude dans une **véritable perspective fonctionnelle**. C'est à cette fin que les leçons de grammaire s'achèvent le plus souvent par des exemples de réinvestissement écrits, et que les activités débouchent systématiquement sur des exercices de réemploi et d'écriture inventive.

Dans la même collection

Le manuel ***Textes et méthodes 6e*** pourra être utilisé **seul** ou en **interactivité** avec celui-ci, puisque c'est du corpus de ce manuel que sont repris les extraits de textes sur lesquels se fondent les leçons de grammaire et les leçons d'orthographe du présent ouvrage.

Les auteurs.

À la découverte de votre manuel

Votre manuel se veut avant tout un outil de référence ainsi qu'un recueil d'exercices destiné à vous guider dans votre apprentissage des notions de grammaire, de vocabulaire et d'orthographe indispensables pour mieux lire et écrire des textes variés.

Structure de l'ouvrage

Cet outil de référence décrit et organise en six parties les principaux éléments du système de la langue.

1. La communication

Vous repérerez ici les trois éléments principaux de la communication : l'émetteur, le récepteur, le message. Vous étudierez les principales conditions dans lesquelles chaque message ou texte est produit.

2. La phrase

Dans cette partie, vous distinguerez les différents types et formes de phrases, vous construirez des phrases vous permettant de donner une information, poser des questions, donner des ordres…

3. Les fonctions dans la phrase

Cette partie du manuel vous permet d'approfondir vos connaissances et de construire des phrases correctes.

4. Le groupe nominal

Cette partie vous incite à maîtriser les principaux éléments du groupe nominal, de manière à enrichir les textes que vous écrivez.

5. Le verbe

Vous approfondirez votre connaissance du verbe (orthographe et conjugaison) et aborderez les valeurs des principaux temps de l'indicatif.

6. Le texte

Cette partie vous initiera à la structure des textes et vous familiarisera à leur progression interne. Elle vous aidera à produire des textes efficaces et cohérents.

Structure d'une partie

Chaque partie est composée :
– de plusieurs chapitres de **grammaire** ;
– de plusieurs fiches d'**orthographe** ;
– d'une fiche d'**expression orale** ;
– d'un **bilan**.

exercices

Après chaque leçon de grammaire, d'orthographe, d'expression orale, vous trouverez des **exercices** pour vous entraîner et vous permettre de maîtriser les notions étudiées. Dans les chapitres de grammaire, les exercices s'organisent en trois temps :

1. Identifier : à partir de phrases et de textes, vous serez amenés à reconnaître les notions abordées dans la leçon.

2. Transformer : vous manipulerez des phrases et des textes en les transformant selon des consignes précises.

3. Écrire : vous réutiliserez les notions que vous aurez apprises en écrivant des textes personnels, variés et souvent amusants. Vous pourrez ainsi vous exprimer avec justesse et précision.

Un guide d'autoévaluation

À la fin de chaque chapitre de grammaire, un **guide d'autoévaluation** vous donne l'occasion de faire le point sur vos réussites, votre progression, et de confier vos difficultés éventuelles à votre professeur.

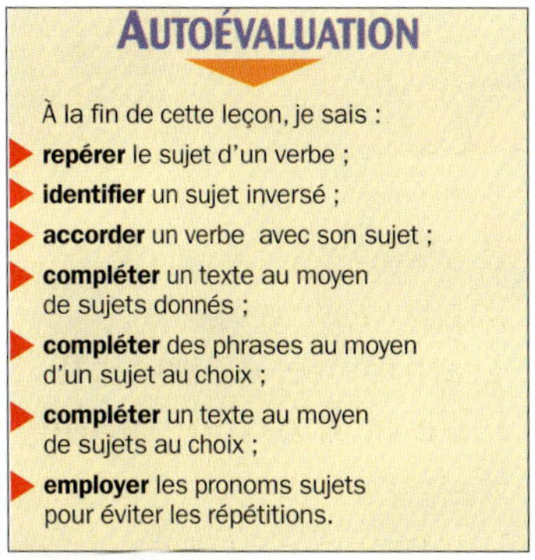

AUTOÉVALUATION

À la fin de cette leçon, je sais :
- **repérer** le sujet d'un verbe ;
- **identifier** un sujet inversé ;
- **accorder** un verbe avec son sujet ;
- **compléter** un texte au moyen de sujets donnés ;
- **compléter** des phrases au moyen d'un sujet au choix ;
- **compléter** un texte au moyen de sujets au choix ;
- **employer** les pronoms sujets pour éviter les répétitions.

Des fiches d'orthographe

Les **fiches d'orthographe grammaticale** intégrées à chaque partie vous invitent à travailler les notions indispensables à l'écriture.

Exemple : les temps de la communication : présent, futur de l'indicatif et présent de l'impératif.

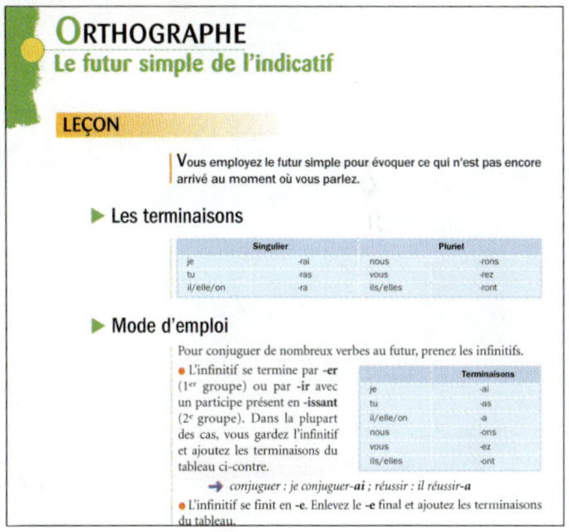

ORTHOGRAPHE
Le futur simple de l'indicatif

LEÇON

Vous employez le futur simple pour évoquer ce qui n'est pas encore arrivé au moment où vous parlez.

▶ Les terminaisons

Singulier		Pluriel	
je	-rai	nous	-rons
tu	-ras	vous	-rez
il/elle/on	-ra	ils/elles	-ront

▶ Mode d'emploi

Pour conjuguer de nombreux verbes au futur, prenez les infinitifs.

• L'infinitif se termine par **-er** (1er groupe) ou par **-ir** avec un participe présent en **-issant** (2e groupe). Dans la plupart des cas, vous gardez l'infinitif et ajoutez les terminaisons du tableau ci-contre.

	Terminaisons
je	-ai
tu	-as
il/elle/on	-a
nous	-ons
vous	-ez
ils/elles	-ont

→ *conjuguer : je conjuguer-**ai** ; réussir : il réussir-**a***

• L'infinitif se finit en **-e**. Enlevez le **-e** final et ajoutez les terminaisons du tableau.

Un bilan

À la fin de chaque partie, votre professeur pourra évaluer vos connaissances en **grammaire** et en **orthographe** grâce aux exercices du **bilan**. Vous pourrez ainsi, éventuellement, revenir en arrière pour revoir les points que vous n'avez pas encore assimilés.

BILAN

1 16 points

Indiquez la catégorie grammaticales des mots soulignés.

Devant la vitrine du magasin, Louise et son frère regardaient les automates s'animer dans leur décor multicolore. La scène représentait une salle de bal, où tous les gens tournoyaient et souriaient. Louise savait que son petit frère trouvait ce spectacle féerique, alors elle lui promit de revenir les jours suivants, toujours en sortant de l'école, et ainsi jusqu'à Noël.

2 12 points

a. Relevez le groupe sujet de chacun des verbes conjugués. (10)
b. Combien y a-t-il de sujets inversés ? (2)

Dans l'unique pièce d'une misérable cabane, au plafond bas et aux murs couverts de suie, se trouvait David, un pauvre garçon au visage pâle et aux yeux noirs. Il était seul avec son petit frère, cette première nuit de Hanoukka[1]. Son père était parti au village pour acheter du grain, mais trois jours étaient passés et il n'était pas rentré à la maison. La mère de David était partie à son tour pour chercher son mari, et elle non plus n'était pas revenue. Le bébé dormait dans son berceau. Dans le chandelier de Hannoukka, vacillait la première bougie, que David avait allumée lui-même.

Isaac Bashevis Singer, « La ruse du démon », in *Zlateh la chèvre et autres contes*, © Livre de Poche Jeunesse.

sonne n'avait encore jamais entendu parler : Atzel s'imaginait qu'il était mort.

Isaac Bashevis Singer, « Une histoire de paradis », in *Zlateh la chèvre et autres contes*, © Livre de poche Jeunesse.

4 20 points

Précisez la nature grammaticale et la fonction des éléments soulignés.

Durant ces premiers mois du siège consacrés à l'organisation intérieure de la vie de Cléricourt, Faber n'avait guère eu le loisir de se soucier de son fils. Il le voyait rarement – à peine une fois par jour – sans cesse courant à de mystérieux rendez-vous et absorbé par des tâches énigmatiques. L'adolescent devait en principe se rendre quotidiennement au prieuré pour y recevoir des moines de l'abbé Porcaro – avec une vingtaine d'autres garnements – des leçons de latin, de théologie, d'histoire et de français. Faber feignait de croire que tout allait bien de ce côté-là, quand un incident assez grave l'obligea à s'occuper d'un peu plus près de Lucio. On vint le prévenir un matin qu'il avait été arrêté par les archers de garde, alors qu'il revenait d'une escapade hors les murs avec deux camarades de son âge. [...]

Michel Tournier, *La Couleuvrine*, © Galimard-Jeunesse, Folio Junior.

En fin d'ouvrage, « Pour vous aider »

Vous trouverez ici des outils qui vous aideront tout au long de l'année :

– des **fiches d'orthographe**, groupées autour d'un thème, pour développer vos connaissances en vocabulaire et pour enrichir les textes que vous serez amenés à écrire ;

– des tableaux de **conjugaison** ;

– un **jeu** qui vous permettra de réviser vos conjugaisons en vous amusant ;

– un tableau d'**alphabet phonétique international** ;

– un **lexique grammatical** contenant une définition de toutes les notions abordées dans le manuel.

Sommaire

1 La communication

OBJECTIFS

Savoir
- Repérer les éléments de la situation de la communication : lieu, moment, marques de l'émetteur et du récepteur
- Adapter le registre de langue à la situation

Savoir-faire
- Conjuguer et employer le présent, le futur de l'indicatif et le présent de l'impératif
- Prendre la parole
- Présenter quelqu'un

2

La phrase

OBJECTIFS

Savoirs
- Préciser le type d'une phrase : déclarative, interrogative, impérative
- Identifier une phrase exclamative
- Identifier la forme d'une phrase : affirmative/négative ; neutre/emphatique ; active/passive ; personnelle/impersonnelle
- Distinguer les phrases simples et les phrases complexes

Savoir-faire
- Repérer les subordonnées dans une phrase et dans un texte
- Introduire les subordonnées par les mots qui conviennent
- Ponctuer correctement un texte
- Accentuer correctement les mots

3

Les fonctions dans la phrase

OBJECTIFS

Savoir
- Distinguer la nature et la fonction d'un mot ou d'un groupe de mots

Savoir-faire
- Repérer le groupe nominal et le groupe verbal
- Identifier le sujet et l'attribut du sujet
- Accorder le verbe avec son sujet
- Repérer et employer les constructions passives
- Distinguer et employer les compléments essentiels

4
Le groupe nominal

OBJECTIFS

Savoirs
- Identifier les constituants du groupe nominal
- Distinguer les catégories de noms
- Indiquer la nature des déterminants
- Distinguer un complément déterminatif et un complément du verbe

Savoir-faire
- Faire les accords dans le groupe nominal
- Compléter un texte par les déterminants pertinents
- Accorder les adjectifs épithètes aux noms qu'ils caractérisent
- Compléter un groupe nominal par une épithète, une apposition, un complément déterminatif, une proposition relative
- Employer les pronoms relatifs pertinents dans une phrase et dans un texte

5
Le verbe

OBJECTIFS

Savoirs
- Analyser un verbe
- Repérer les marques de la situation de communication dans un texte
- Distinguer dans un récit les actions de premier plan et le décor

Savoir-faire
- Faire l'accord sujet-verbe
- Conjuguer les verbes fréquents aux temps de l'indicatif
- Transposer un texte en ajoutant ou en effaçant les marques de la communication
- Maîtriser l'opposition passé simple/imparfait dans un récit

6 La communication

OBJECTIFS

Savoirs
- Repérer les mots qui organisent un texte
- Repérer et identifier les pronoms de reprise dans un texte
- Repérer tous les éléments qui nomment et reprennent un personnage, un lieu, un objet
- Se fonder sur les reprises pour repérer les progressions

Savoir-faire
- Structurer un texte en employant des mots organisateurs
- Employer les pronoms de reprise sans ambiguïté
- Utiliser des reprises nominales variées
- Écrire un court texte selon une progression imposée

Pour vous aider

1 La communication

OBJECTIFS

Savoirs
- Repérer les éléments de la situation de la communication : lieu, moment, marques de l'émetteur et du récepteur
- Adapter le registre de langue à la situation

Savoir-faire
- Conjuguer et employer le présent, le futur de l'indicatif et le présent de l'impératif
- Prendre la parole
- Présenter quelqu'un

GRAMMAIRE

1. La communication : l'émetteur et le récepteur

OBSERVATION

Dans le ventre du monstre

Pinocchio a été avalé par une baleine.

– Au secours ! Au secours ! Ô, pauvre de moi ! N'y a-t-il personne pour venir me sauver ?

– Qui veux-tu qui te sauve, malheureux ?… dit dans l'obscurité une vilaine voix fêlée de guitare désaccordée.

– Qui parle ainsi ? demanda Pinocchio, glacé d'épouvante.

– C'est moi ! Un pauvre Thon avalé par le Requin en même temps que toi. Et toi, quel poisson es-tu ?

– Moi, je n'ai rien à voir avec les poissons. Je suis un pantin.

– Et alors, si tu n'es pas un poisson, pourquoi t'es-tu fait avaler par le monstre ?

– Ce n'est pas moi qui me suis fait avaler : c'est lui qui m'a avalé ! Et maintenant, que pouvons-nous faire, dans cette obscurité ?

– Nous résigner et attendre que le Requin nous ait tous les deux digérés !…

– Mais je ne veux pas être digéré ! hurla Pinocchio en se remettant à pleurer.

Carlo Collodi, *Les Aventures de Pinocchio*,

Questions

1. Qui parle à qui dans le dialogue ?

2. Relevez tous les mots par lesquels le Thon et Pinocchio se désignent eux-mêmes. Que constatez-vous ?

3. Par quels mots chacun des deux personnages désigne-t-il son interlocuteur ?

4. Quels mots renvoient, dans le dialogue, au lieu de la conversation ?

LEÇON

1. Définitions

- Une **situation de communication** s'établit quand quelqu'un s'adresse à quelqu'un d'autre à un moment et en un lieu donnés avec une intention particulière.

→ Pinocchio s'adresse au Thon dans le ventre de la baleine pour lui demander de l'aide.

- L'**émetteur** est à l'origine du message : c'est la personne qui dit ou écrit le message.

Habituellement, l'émetteur a l'intention de communiquer, mais il arrive que nous soyons émetteurs malgré nous quand, par exemple, un geste ou un mot nous échappent.

- Le **récepteur** est la personne qui reçoit le message. Le **destinataire** est celui à qui le message est destiné.

Habituellement, le récepteur et le destinataire sont la même personne, mais il arrive que nous entendions ou lisions des messages qui ne nous sont pas destinés.

2. Deux sortes de communications

Dans la conversation, l'émetteur et le récepteur s'échangent les rôles.

- **À l'oral**, le récepteur réagit au message, pour permettre à l'émetteur de savoir comment son message a été compris et, au besoin, de se répéter.
- **À l'écrit**, la communication est plus difficile : l'émetteur doit apporter davantage de précisions et imaginer les réactions de son récepteur, au risque de se tromper.

La communication orale, immédiate

Les interlocuteurs peuvent être **en présence l'un de l'autre** : dans ce cas, le ton de la voix, le regard, l'expression du visage, les gestes participent à cette communication.

Ils peuvent aussi communiquer **à distance** par le téléphone, la radio, la télévision, la télécopie, l'Internet.

La communication écrite, différée

Le récepteur ne sait pas à quel moment et où le message est émis : ce moment et le lieu doivent donc être précisés dans le texte lui-même.

→ *Tours, le 30 mai 2000.*
Cher Marc,
Je t'écris de ma terrasse, au soleil…

3. Les mots qui renvoient à la situation de communication

Les mots qui désignent l'émetteur et le récepteur

– l'émetteur : *je, j', me, moi, mon, ma…*
– le récepteur : *tu, te, t', toi, ton, ta, tes, vous, votre, vos.*
– l'émetteur et le récepteur : *nous, notre, nos.*

Le temps des verbes

Le présent exprime le moment où l'émetteur parle.

→ *N'y* ***a****-t-il personne pour venir me sauver ?*

Les mots qui désignent le lieu et le moment

● Le **lieu** de la situation de communication est *ici.*
Il s'oppose à tous les autres lieux : *ailleurs, loin, là-bas…*

● Le **moment** de la communication est *en ce moment, aujourd'hui, maintenant.*
Par rapport à ce moment, on repère *demain, hier, après-demain, avant-hier, dans huit jours, il y a huit jours, le mois prochain, le mois dernier…*

Pour l'expression écrite

Les **relations** entre l'émetteur et le récepteur influencent la communication.

▪ Ainsi les pronoms, les déterminants, le temps des verbes varient selon les **circonstances**.

▪ En s'adressant au récepteur, l'émetteur peut établir le contact en utilisant :
– soit une **formule familière** : *tu, ton, tes*, si le récepteur est quelqu'un de proche par le lien de parenté, l'âge…
– soit une **formule soutenue** : *vous, votre, vos*, si le récepteur est inconnu, plus âgé, ou si sa position sociale est différente.

Retenons

1. Tout message, oral ou écrit, renvoie à une **situation de communication.**

2. Pour analyser la communication, nous devons nous demander :
– **qui** produit le message ;
– **à qui** il est adressé ;
– **de qui** ou **de quoi** il parle ;
– **où** et **quand** il a été produit.

EXERCICES

Identifier

1 Relevez dans les phrases suivantes les mots qui renvoient à l'émetteur et ceux qui renvoient au récepteur.

1. J'ai lu *Pinocchio* en une semaine.
2. En 6eB, le professeur nous a montré un film tiré du livre.
3. As-tu aimé le film ?
4. Tout le monde l'a aimé sauf toi.
5. Quelles sont les scènes qui ne te plaisent pas ?
6. Des élèves ont pleuré, mais pas moi.
7. Et vous, avez-vous vu ce film ?

2 Relevez dans chaque phrase l'indication de temps.

1. Demain, nous irons à la piscine.
2. Les arbres perdent leurs feuilles en automne.
3. Jules César mourut en 44 avant Jésus-Christ.
4. La semaine dernière, Franck a lu deux romans policiers.
5. Pierre sortait de l'hôpital en pleine forme, la veille du 15 août 1999.
6. Hier, il a plu toute la journée.
7. Au mois de janvier, Alice n'habitera plus à Paris.
8. Les parents visiteront le collège lundi prochain.

3 Relevez dans chaque phrase la ou les indications de lieu.

1. À côté de cette salle, il y a l'infirmerie.
2. À Paris, Matthieu va souvent au cinéma avenue des Champs-Élysées.
3. À deux kilomètres, vous trouverez une station-service.
4. Les policiers ne trouveront rien ici.
5. En Suisse, on parle français, allemand et italien.
6. On peut voir un escalier gigantesque au château de Chambord.
7. La pollution est de plus en plus importante en ville.
8. Été comme hiver, il fait très froid, là-haut.

4 Quel est le temps du verbe dans chacune des phrases ci-dessous ?

1. Tu partais très tôt le matin.
2. Nous sommes arrivés hier.
3. Je vais à Paris pour chercher un nouveau travail.
4. Anne ira au collège en bus.
5. Ses copains prennent le bus tous les matins.
6. Nous chantâmes en chœur.
7. Vous aviez fini vos exercices les premiers.
8. Ils lisaient attentivement.
9. Simon n'a pas corrigé son brouillon.
10. Marie avait passé de bonnes vacances.

Transformer

5 Récrivez la lettre suivante à la 1re personne du pluriel. Malthide et Sophie écrivent à Lucie.

Chère Lucie,

Je n'ai pas beaucoup de temps pour t'écrire parce que je suis à la gare et que le train s'en va dans trois minutes… Est-ce que je t'ai parlé de ce concours d'histoire organisé par la ville pour les classes de collèges ?

Eh bien, c'est moi qui ai gagné ! Moi, et deux autres garçons de la classe. Dans trois minutes, c'est le départ. Pour une semaine. Je suis très excitée et en même temps j'ai le cafard. J'aurais tellement aimé partir avec toi !

Mais voilà notre professeur et les garçons. Il faut que je te quitte. Je continuerai cette lettre plus tard. Même pas le temps de te dire où nous allons !

Mathilde.

J.-P. Arrou-Vignod, *Le professeur a disparu*, © Gallimard, Folio junior, 1989.

6 Complétez les phrases avec le pronom personnel sujet qui convient.

1. … parles trop vite.
2. … est partie sans dire au revoir.
3. … savez lire correctement.
4. …, les habitants de Châteauroux, sommes appelés les Castelroussains.
5. Demain, … récitera seul son poème.
6. … ne sais écrire que de la main gauche.
7. Silencieuse, … ferma son classeur.
8. … taille mes crayons et dois les ranger.
9. … vont être fatiguées après la course.
10. … préfèrent choisir leurs livres entre eux.

7 Complétez le texte par les indications de personne manquantes.

J'aurais aimé que **(1)** sois là, Lucie. Rien n'est plus triste que Venise sous la pluie. Il y a des petits ponts partout, des canaux sans reflets où la pluie rebondit, des bâches sur les gondoles qui oscillent doucement. On dirait qu'il fait déjà nuit et **(2)** ai du mal à voir ce que **(3)** écris.
Lundi. L'année dernière, à cette même époque, on grignotait des sandwichs dans un coin du parc en attendant l'heure de la gym. **(4)** ne peux savoir comme je **(5)** regrette. Au collège Chateaubriand,

il n'y a pas de parc, juste une cour avec un terrain de foot, un morceau de pelouse sur lequel il est interdit d'aller… Comme j'en veux à mes parents d'avoir déménagé !

(6) sais bien : ça ne sert à rien de pleurnicher sur le passé. […] De toute manière, c'est fini. Nous nous sommes abrités sous un porche en attendant que la pluie cesse et, tout à l'heure, (7) irons au consulat. C'est la seule chose à faire maintenant. Il faudra tout expliquer : M. Coruscant, le message, pourquoi (8) n'avons pas prévenu chez (9), et le reste – un mauvais moment en perspective. Mes parents seront fous furieux quand ils sauront, et je crois que (10) peux dire adieu aux vacances avec (11).

Quand je (12) enverrai cette lettre, je serai rentrée à Paris, et la seule chose qui (13) console, c'est que j'aurai peut-être un mot de toi. J'aperçois Rémi qui revient tout trempé avec de la pizza et des Coca. (14) te quitte pour l'instant parce que j'ai vraiment faim.

J.-P. Arrou-Vignod, *Le professeur a disparu*, © Gallimard, Folio junior, 1989.

Écrire

8 Écrivez à trois ami(e)s pour les inviter au goûter que vous allez organiser pour votre anniversaire. Variez les formules, mais donnez toutes les indications de date et de lieu nécessaires.

9 Ils se présentent : faites-les parler.

A

B

C

D

AUTOÉVALUATION

À la fin de cette leçon, je sais :

- **identifier** l'émetteur et le récepteur d'un message ;
- **repérer** le lieu et le moment de la communication ;
- **distinguer** les textes qui portent les marques de la communication et ceux qui n'en portent pas ;
- **résumer** globalement le contenu d'un message ;
- **relever** les indices de la communication (noms, pronoms, adverbes, temps verbaux).

2. La communication : le message

OBSERVATION

TEXTE 1

BALEINE [balɛn] *n. f.* Grand mammifère marin à corps pisciforme, appartenant à l'ordre des Cétacés.
REM. Dans l'usage commun, *baleine* désigne tout cétacé de très grande taille, considéré d'abord comme un énorme poisson (XIe-XIII^{e}s.), puis comme un mammifère marin. Dans tous les emplois ci-dessous, la baleine proprement dite n'est pas distinguée ou mal distinguée d'autres grands cétacés, cachalots (dans l'expression : *blanc de baleine*, notamment), baleinoptères, hyperoodons.

D'après *Le Grand Robert de la langue française.*

TEXTE 2

AVIS DE RECHERCHE

Vieux menuisier fatigué offre récompense à pêcheur compétent susceptible retrouver pantin de bois avalé par baleine samedi dernier plage Adriatique.

TEXTE 3

Cher papa,

Ton plan école et sagesse, ça me branchait pas des masses. Alors, histoire de déconnecter et de me fendre la pêche, je suis allé zoner sur la plage. Bonjour l'angoisse ! Je me suis fait avaler par une baleine. Chelou, la bête ! Impossible de me tirer vite fait, j't'assure. Depuis, c'est le délire dans son estomac. Je te raconte pas l'ambiance, tellement c'est glauque. Il faudrait que tu m'aides à sortir de là : je balise comme une bête. Bon, ben, lut-sa, hein !

Pinocchio

Questions

1. Quel est l'émetteur de chaque texte ? À qui chaque texte est-il destiné ?

2. Dans quelle intention chaque texte a-t-il été écrit ?

3. Chaque texte donne-t-il des précisions sur : le lieu où se trouve l'émetteur ? le lieu où se trouve le récepteur ? le moment de la communication ?

4. Les textes utilisent-ils le même vocabulaire, les même constructions, la même prononciation ? Pourquoi ?

LEÇON

1. Les conditions de la communication

- La communication n'est possible que si l'émetteur et le récepteur parlent **la même langue** et s'ils évoquent **un univers commun**. Ces conditions sont essentielles pour que le message soit compris.
- Le **moment** et le **lieu de la communication** peuvent être ou non précisés dans le texte. Certains textes, volontairement, ne comportent aucune trace de la situation de communication pour avoir un caractère plus général : les articles de dictionnaires ou d'encyclopédies, les manuels scolaires.

2. L'intention de l'émetteur

- La communication est réussie si l'émetteur et le récepteur ont des **buts complémentaires** : amuser/s'amuser ; expliquer/comprendre ; plaire/aimer…
- Nous parlons ou nous écrivons :

– pour **raconter** une histoire ;
– pour **informer** quelqu'un ou lui expliquer quelque chose ;
– pour **exprimer** nos sentiments ou donner notre point de vue ;
– pour **convaincre** quelqu'un ou le faire réagir.

3. Les types de textes

- Le texte **narratif** présente une suite de faits qui se succèdent dans le temps.
- Le texte **descriptif** présente un objet, un lieu, un personnage dans l'espace, sans indication de temps.

Ces deux types de textes peuvent avoir pour but d'informer, de distraire, d'émouvoir.

- Le texte **explicatif** sert à informer le récepteur sur un sujet qu'il ne connaît pas (dictionnaires, manuels, encyclopédies, magazines).
- Le texte **argumentatif** veut convaincre le récepteur d'agir ou de changer d'opinion (tracts, affiches, discours politiques, publicité).

4. Les registres de langue

Selon les situations de communication, l'émetteur peut **adapter** son **vocabulaire**, ses **tournures** de phrases et, à l'oral, sa **prononciation**.

On distingue :
– le registre **soutenu**, employé dans un souci de perfection (*automobile*) ;

– le registre **courant**, employé pour les échanges quotidiens (*voiture, auto*) ;
– le registre **familier**, employé souvent entre personnes proches (*bagnole, guimbarde, tacot*), ou **argotique** (*caisse, tire, chignole, poubelle*). Il exprime souvent les sentiments de l'émetteur.

Pour l'expression écrite

Quand nous parlons ou nous écrivons, nous avons le choix entre deux attitudes :

- soit **nous effacer du message**, en évitant de dire *je*. Le message ne porte aucune trace de l'émetteur, ni du récepteur, ni du lieu, ni du moment de l'écriture (textes explicatifs) ;
- soit **être présent dans le message**
  – en utilisant *je, moi, me, mon*, si nous transmettons notre propre avis, nos propres idées ;
  – en utilisant *nous, notre*, si nous voulons inclure le récepteur, ou si nous parlons au nom de plusieurs personnes.

Retenons

1. Pour analyser un texte, nous devons nous demander :
– si le **message** sera **compris** par le récepteur et **adapté** à la situation de communication ;
– dans quelle **intention** le message a été produit : pour **raconter, décrire, expliquer, convaincre.**

2. Le message produit peut être un texte **narratif**, un texte **descriptif**, un texte **explicatif**, ou un texte **argumentatif**.

EXERCICES

Identifier

1 Dans quelle situation chaque phrase a-t-elle été prononcée ? Imaginez pour chacune d'elles une situation de communication familière et une autre courante.

1. Je vais chercher le pion.
2. J'ai bu la tasse.
3. Il a perdu la boule.
4. Ils ne peuvent pas se voir.
5. Tu es tombé dans les pommes.

2 Luc a écrit plusieurs lettres pour des correspondants différents :
1. à son amie Pauline ;
2. à son oncle Denis ;
3. à son ancien maître d'école.
Lisez les lettres attentivement et retrouvez leurs destinataires respectifs.

a. Ce week-end, papa m'a emmené à une course de voitures. C'était formidable ! Les voitures arrivaient très vite dans les lignes droites et freinaient juste avant le virage. C'était incroyable ! Mais tu sais, je ne pensais pas que ça faisait autant de bruit. Mais c'était quand même formidable. Tu viendras avec nous la prochaine fois ?

b. Ce dimanche, mon père m'a emmené voir une course automobile. J'ai trouvé ça extraordinaire.

Les voitures accéléraient fort en ligne droite, et freinaient au dernier moment avant le virage. C'était incroyable ! Je dois vous dire aussi que ça faisait un bruit terrible. J'ai passé un dimanche formidable. Avez-vous déjà vu une course de voitures ?

c. Ce week-end, je suis allé voir des voitures de courses avec mon père. C'était super ! Les bagnoles arrivaient à fond en bout de ligne droite et elles pilaient juste avant le virage. Incroyable, je te jure ! Mais ça faisait un boucan ! C'était super quand même. La prochaine fois peut-être que tu pourras venir avec moi.

3 Quelle est la situation de communication (lieu, époque, heure probable, émetteur(s), récepteur(s), but de la conversation) ?

Mon frère, il a fini de goûter, alors il m'a dit :
– C'est quoi, ta rédac ?
Avec lenteur et précaution, j'ai pris mon P.T. : mon « piège à traquenards », quoi, mon cahier de textes. J'ai cherché la page « Vendredi », et, accablé, j'ai lu le menu du jour :
« Décrivez avec précision quelqu'un à son travail. »
Silence.
Ma mère écoutait de ses deux oreilles, tout en faisant semblant de lire la publicité pour les grille-pain dans *Cent Idées*. Elle est bonne en math et en anglais, mais elle adore surtout la rédac, où elle était toujours première quand elle était môme. Pourtant, cette fois-ci, elle a même pas réagi. Pas la moindre idée, qu'elle a sortie. Elle était vraiment pincée. Pour l'encourager, j'ai lancé, d'un air négligent :
– Si vous avez des idées, ne vous gênez pas pour me les communiquer !

Évelyne Reberg, *La Rédac*,
Pocket junior, 1999, et Nathan, 1984.

4 Quelle est l'intention de l'émetteur de chacun de ces messages ?

1. Il y avait une fois un prince. Il voulait épouser une princesse, mais ce devait être une vraie princesse. Alors, il voyagea par le monde entier pour en trouver une de ce genre.

H.C. Andersen, *Contes*, « La princesse au petit pois ».

2. Charles Perrault, né en 1628 et mort en 1703, est un écrivain du XVIIe siècle, qui a écrit les *Contes de ma mère l'Oye* d'abord pour ses enfants.

3. Atzel était un garçon de grande taille, aux cheveux noirs et aux yeux sombres. Aksah était un peu plus petite qu'Atzel, et elle avait les yeux bleus et les cheveux dorés.

I.B. Singer, « Une histoire de paradis »,
in *Zlateh la chèvre et autres contes*, Hachette.

4. Il était une fois une petite fille très gentille, presque aussi gentille que toi, et si légère, si légère que, lorsqu'elle naquit, sa maman s'étonna de ne pas la sentir peser dans ses bras. Aussi l'appela-t-elle d'un nom léger : Grain d'Aile. Grain d'Aile savait bien qu'elle ne pouvait pas voler, puisqu'elle n'avait pas d'ailes. Elle était simplement légère, presque comme une feuille, presque comme une paille, presque comme les graines à ailettes des pissenlits, les chandelles que le vent doux porte très loin.

Paul Éluard, *Grain d'Aile*, Gallimard.

5. Le soleil est né assez tard dans la vie de notre galaxie. Des milliards d'étoiles sont nées avant lui. [...] Des planètes, par milliers, peuvent déjà avoir atteint une technologie bien supérieure à la nôtre et communiquer entre elles par des messages radiophoniques ou des voyages interstellaires.

Hubert Reeves, *Patience dans l'azur*, Le Seuil.

5 Dites à quel registre de langue appartient chacun des textes suivants.

1. Elle envoya chercher un de ces gâteaux courts et dodus appelés Petites Madeleines qui semblent avoir été moulés dans la valve rainurée d'une coquille de Saint-Jacques. Et bientôt, machinalement, accablé par la morne journée et la triste perspective d'un triste lendemain, je portai à mes lèvres une cuillerée du thé où j'avais laissé s'amollir un morceau de madeleine. Mais, à l'instant même où la gorgée mêlée des miettes du gâteau toucha mon palais, je tressaillis, attentif à ce qui se passait d'extraordinaire en moi.

Marcel Proust, *Du côté de chez Swann*.

2. Cette année, on ne part pas en vacances. C'est vraiment impossible. J'ai voulu faire opérer Gaëlle par un bon chirurgien, et la clinique coûte cher. Nous sommes mal remboursés. Avec ce que je laisse à la Sécu, c'est un scandale. On ira peut-être faire un tour à la campagne, chez les grands-parents, mais ils se font vieux. Bon, il faut que je file, j'ai un TGV.

Transformer

6 Récrivez les phrases ci-dessous dans un registre courant.

1. Mon frangin a encore paumé ses binocles.
2. Fais gaffe : te casse pas la figure dans la gadoue.
3. Pierre a du bol : il a gagné au Loto.
4. Cette bagnole est complètement pourrie : elle avance même plus.
5. Les gamins ont la frousse de tomber de vélo.

7 Transposez le texte suivant en français courant. Cherchez dans un dictionnaire des synonymes les mots que vous ne connaissez pas.

– À votre disposition, monsieur le Principal… Comme j'ai déjà eu l'honneur de vous le dire, je me trouvais donc, cette nuit, dans la petite chambre sise sous les combles que nous appelons dans notre sabir « la morgue », mais qui est mieux connue de vos services sous celui d'« infirmerie ». Comme vous le confirmera la diligente Mme Taillefer, j'y étais retenu par une affection bénigne, quoique douloureuse, scientifiquement répertoriée sous l'appellation peu euphonique d'*odontalgie*. […] Je disais donc que, cette nuit-là, la nuit du drame, si j'ose m'exprimer ainsi, je fus éveillé plusieurs fois par de vives douleurs émanant de ma gencive droite et diffusant ensuite dans toute la mâchoire… Je ne suis pas douillet, mais passons… À l'occasion d'une de ces crises, peu après six heures, je me mis à la fenêtre, dans l'espoir de me distraire de la douleur dans le spectacle, ô combien exaltant, du jour naissant…
– Et qu'avez-vous vu ? s'impatienta le Principal.
– Une ombre, monsieur. Ou plutôt, une forme, une silhouette furtive se coulant tel un spectre dans les lueurs livides de l'aube !

Jean-Paul Arrou-Vignod, *Enquête au collège*, © Gallimard, Folio junior, 1991.

8 Même exercice. Faites attention aux pronoms personnels.

Le bras de Clotaire

On s'est tous mis autour de Clotaire et on lui a posé des tas de questions. Il avait l'air tout fier, Clotaire, qu'on soit si intéressés. On lui a demandé si son petit camion rouge était cassé. Il nous a dit que oui, mais qu'on lui avait donné des tas de cadeaux pour le consoler pendant qu'il était malade : il avait eu un voilier, un jeu de dames, deux autos, un train et des tas de livres qu'il échangerait contre d'autres jouets. Et puis il nous a dit que tout le monde avait été drôlement gentil avec lui : le docteur lui apportait chaque fois des bonbons, son papa et sa maman avaient mis la télé dans sa chambre et on lui donnait des tas de bonnes choses à manger. Quand on parle de manger, ça donne faim à Alceste, qui est un copain qui mange tout le temps. Il a sorti de sa poche un gros morceau de chocolat et il a commencé à mordre dedans. « Tu m'en donnes un bout ? » a demandé Clotaire. « Non », a répondu Alceste. « Mais mon bras ?… », a demandé Clotaire. « Mon œil », a répondu Alceste.

Sempé-Goscinny, *Les Récrés du petit Nicolas*, © Denoël, 1979.

Écrire

9 Vous avez besoin de 50 francs. Vous envoyez plusieurs courtes lettres pour demander de l'aide :

1. à un copain ;
2. à votre grand-père indulgent ;
3. à votre père, très sévère ;
4. à votre voisine, la princesse de Mérode.

AUTOÉVALUATION

À la fin de cette leçon, je sais :

- **reconnaître** l'intention de l'émetteur d'un message ;
- **distinguer** quatre grandes catégories d'intention : raconter, décrire, expliquer, argumenter ;
- **distinguer** trois registres de langue : courant, soutenu, familier ;
- **redire** une phrase dans un registre plus soutenu ;
- **choisir** le registre de langue adapté à la situation de communication.

ORTHOGRAPHE
Le présent de l'indicatif

LEÇON

Vous employez le présent de l'indicatif pour évoquer ce qui se passe au moment où vous parlez.

Les trois groupes

	1er groupe verbes en **-er** sauf *aller*	2e groupe verbes en **-ir** participe en *-issant*	3e groupe verbes en **-dre***	3e groupe la plupart des autres verbes
je	-e	-is	-ds	-s
tu	-es	-is	-ds	-s
il/elle/on	-e	-it	-d	-t
nous	-ons	-issons	-dons	-ons
vous	-ez	-issez	-dez	-ez
ils/elles	-ent	-issent	-dent	-ent

* sauf en *-indre*, *-soudre*, et *prendre* et ses composés.

Mode d'emploi

Pour conjuguer un verbe au présent de l'indicatif, pensez à son **infinitif**.

Premier cas

L'infinitif se termine en **-er**. C'est un verbe du 1er groupe. Enlevez **-er** à l'infinitif et ajoutez les terminaisons de la première colonne du tableau.

➜ *étudier : j'étudi-**e***

Deuxième cas

L'infinitif se termine en **-ir**. Cherchez le **participe présent**. S'il se termine par **-issant**, c'est un verbe du 2e groupe. Enlevez **-ir** à l'infinitif et ajoutez les terminaisons de la deuxième colonne du tableau.

➜ *grandir, grandissant : il grand-**it***

Troisième cas

L'infinitif se termine en **-dre** (mais pas **-indre** ni **-soudre**). Enlevez **-dre** à l'infinitif et ajoutez les terminaisons de la troisième colonne du tableau.

➜ *descendre : tu descen-**ds***

Quatrième cas

Pour les **autres verbes**, prenez les terminaisons de la quatrième colonne.

➜ *peindre*, verbe en ***-indre*** *: je pein-**s**, il pein-**t***
*partir : je par-**s***

Apprenez à conjuguer le présent de quelques verbes irréguliers fréquents : *être, avoir, aller, pouvoir, vouloir, faire…* (voir les tableaux de conjugaison, pp. 208 à 213).

▶ Quelques particularités des verbes du premier groupe

- Les verbes en **-ger** conservent un **e** devant **-ons** : *nous mangeons.*
- Les verbes en -**cer** prennent un **ç** devant **-ons** : *nous annonçons.*
- Pour les verbes en **-eler** et **-eter**, pensez à la prononciation.

Si vous entendez « è » avant le **l** ou le **t**, vous devez mettre deux **l** ou deux **t** : *j'appelle, tu jettes.*

➜ *J'entends « è » donc je mets deux **l** ou deux **t**.*

Exceptions : les verbes *geler, peler, déceler, acheter, haleter* qui prennent un **è** : *il gèle, j'achète.*

- Si vous entendez « eu », gardez le radical : *vous appelez, nous jetons.*

➜ *J'entends « eu » donc je ne mets qu'un **t**.*

- Pour les verbes en **-yer**, regardez la lettre qui suit le **y**. Si c'est un **e**, changez le **y** en **i** : *j'appuie, nous appuyons.*

Les verbes en **-ayer** peuvent garder leur **y** : *tu paies* ou *tu payes.*

EXERCICES

1 Relevez tous les verbes conjugués de ce texte et indiquez à quel groupe ils appartiennent.

Si le renard peut franchir les clôtures ou passer par-dessous, il ne perd pas un instant, il ravage la basse-cour, il y met tout à mort, se retire ensuite lestement, en emportant sa proie, qu'il cache sous la mousse ou porte à son terrier; il revient quelques moments après en chercher une autre, qu'il emporte et cache de même, mais dans un autre endroit.

Buffon, *Histoire naturelle.*

2 Imaginez que Jonathan le Goéland parle et qu'il commence ainsi : « J'en sais chaque jour davantage… » Continuez en mettant tous les verbes à la 1re personne du singulier et au présent de l'indicatif.

[Jonathan le Goéland] en savait chaque jour davantage. Il apprit qu'un piqué vertical à grande vitesse pouvait l'amener à découvrir les rares et savoureux poissons qui nagent à trois mètres au-dessous de la surface de l'Océan. Il apprit à dormir dans les airs. Il prenait un cap à la tombée de la nuit, par le travers du vent de terre, et pouvait, entre le crépuscule et l'aube, parcourir quelque cent cinquante kilomètres. Sans se départir d'une complète maîtrise de soi, il traversait en grimpant à tire-d'aile les épais brouillards marins.

Richard Bach, *Jonathan Livingston le Goéland*, © Flammarion, 1973.

3 Mettez les verbes entre parenthèses au présent de l'indicatif.

Énergique, volontaire, organisatrice, Cléopâtre (montrer) très jeune son aptitude à gouverner; son désir d'exercer le pouvoir (s'exprimer) fort tôt quand, à dix-huit ans, chassée du trône, elle (mettre) tout en œuvre pour y revenir. Menant une habile politique sur le plan intérieur, elle (éliminer) les opposants, (s'allier) le clergé égyptien et les indigènes, (prendre) des mesures économiques qui (enrichir) le trésor royal. […] Dans le domaine de la politique extérieure, elle (agir) avec subtilité. Elle (tenir) en effet à préserver l'indépendance de l'Égypte.

Edith Flamarion, *Cléopâtre, vie et mort d'un pharaon*, © Gallimard, « Découvertes », 1993.

4 Même exercice.

Dans la lueur de la tempête, je (voir) la mer qui (courir) vers le navire, (exploser) en trombes d'écume. Le vent est devenu un monstre visible, il (cogner) contre les voiles, les (secouer), il (appuyer) sur les deux mâts et (faire) basculer le navire. Le vent (tourbillonner), il m'(étouffer), (faire) pleurer mes yeux.

J.-M. G. Le Clézio, *Étoile errante*, © Gallimard, 1992.

ORTHOGRAPHE
Le futur simple de l'indicatif

LEÇON

Vous employez le futur simple pour évoquer ce qui n'est pas encore arrivé au moment où vous parlez.

Les terminaisons

Singulier		Pluriel	
je	-rai	nous	-rons
tu	-ras	vous	-rez
il/elle/on	-ra	ils/elles	-ront

Mode d'emploi

Pour conjuguer de nombreux verbes au futur, prenez les infinitifs.

- L'infinitif se termine par **-er** (1er groupe) ou par **-ir** avec un participe présent en **-issant** (2e groupe). Dans la plupart des cas, vous gardez l'infinitif et ajoutez les terminaisons du tableau ci-contre.

	Terminaisons
je	-ai
tu	-as
il/elle/on	-a
nous	-ons
vous	-ez
ils/elles	-ont

→ *conjuguer : je conjuguer-**ai** ; réussir : il réussir-**a***

- L'infinitif se finit en **-e**. Enlevez le **-e** final et ajoutez les terminaisons du tableau.

→ *apprendre : j'apprendr-**ai***

Parfois, le futur simple se forme avec deux **r**.

	voir	envoyer	courir
je	verrai	enverrai	courrai
tu	verras	enverras	courras
il/elle/on	verra	enverra	courra
nous	verrons	enverrons	courrons
vous	verrez	enverrez	courrez
ils/elles	verront	enverront	courront

Apprenez à conjuguer le futur de quelques verbes irréguliers fréquents : *être, avoir, aller, pouvoir, vouloir, faire*… (voir les tableaux de conjugaison, pp. 208 à 213).

Quelques particularités des verbes du premier groupe

- Pour les verbes en **-ier**, **-éer**, **-uer**, **-ouer**, le **-e** de l'infinitif ne s'entend pas mais il est toujours là.

→ *j'étudier-**ai** / je jouer-**ai***

● Les verbes en **-eler** et **-eter** ont deux **l** et deux **t** à toutes sonnes du futur : *j'appe**ll**erai / ils je**tt**eront.*
Exceptions : les verbes *geler, peler, déceler, acheter, haleter* qui prennent un **è** : *il gèlera, j'achèterai.*

● Les verbes en **-oyer** (sauf *envoyer*) et en **-uyer** se conjuguent avec un **i** : *elles emplo**i**eront / tu appu**i**eras.*
Pour les verbes en **-ayer**, on peut garder l'**y** ou mettre un **i** : *il pa**i**era* ou *il pa**y**era.*

EXERCICES

1 Relevez les verbes au futur simple dans le texte suivant et indiquez leurs infinitifs.

M. le docteur l'examina longtemps, auscultant, palpant, ne disant mot. Puis enfin il se releva, hocha la tête.
« Mon pauvre ami, je ne vous le cacherai pas. Le cas est grave. Vous tirer de là ne sera pas aisé. Il se trouve pourtant que j'ai inventé un remède qui pourra vous guérir. Si vous le voulez, nous l'essaierons. Vous me promettez, par exemple, que si je vous guéris, vous publierez partout que je vous ai sauvé ? »

Henri Pourrat, *Le Trésor des contes. Au village*, « La médecine à essayer », © Gallimard.

2 Mettez les verbes entre parenthèses au futur simple.

À la caresse de ce baiser, Fleur-d'Épine (ouvrir) les yeux, et la belle (se réveiller) tout à fait, (regarder) le prince d'un regard tendre et amoureux. Alors ils (redescendre) ensemble et quand ils (être) en bas, le roi (se réveiller), puis la reine et toute la cour (sortir) de leur sommeil, et tous (s'entre-regarder) avec des yeux ronds. Les chevaux dans la cour (se relever) et (s'ébrouer); les chiens de chasse (bondir) en frétillant de la queue; les pigeons sur le toit (tirer) leur tête de sous l'aile, (inspecter) les environs et (prendre) leur vol.

D'après J. et W. Grimm, *Contes*, trad. Armel Guerne, © Flammarion, 1986.

3 Même exercice.

Pour vivre sur Mars, il (falloir) déjà s'y rendre ! Une grande expédition est prévue dans le futur. Le vaisseau spatial (mettre) environ un an pour parcourir les 80 millions de kilomètres qui nous séparent de la planète rouge. Une fois sur place, les ennuis (commencer). Pas d'air à respirer et des températures qui (avoisiner) les – 50° C ! Pour rester sur Mars, une seule solution : construire une base. Elle (pouvoir) ressembler à une bulle dans laquelle on (recréer) les conditions de la vie sur Terre. Tu l'as compris, vivre sur Mars, on (pouvoir) l'envisager… d'ici un ou deux siècles !

D'après © *Okapi*, n° 641, 24 décembre 1998, Bayard Jeunesse, p. 55.

4 Recopiez la présentation de cette expérience en remplaçant les impératifs par la 2e personne du singulier puis du pluriel du futur simple.

Les microbes à croquer

1. Demande à un adulte de faire bouillir le lait, puis de le verser dans des petits pots. Laisse-le refroidir jusqu'à 50° C .[…]
2. Prélève une cuillère de lait dans chaque pot et ajoute une cuillère à café de yaourt dans la tasse. Mélange bien. Le yaourt constitue une source de bactéries.
3. Ajoute une cuillère de ce mélange dans chaque pot. Remue bien.
4. Place les pots dans l'autocuiseur fermé, pendant cinq heures, pour qu'ils refroidissent. Le lait a caillé, les yaourts sont prêts.

Méga expériences, © Nathan, 1995.

5 Commencez le texte par : « François sent … » et faites les changements nécessaires.

François sentait qu'il venait d'être le témoin de quelque chose d'extraordinaire. Il n'avait pas vu le fantôme, mais il l'avait entendu, et c'était encore plus affolant. Cela défiait toute explication. Fallait-il téléphoner à Paris, raconter la scène ? Mais les parents de François ou bien s'inquiéteraient et enverraient leur fils consulter un docteur, ou bien, effrayés par cette histoire, décideraient de vendre Kermoal au plus offrant. Il valait mieux attendre. Le phénomène ne se reproduirait peut-être plus.

Boileau-Narcejac, *Sans Atout et le cheval fantôme*, © Rageot.

ORTHOGRAPHE
Le présent de l'impératif

LEÇON

L'impératif n'a que trois personnes; il n'est jamais précédé d'un pronom personnel sujet : *conjugue, conjuguons, conjuguez.*

▶ Les terminaisons

	1er groupe	2e groupe	3e groupe
2e personne du singulier	-e	-is	-s
1re personne du pluriel	-ons	-issons	-ons
2e personne du pluriel	-ez	-issez	-ez

▶ Mode d'emploi

Pour conjuguer un verbe à l'impératif présent, le présent de l'indicatif vous aidera souvent.

2e personne du singulier

● Pour les **verbes du 1er groupe** (infinitif en **-er**) ou les verbes *couvrir, cueillir, ouvrir, offrir* et *souffrir*, faites attention. La 2e personne du singulier de l'impératif présent se termine par **-e**.

➜ *regard**e** ; ouvr**e***

Il n'y a jamais de -s à l'impératif.

● Pour les **verbes des 2e et 3e groupes**, prenez la deuxième personne du singulier du présent de l'indicatif et enlevez le pronom personnel *tu*.

➜ *tu descend**s*** (présent de l'indicatif) → *descend**s*** (impératif présent)

1re et 2e personnes du pluriel

● Pour tous les verbes, sauf ceux qui sont irréguliers, prenez la personne correspondante du présent de l'indicatif et enlevez les pronoms personnels *nous* et *vous*.

➜ *nous apprenons* → *apprenons*
vous apprenez → *apprenez*
(présent de l'indicatif) (impératif présent)

Quelques verbes irréguliers

● Les verbes *aller, dire, faire* sont irréguliers à une seule personne:

➜ ***va**, allons, allez; dis, disons, **dites**; fais, faisons, **faites**.*

● L'impératif des verbes *être*, *avoir*, *savoir* se forme à partir du **subjonctif présent** (voir les tableaux de conjugaison, pp. 208 à 213) :
➜ ***sois ; aie ; sache.***

▶ Particularité

À la 2e personne du singulier, le verbe ***aller*** (*va*) et **les verbes qui se terminent en -e** prennent exceptionnellement un **-s** lorsqu'ils sont suivis par les pronoms *en* et *y*.
➜ *va* → *vas-y ; donne* → *donnes-en.*

EXERCICES

1 Commencez le texte par : « Maintenant, que je te prévienne… », et faites les transformations nécessaires.

Maintenant, que je vous prévienne, dit Mlle Candy. La directrice est très stricte pour tout. Veillez à ce que vos vêtements, vos visages et vos mains soient propres. Ne parlez que si on vous adresse la parole. Si on vous pose une question, levez-vous avant de répondre. Ne discutez jamais avec elle. Ne la défiez pas. N'essayez pas d'être drôles. Si vous prenez ce risque, vous la mettrez en colère, et quand la directrice est en colère, il vaut mieux se méfier.

Roald Dahl, *Matilda*, trad. par H. Robillot, © Roald Dahl Nominee Ltd., 1988.

2 Dans le poème suivant, mettez les verbes entre parenthèses à la 2e personne du singulier de l'impératif présent.

Alice

Toi qui verras l'an deux mille
(ouvrir) les yeux et (écouter)
d'ores et déjà
le grand tumulte du monde
où tu viens d'arriver
(Ne pas oublier) de regarder cette étoile
ton étoile et destinée
et surtout (garder) ce sourire
de ta naissance
ce sourire qui te protège
et (se souvenir) que tu vas vivre
une époque merveilleuse
celle des miracles et des fureurs […]
ton époque belle comme une aurore
dans ton pays des merveilles
petite Alice fille de Sophie
la sagesse et petite-fille
du courage arrière-petite-fille
de la poésie et du rêve

8 octobre 1968

Philippe Soupault, *Poésie pour mes amis les enfants*, © Lachenal & Ritter, 1983.

3 Mettez les verbes entre parenthèses à la 2e personne du pluriel de l'impératif présent.

– (Lire) quelques poèmes à haute voix devant le micro d'un magnétophone de poche. (Réécouter) la bande, les yeux clos.
– (Dire) une poésie face à un miroir.
– (Enregistrer) le poème dit puis (l'écouter), immobile, sans vous quitter des yeux. Se voir, s'entendre lire ou dire sont quelque fois des épreuves… à surmonter.
– (Essayer) de chanter ce poème en inventant une musique. Si, dans un premier temps, vous ne vous sentez pas très à l'aise, (chanter) d'abord un mot, puis un vers, une strophe, le tout en variant le ton. (Oser) !

Pierre Coran, Pascal Lemaître, *L'Atelier de poésie*, © Casterman, 1999.

4 Replacez les verbes suivants aux endroits qui conviennent en les conjuguant à la 2e personne du singulier du présent de l'impératif : *tendre – gonfler – fixer – ouvrir – fermer.*

Un avion à réaction

Il te faut : un petit ballon de baudruche; une paille; une pince à documents; du ruban adhésif; 3 ou 4 m de ficelle.

1. … le ballon et …-le avec la pince.
2. … la paille sur le ballon avec le ruban adhésif.
3. … bien la ficelle entre deux chaises, après l'avoir passée dans la paille fixée au ballon.
4. … la pince. L'air s'échappe (action) et le ballon avance le long de la ficelle (réaction).

Méga expériences, © Nathan, 1995.

EXPRESSION ORALE
Se présenter, présenter quelqu'un

OBSERVATION

Se présenter

Présenter quelqu'un

Questions

1. Quelles informations les personnages donnent-ils sur eux-mêmes (vignette 1) ? sur le personnage qu'ils présentent (vignette 2) ?

2. À quel type de relation correspond chaque phrase : amicale, familiale, officielle, professionnelle ?

3. Quel pronom personnel est utilisé dans les situations familières ? dans les autres situations ?

4. Quelles formules de politesse sont utilisées ?

LEÇON

1. Se présenter

Remarque
Si un adulte ou un personnage haut placé vient en visite officielle dans votre collège, il est impoli de vous présenter sans qu'il vous le demande.

- On se présente dans des relations **amicales**, dans des relations **professionnelles** et au **téléphone.**
- Dans les situations professionnelles, officielles, administratives, ne pas se présenter est considéré comme une impolitesse.
- Dans les formules utilisées, les informations que l'on donne sur soi dépendent de la **situation** et de la **personne à qui l'on s'adresse** (le récepteur).

Formules à utiliser, à l'oral comme à l'écrit

➜ – *Je m'appelle…*
– *Je suis…*
– *Je me présente…*
– *Je me permets de me présenter…*
– *Permettez-moi de me présenter…*

2. Présenter quelqu'un

- Dans toute relation, on présente les deux personnes mais on commence par la dernière arrivée.
- On présente d'abord « l'inférieur » au « supérieur », un monsieur à une dame, le plus jeune au plus âgé.

Formules fréquentes d'échange

➜ – *Bonjour madame, monsieur…*
– *Enchanté(e) de faire votre connaissance.*
– *Ah ! J'ai souvent entendu parler de vous…*
– *Je suis ravi de vous rencontrer.*

PRENONS LA PAROLE

1 Présentez-vous dans les situations suivantes :

1. Devant la classe, chacun à votre tour, en indiquant votre prénom, votre nom, votre âge, vos goûts, etc.
2. Au secrétariat du collège pour demander des renseignements sur la cantine (prix, mode de paiement, ordre de passage…).
3. Au téléphone pour demander un renseignement sur les horaires d'ouverture de la piscine.

2 Présentez quelqu'un dans les situations suivantes :

1. Vous êtes invité chez des amis, vous présentez votre frère que vous avez emmené et qui n'est pas invité.
2. Vous êtes présentateur de télévision et vous présentez une personne célèbre.

BILAN

1 5 points

Dans les phrases suivantes, relevez les mots qui renvoient à la situation de communication.

1. Ici, le ciel est bleu, et je m'amuse bien.
2. Tu iras au cinéma la semaine prochaine.
3. Personne n'est venu avec moi.
4. Ton frère est sorti de sa chambre.
5. Nous t'invitons à dîner demain soir.

2 5 points

a. Quel est l'émetteur du message ci-dessous ? À qui s'adresse-t-il ? (2)
b. Relevez le temps des verbes. (3)

10 mai 1945
On ne se bat plus en Europe. Nous avons été avertis officiellement que demain, tu seras parmi nous. Il y a presque un an que j'ai abandonné ce journal. [...]
Papa, demain, tu seras là. Comme promis je te donnerai ce cahier. Cela t'aidera peut-être à retrouver ta place, à renouer avec le cours des choses.

Yvon Mauffret, *Mon journal de guerre*, © Rageot, Cascade.

3 10 points

a. Où se déroule le dialogue ci-dessous ? Qui sont les deux personnages qui se parlent ? (2)
b. Relevez les mots utilisés par chaque personnage pour désigner son interlocuteur. (8)

La Puce se hissa sur un tabouret et s'installa au bar.
– Qu'est-ce que j'te sers, fiston ? demanda le patron.
– Une orange pressée, s'il vous plaît monsieur, et puis une écuelle avec de l'eau pour mon chien, il meurt de soif !
– D'accord mon gars, mais tu sais, normalement, un enfant ne doit pas entrer seul dans un bar !
– Je sais m'sieur, mais dehors il pleut à torrents.

Sarah Cohen-Scali, *La Puce, détective rusé*, © Romans Casterman, Dix & Plus.

4 5 points

Dans quelle intention chacun des messages ci-dessous a-t-il été produit ?

1. Il s'appelait Daniel, mais il aurait bien aimé s'appeler Sindbad, parce qu'il avait lu ses aventures dans un gros livre relié en rouge qu'il portait toujours avec lui, en classe et dans le dortoir.

J.-M. G. Le Clézio, *Celui qui n'avait jamais vu la mer*, Gallimard, Folio junior.

2. Ce livre m'a plu. Je l'ai trouvé amusant. Le texte est écrit avec des mots rigolos. Je le conseille à ceux qui n'aiment pas lire d'habitude. Ils verront qu'on peut lire en s'amusant et ne pas s'ennuyer tout le temps avec un livre.

3. Il y avait une fois vingt-cinq soldats de plomb. Ils étaient tous frères car ils étaient nés d'une vieille cuiller de plomb. Ils avaient le fusil au bras, faisaient la même figure et, pour leur uniforme, rouge et bleu, il avait bon effet.

H.C. Andersen, « L'intrépide soldat de plomb », in *Contes*, Gallimard.

4. Je m'appelle Leon Randolph Jackson. J'ai onze ans. Je suis noir et je suis bleu. Noir, c'est ma couleur du dessus : la couleur de ma peau. Bleu, c'est ma couleur du dedans. Chez nous à La Nouvelle-Orléans, en bas de l'Amérique, on ne dit pas qu'on est triste, on dit qu'on est bleu. Et si quelqu'un vous raconte qu'il a les bleus, alors soyez chic avec lui, parce que ça signifie qu'il a le cafard.

Alain Gerber, *Le Roi du jazz*, Bayard Poche.

5. POUR JOUER
Les Zoombinis doivent traverser les passerelles qui enjambent les Gorges Allergiques. Clique sur un Zoombini et place-le à gauche de l'une ou l'autre des passerelles, sur le point lumineux qui apparaît. Plusieurs Zoombinis peuvent traverser l'une ou l'autre des passerelles en même temps.

Manuel d'utilisation de « L'Odyssée des Zoombinis », logiciel Broderbund.

5 5 points

Dans quel registre de langue est rédigé ce message ? Récrivez-le dans un registre plus soutenu.

Quand je dis que les Anglais sont tordus, je n'invente rien ! Ils me cassent la tête, les Engliches, avec leurs verbes irréguliers. Surtout que chaque fois que je me tue à essayer de me les enfoncer dans le crâne, mon cher frère, comme par hasard, se met à travailler son saxophone, là, de l'autre côté de la cloison.

Fanny Joly, *Jennifer L'Enfer*, Bayard Poche.

2 La phrase

OBJECTIFS

Savoirs
- Préciser le type d'une phrase : déclarative, interrogative, impérative
- Identifier une phrase exclamative
- Identifier la forme d'une phrase : affirmative/négative ; neutre/emphatique ; active/passive ; personnelle/impersonnelle
- Distinguer les phrases simples et les phrases complexes

Savoir-faire
- Repérer les subordonnées dans une phrase et dans un texte
- Introduire les subordonnées par les mots qui conviennent
- Ponctuer correctement un texte
- Accentuer correctement les mots

MAIRE

s types de phrases

OBSERVATION

La visite du directeur

Pensionnaires dans une école privée anglaise, des enfants ont eu la permission de construire des cabanes dans une partie du parc. Mais voici que le directeur, un homme corpulent, vient inspecter les constructions, s'engage dans la cabane de Bennett et Mortimer, et se retrouve coincé dans l'ouverture…

Dehors, Bennett et Mortimer regardaient ce spectacle avec une horreur grandissante. Un véritable tremblement de terre semblait se produire sous leurs yeux. La petite cabane se soulevait et retombait par secousses successives.

« Catastrophe ! gémit Bennett. Je t'avais bien dit que le toit n'était pas assez solide…

– On dirait qu'il est coincé dans l'annexe », dit Mortimer. Puis, d'une voix craintive, il cria : « Ça va bien, m'sieur le directeur ? »

Cela n'allait pas bien du tout pour le visiteur, et Bennett décida d'intervenir.

« Viens, Morty ! dit-il. Allons à son aide avant qu'il ait fini de tout démolir ! »

L'équipe de secours fut renforcée par une douzaine de volontaires. Ils accoururent des cabanes voisines, en demandant ce qui s'était passé, et Bennett dut leur interdire toute réflexion ironique car, si le directeur était invisible, il n'en entendait pas moins.

« Soulevons d'abord le toit ! » ordonna Bennett. Et, en baissant la voix, il ajouta : « Dépêchez-vous, les gars ! Il a fait au moins autant de dégâts que trois bombes atomiques, et s'il fourre son pied dans le tuyau de ventilation, nous ne pourrons plus nous en servir comme périscope ! »

Anthony Buckeridge, *Bennett et sa cabane*,
© Hachette Livre, « Le Livre de Poche Jeunesse », 1979.

Questions

1. Lisez le texte à voix haute. Sur quels signes vous fondez-vous pour mettre le ton ?

2. Relevez, dans le dialogue, une phrase qui donne une information.

3. Relevez la phrase qui permet à Mortimer de demander un renseignement.

4. Relevez maintenant une phrase qui exprime un ordre.

5. Relevez une phrase qui exprime un sentiment avec intensité.

LEÇON

1. Définitions

Une **phrase** est une suite de mots organisés selon les règles de la grammaire pour former un élément de la communication qui a un sens.
Elle commence par une **majuscule** et se termine par un **point**.

- **La phrase verbale** s'organise autour d'un **verbe conjugué** :

  → *Le toit n'**était** pas assez solide.*

- **La phrase non verbale** s'organise autour d'un **autre mot** qu'un verbe conjugué : verbe à l'infinitif, nom, adjectif, adverbe.

Phrase infinitive	Phrase nominale	Phrase adjectivale	Phrase adverbiale
Prendre *deux comprimés par jour.*	***Catastrophe !***	***Désolé !*** ***Enchanté*** *de vous avoir rencontré !*	***Amicalement.*** ***Très bien !***

2. Les types de phrases

Il existe trois types de phrases.

La phrase déclarative

Ce type de phrase **donne une information.**
– **À l'oral**, elle est marquée par une montée puis par une descente du ton en fin de phrase.
– **À l'écrit**, elle se termine par un **point**.

L'ordre des mots le plus fréquent est : sujet – verbe – complément.

→ *Le directeur s'est mis en colère.*

La phrase interrogative

Elle est utilisée pour **poser des questions**, demander des renseignements.
– **À l'oral**, elle est marquée par une montée de l'intonation en fin de phrase.
– **À l'écrit**, elle se termine par un **point d'interrogation** :

→ *Ça va bien, m'sieur le directeur ?*

On distingue :

- **l'interrogation totale**

La question porte sur **toute la phrase.** On peut répondre par **oui** ou par **non.**

→ *Le directeur est-il fâché ?*

- **l'interrogation partielle**

La question porte sur **un élément de la phrase** au moyen de **mots interrogatifs** (*qui, quoi, où, comment, quand, pourquoi…*).

→ ***Comment*** *la cabane a-t-elle été construite ?* ***Quand*** *a-t-elle été construite ?* ***Où*** *a-t-elle été construite ?* ***Pourquoi*** *a-t-elle été construite ?*

La phrase impérative

Elle transmet un **ordre**, un **conseil**, un **souhait**. Elle se conjugue au mode impératif à la 2ᵉ personne du singulier et aux 1ʳᵉ et 2ᵉ personnes du pluriel. **Elle n'a pas de sujet exprimé.**

→ ***Viens****, Morty !* ***Dépêchez-vous****, les gars !*

Une phrase appartient toujours à l'un de ces trois types.

L'exclamation

L'exclamation est utilisée pour traduire une **intensité**, un **sentiment**, une **émotion**. Elle peut marquer les trois types de phrases précédents. **À l'écrit**, cette intonation est marquée par un **point d'exclamation**.

→ *Il est tout à fait furieux !* : phrase déclarative et exclamative.
Comment as-tu pu te salir à ce point ? ! : phrase interrogative et exclamative.
Dépêchez-vous, les gars ! : phrase impérative et exclamative.

■ Pour l'expression écrite et orale

L'expression de l'ordre et du souhait

Il existe d'autres moyens que l'impératif pour exprimer un ordre, un souhait :

- l'infinitif : *Ne pas se pencher au dehors.*
- le présent et/ou le futur de l'indicatif : *Tu fais la vaisselle, et après tu sortiras.*
- le subjonctif : *Qu'il s'en aille !* (aux autres personnes que celles de l'impératif.)
- l'interjection : *Chut !*
- la phrase nominale : *Défense d'afficher.*

Retenons

1. Une **phrase** est une suite de mots organisés selon les règles de la grammaire pour former un message qui a un sens.
On distingue les phrases **verbales** et les phrases **non verbales**.

2. Il existe trois types de phrases :
– La phrase **déclarative** constate un fait, donne une information ou exprime une opinion.
– La phrase **interrogative** pose une question.
– La phrase **impérative** transmet un ordre, un conseil, un souhait. Elle se conjugue le plus souvent au mode impératif.
– Une phrase de l'un de ces trois types peut, en plus, être **exclamative** si elle exprime un sentiment ou une émotion.

EXERCICES

Identifier

1 Quel est le type de chacune de ces phrases ?

1. Le matin, Arthur prend un copieux petit déjeuner. – **2.** Qu'a-t-il mangé ce matin ? – **3.** Fais attention de ne pas renverser ton bol. – **4.** C'est chaud ! – **5.** Arthur est-il encore en retard ce matin ? – **6.** Arthur, dépêche-toi. – **7.** Sortez une copie double, s'il vous plaît. – **8.** Je ne veux pas aller voir ce film.

2 Quel signe de ponctuation pouvez-vous mettre à la fin de chacune de ces phrases ?

1. Où irons-nous pique-niquer – **2.** Donne-nous des idées, toi – **3.** Les enfants s'amusent bien en pique-nique – **4.** Attention aux guêpes – **5.** Les enfants, restez calmes – **6.** Je me demande où j'ai mis les clefs de la voiture – **7.** En route, vite – **8.** Qui ne sait pas jouer du piano – **9.** Tu chantes avec nous ou quoi

3 Classez les phrases suivantes en deux ensembles : a. les interrogations partielles. b. les interrogations totales.

1. Écoutez-vous souvent la radio ? – **2.** Quelle musique préférez-vous ? – **3.** Comment choisissez-vous la radio que vous écoutez ? – **4.** Êtes-vous déjà allés à un concert ? – **5.** Aimez-vous le rap ? – **6.** Quand et où écoutez-vous le plus souvent de la musique ? – **7.** Quels chanteurs détestez-vous ? – **8.** Jouez-vous d'un instrument de musique ? – **9.** Pourquoi avez-vous choisi la guitare ?

4 Formulez dans un registre courant les phrases interrogatives suivantes.

1. Il est passé où, mon sac ?
2. Qui c'est qui a caché mon sac ?
3. Vous la trouvez amusante, vous, cette blague ?
4. Personne peut m'aider à retrouver mon sac ?
5. Quand est-ce que tu as vu ton sac pour la dernière fois ?
6. Arthur, tu n'aurais pas mis ton sac dans ton casier, par hasard ?
7. Est-ce qu'on a retrouvé le sac d'Arthur ?

5 Dans le texte suivant, relevez les phrases déclaratives, puis interrogatives et impératives.

– Que vas-tu faire de cette bête ? lui demanda Paul.
SOPHIE, *avec rudesse.* – Laisse-moi tranquille, méchant, cela ne te regarde pas.
PAUL, *avec ironie.* – Pardon, mademoiselle furieuse, je vous demande bien pardon de vous avoir parlé et d'avoir oublié que vous étiez mal élevée et impertinente.
SOPHIE, *faisant une révérence moqueuse.* – Je dirai à maman, monsieur, que vous me trouvez mal élevée; comme c'est elle qui m'élève, elle sera bien contente de le savoir.
PAUL, *avec inquiétude.* – Non, Sophie, ne le lui dis pas : on me gronderait.
SOPHIE. – Oui, je le lui dirai; si l'on te gronde, tant mieux; j'en serai bien contente.
PAUL. – Méchante, va ! je ne veux plus te dire un mot.
Et Paul retourna à sa chaise pour ne pas voir Sophie, qui était enchantée d'avoir fait peur à Paul et qui recommença à s'occuper de son abeille.
« Je vais lui couper la tête, se dit-elle, pour la punir de toutes les piqûres qu'elle a faites. »

Comtesse de Ségur, *Les Malheurs de Sophie.*

Transformer

6 Transformez les phrases déclaratives suivantes en interrogations partielles qui porteront sur les mots ou groupes de mots soulignés.

1. <u>Luc</u> viendra avec nous au cinéma. – **2.** Vous avez vu <u>trente</u> films cette année. – **3.** La prochaine séance est à <u>quinze heures</u>. – **4.** Un dessin animé se fabrique <u>en studio</u>. – **5.** Je ne pourrai pas venir avec vous, <u>parce que je suis malade</u>. – **6.** Je regarde les séries policières <u>à la télévision</u>.

7 Transformez les phrases suivantes en phrases impératives.

1. Les enfants sont sages. – **2.** Nous ne nous faisons pas remarquer. – **3.** Pour le prochain contrôle, les élèves de 6^{e}A apprennent la leçon et les définitions par cœur. – **4.** Pierre et Julie sont attentifs. – **5.** Taoufik récite sa poésie. – **6.** Nous nous changeons, nous mettons nos bottes avant la tempête. – **7.** Alice et Loïc finissent leurs assiettes.

8 Remplacez les pointillés rouges par les signes de ponctuation qui conviennent.

Le Chien et l'Ambassadeur

Voilà bien longtemps que le chien avait pris cette étrange décision **(1)** Il avait choisi de ne jamais plus parler à un homme qu'en répondant à la question précédente **(2)** Personne n'avait su jusqu'à présent déceler son astuce **(3)**
On fit venir des spécialistes, des psychiatres pour chiens, des vétérinaires psychologues et même un professeur de faculté qui demanda au chien :
– Combien as-tu de pattes **(4)**

Il s'entendit bien évidemment répondre « Pfff **(5)** » par les babines de l'animal.
– Combien as-tu d'oreilles **(6)** insista-t-il.
– Quatre, professeur **(7)** Deux devant et deux derrière **(8)**
– Et combien as-tu de queues **(9)**
– Deux **(10)** Dressées sur la tête. Comment un professeur peut-il ignorer cela **(11)**
– Mais combien de fois vas-tu encore te moquer de moi **(12)**
– Une seule, professeur, elle se balance derrière moi quand je marche **(13)**
Et le chien fila entre les jambes du professeur de faculté et s'éloigna en dessinant des huit avec sa queue **(14)**

Alain Serres, *Histoires de chaussettes*, © Gallimard, 1987.

9 Mettez le texte suivant à la 2e personne du singulier.

Ô passagers…

« Ô passagers, sauvez-vous ! Hâtez-vous ! Remontez vite à bord ! Lâchez tout ! Abandonnez vos effets à terre et sauvez vos âmes ! Fuyez l'abîme qui vous attend ! Courez vite ! Car l'île sur laquelle vous vous trouvez n'est point une île ! C'est une baleine gigantesque ! Elle a élu domicile au milieu de cette mer, depuis les temps de l'Antiquité; et les arbres ont poussé sur son dos, grâce au sable marin ! Vous l'avez réveillée de son sommeil. Vous avez troublé son repos et dérangé ses sensations en allumant du feu sur son dos ! Et la voici qui bouge ! Sauvez-vous, ou elle va s'enfoncer dans la mer qui vous engloutira sans retour ! Sauvez-vous ! Lâchez tout ! Je m'en vais ! »

Les Mille et Une Nuits, trad. de J.- C. Mardrus.

10 Dans le second paragraphe de la recette suivante, remplacez les verbes à l'infinitif en employant l'impératif conjugué à la 2e personne du pluriel.

La soupe aux poissons rouges

Pour faire la soupe aux poissons rouges, il est indispensable d'avoir un bocal dans lequel s'ébattent des poissons rouges dont le nombre doit être proportionnel à la quantité de soupe que l'on désire.
Ne pas toucher aux poissons. Faire, à part, une soupe quelconque, légère autant que possible, aux poireaux et aux pommes de terre cuites; faire mitonner pendant une bonne heure au feu continu et alternatif, suivant la nature du gaz ou du charbon de bois que vous utilisez. Laisser tiédir et verser, louche par louche, la soupe ainsi obtenue sur les poissons rouges qui, ne pas en douter, l'apprécieront à sa juste valeur.

D'après Pierre Dac, *L'Os à moelle*,© Julliard, 1963.

Écrire

11 À la manière de Laurence, écrivez une liste des ordres que vous avez l'habitude d'entendre. Vérifiez ensuite les conjugaisons.

L'impératif, c'est ce que nous entendons de notre naissance jusqu'à notre mort.
Quand j'étais petite, mes parents me disaient : « Mange proprement; dis bonjour; assieds-toi; n'écrase pas la queue du chat… » Après, j'ai grandi, j'entendais la même chose, mais il y avait en plus les professeurs : « Fais ton travail; arrête de bavarder; ne copie pas sur le voisin… »
Quand je suis devenue adolescente, mes parents me demandaient : « Peux-tu aller chercher le courrier; peux-tu faire ton lit; peux-tu baisser la musique ? » Mais pour les professeurs, rien ne changeait, toujours : « Tais-toi; fais ton travail. » Une fois, j'ai fait un cauchemar !
En devenant adulte, j'ai vu que les gens me parlaient d'une manière différente : « Pouvez-vous me donner le pain ? Pouvez-vous m'aider à ranger… ? » Et quand je suis devenue maman, je répétais les paroles que j'avais entendues étant petite : « Lève-toi; va te coucher; ne dérange pas… » Puis en tant que professeur je dis : « Entrez, taisez-vous; montrez votre travail… »
L'impératif est une grave maladie, et le seul remède que nous ayons contre lui est la vieillesse.

Laurence, 6e.

AUTOÉVALUATION

À la fin de cette leçon, je sais :

- **préciser** le type d'une phrase;
- **repérer** les interrogations totales et les interrogations partielles;
- **poser** des questions en utilisant des mots interrogatifs variés;
- **transformer** des phrases déclaratives en phrases interrogatives;
- **transformer** des phrases déclaratives en phrases impératives;
- **exprimer** des ordres en utilisant l'impératif;
- **conjuguer** le présent de l'impératif.

4. Les formes de phrases

OBSERVATION

Le cadavre a disparu

Moins d'une demi-heure plus tard, c'était l'effervescence dans la maison. L'inspecteur Mignard était arrivé, les yeux aussi mal ouverts que sa chemise mal fermée. Nestor, réveillé le premier par le coup de téléphone, avait suivi. Mme Lebrun, effondrée dans un fauteuil, semblait hébétée. L'inspecteur, après avoir fait trois ou quatre fois le tour de la chambre verte, se faisait raconter les événements par le brigadier qui ne cessait de répéter :

– Je vous jure, inspecteur, je n'ai pas dormi et je n'ai pas quitté la porte des yeux… elle était fermée à double tour, et ça fait du bruit quand on l'ouvre, surtout la nuit… oui, j'ai tout de suite pensé à vérifier le verrou de la porte de la salle de bains : il était comme on l'avait laissé,verrouillé; pas de doute, personne n'a pu ouvrir cette porte de l'extérieur; et les volets aussi étaient fermés, et la fenêtre…

– Et moi, j'étais dessous, reprit le gendarme Mercadier. Je n'ai pas dormi non plus; je venais juste d'allumer une cigarette quand ça a crié… c'est vous dire.

– Bon, alors expliquez-moi comment le cadavre est parti, demanda l'inspecteur exaspéré.

François Charles, *L'assassin est un fantôme*, © Rageot, « Cascade Policier », 1996.

Questions

1. Dans le passage en bleu, quelles phrases disent ce qui est, affirment un fait ?

2. Dans le passage en bleu, quelles phrases disent ce qui n'est pas, nient un fait ? À quelles marques les reconnaissez-vous ?

3. Reformulez la phrase en rose en commençant par : « Pas de doute, la porte… ». Que constatez-vous ?

4. Reformulez la phrase : « Elle fait du bruit quand on l'ouvre, la porte », en replaçant le sujet en tête, sans pronom de rappel. Quel est l'effet produit ?

LEÇON

Il existe différentes formes de phrases qui s'opposent deux à deux.

▶ 1. La phrase affirmative et la phrase négative

La phrase affirmative exprime la réalité d'un fait, ce qui est :

→ *La porte était fermée.*

La phrase négative nie la réalité d'un fait, exprime ce qui n'est pas. Elle prend les marques de la négation :

→ *La porte **n'**était **pas** fermée.*

Phrase affirmative	Phrase négative
–	ne… pas
toujours	ne… jamais
encore	ne… plus
déjà	ne… pas encore
beaucoup	ne… pas beaucoup ne… guère

- La **phrase affirmative** peut contenir un mot de sens négatif :

→ *Je **refuse** de te parler.*

- Il ne faut pas confondre phrase déclarative et phrase affirmative. La **phrase déclarative** énonce un fait qui peut avoir une forme affirmative ou négative :

→ *Il n'y a personne. Le facteur n'est pas passé. Marc n'a pas téléphoné.*

▶ 2. La phrase active et la phrase passive

Remarque

Les deux phrases n'apportent pas la même information :

→ *Le téléphone a réveillé Nestor* donne une information sur le téléphone. *Nestor a été réveillé par le téléphone* donne une information sur Nestor.

Ces deux formes expriment la même action, la même réalité mais de deux façons différentes.

Dans la phrase active, le sujet fait l'action exprimée par le verbe :

→ ***Le téléphone** a réveillé Nestor.*

Dans la phrase passive, le sujet subit l'action exprimée par le verbe :

→ ***Nestor** a été réveillé par le téléphone.*

▶ 3. La phrase neutre et la phrase emphatique

La phrase neutre ne met aucun élément en valeur. C'est la phrase de base :

→ *La porte de la salle de bains était verrouillée.*

La phrase emphatique met en relief un de ses éléments :

- **par le détachement**

On obtient une phrase segmentée, très fréquente à l'oral.
L'élément mis en relief est détaché par une **virgule** et repris ou annoncé par un **pronom personnel** :

→ *La porte de la salle de bains,* ***elle*** *était verrouillée.*

- **par les tournures *c'est… que, c'est… qui, c'est… dont…***

Placées en tête de phrase, elles encadrent l'élément mis en relief :

→ ***C'est*** *la porte de la salle de bains* ***qui*** *était verrouillée.*
C'est *la porte de la salle de bains* ***qu'****on a verrouillée.*

Dans la phrase, seul le verbe ne peut être extrait pour être mis en relief.

4. La phrase personnelle et la phrase impersonnelle

La phrase personnelle

Quand le sujet *il* représente un **être** ou une **chose**, la phrase est personnelle. Le sujet *il* peut alors être remplacé par *elle* :

→ ***Elle*** *souffle en courant le 100 m.*
Il *tombe dans les escaliers.*

Remarque

Certaines phrases personnelles peuvent être transformées en phrases impersonnelles :

→ *Un accident est arrivé. Il est arrivé un accident* (*il* ne représente pas le groupe nominal).

La phrase impersonnelle

Quand le sujet *il* ne représente **rien**, mais sert simplement à conjuguer le verbe, la phrase est impersonnelle :

→ *Ce matin,* ***il*** *souffle un petit vent glacial.*
Il *tombe des grêlons gros comme des œufs de pigeon.*

5. Types et formes de phrases

- Les formes de phrases peuvent se combiner entre elles.

Une phrase peut être :

– **affirmative et emphatique :**

→ *C'est le cadavre qui a disparu.*
C'est l'inspecteur qu'on a appelé.

– **négative et emphatique :**

→ *Ce n'est pas le cadavre qui a disparu.*

- Les formes et les types de phrases peuvent se combiner entre eux.

– **interrogative et emphatique :**

→ *Est-ce le cadavre qui a disparu ?*

– **interrogative, négative et emphatique :**

→ *N'est-ce pas le cadavre qui a disparu ?*

Pour l'expression écrite

Ne confondons pas :

La phrase négative	La phrase déclarative de sens négatif
Je ne suis pas tranquille.	Je suis inquiète.
Je ne suis pas sûre.	Je doute.
Ton blouson n'est pas propre.	Ton blouson est sale.
Je ne sais pas son nom.	J'ignore son nom.
Je ne veux pas que tu emportes ce livre.	Je refuse que tu emportes ce livre.

Retenons

Il existe différentes formes de phrases, qui s'opposent deux à deux.

1. La **phrase négative** exprime le contraire de la **phrase affirmative** correspondante.

2. Dans la **phrase active**, le sujet fait l'action exprimée par le verbe. Dans la **phrase passive**, il la subit.

3. La transformation **emphatique** permet de mettre en relief un des éléments de la phrase **neutre** correspondante.

4. Dans la phrase **personnelle**, le sujet *il* représente un être ou une chose. Dans la phrase **impersonnelle**, *il* ne représente rien, mais sert simplement à conjuguer le verbe.

EXERCICES

Identifier

1 Voici deux séries de phrases, les unes affirmatives, les autres négatives : regroupez chaque phrase de la 1re série avec la phrase de la 2e série qui exprime le contraire.

1. Nos enfants regardent les séries à la télévision. – **2.** Tous nos enfants regardent les séries à la télévision. – **3.** Nos enfants regardent encore les séries à la télévision. – **4.** Nos enfants regardent tout sauf les séries à la télévision. – **5.** Nos enfants regardent beaucoup les séries à la télévision.

a. Nos enfants ne regardent jamais les séries à la télévision. – **b.** Nos enfants ne regardent pas les séries à la télévision. – **c.** Nos enfants ne regardent plus les séries à la télévision. – **d.** Nos enfants ne regardent que les séries à la télévision. – **e.** Aucun de nos enfants ne regarde les séries à la télévision.

2 Dans les phrases affirmatives suivantes, relevez les mots ou les expressions de sens négatif.

1. Ayoub déteste la salade verte.
2. Il est interdit de mâcher du chewing-gum en classe.
3. Ce problème est impossible à résoudre.
4. Sarah est toujours de mauvaise humeur le matin.
5. Ce malade refuse de se soigner correctement.
6. L'écriture de Louis est illisible.
7. Cette personne maladroite a glissé sur la marche.

3 Relevez les phrases négatives dans le texte suivant.

– D'abord, quand on est un chien trouvé, on ne fait pas de manières !
C'est La Poivrée qui glapit. Elle a une voix terriblement aiguë. Ses mots rebondissent contre les murs, le plafond et le plancher de la cuisine. Ils se mêlent aux tintements de la vaisselle. Trop de bruit. Le Chien n'y comprend rien. Il se contente d'aplatir ses oreilles et d'attendre que ça passe. De toute façon, il en a entendu d'autres ! Qu'on le traite de chien perdu ne le touche pas beaucoup.

Oui, il a été chien perdu, et alors ? Il n'en a jamais eu honte. C'est comme ça. Mais, bon sang, que la voix de La Poivrée est aiguë ! Et ce qu'elle peut être bavarde ! S'il n'avait pas besoin de ses quatre pattes pour se tenir dignement debout, Le Chien se boucherait les oreilles avec les pattes de devant. Mais il a toujours refusé de singer les hommes.
– Alors, tu la manges, cette soupe ?
Non, il ne la mange pas, cette soupe. Il reste devant son assiette, recroquevillé sur lui-même, une vraie boule de poils, sourde et muette.
– Très bien, comme tu voudras, oké, d'accord, à ta guise, mais je te préviens, couine La Poivrée, tu n'auras rien d'autre à manger tant que tu n'auras pas avalé celle-là.

Daniel Pennac, *Cabot-Caboche*, © Nathan, 1982.

4 Précisez si chaque phrase est active ou passive :

1. L'ordinateur sera réparé dans le courant de la semaine.
2. L'inspecteur interrogeait le suspect depuis bientôt trois heures.
3. Le trésor a été retrouvé dans les bois par des cueilleurs de champignons.
4. Nous avons trouvé une tache suspecte sur le tapis du salon.
5. Cet été, la piscine du Club n'était pas assez surveillée.
6. Hélène apprend ses leçons en écoutant la radio.

5 Dans les phrases suivantes, mettez un élément de votre choix en relief.

1. En 1998, la France a gagné la Coupe du Monde de football.
2. Les jeunes enfants préfèrent les documentaires animaliers.
3. Les professeurs ne choisissent pas les menus de la cantine.
4. Il ne pleut pas souvent dans le sud de la France.
5. À la fin des contes, les princes et les princesses se marient toujours.

6 Parmi les phrases suivantes, quelles sont celles dont vous pouvez conjuguer le verbe souligné à une autre personne grammaticale que « il » (« je », par exemple) ?

1. Il <u>a failli</u> rater son train.
2. Il ne <u>faut</u> pas croire tout ce qu'on dit.
3. Il ne <u>savait</u> pas où aller.
4. Il <u>est</u> impossible de courir les yeux fermés.
5. Il ne <u>sert</u> à rien de vouloir toujours avoir raison.
6. Il <u>tombe</u> des cordes.
7. Il <u>pourrait</u> nous aider plus souvent.
8. Il se <u>peut</u> que le professeur soit absent.
9. Il <u>est</u> évident que nous arriverons en retard.
10. Il <u>est</u> impossible à soulever.

7 Précisez si chaque phrase est personnelle ou impersonnelle.

1. Il reste encore des yaourts dans le réfrigérateur ?
2. Il a couru le 100 mètres en un temps record.
3. Y a-t-il une pharmacie dans cette rue ?
4. Il y a une guêpe dans la chambre !
5. Il souffle la bonne réponse à son voisin.
6. Dans l'immeuble, il règne une drôle d'atmosphère.

Transformer

8 Transformez les phrases suivantes de manière qu'elles expriment le contraire de l'énoncé donné. Utilisez des formes négatives. Plusieurs solutions sont possibles.

1. Chacun connaît le nom de la monnaie de l'État d'Équateur.
2. Tous connaissent mon adresse.
3. Le Tours Basket-Club peut encore monter en première division.
4. Donnez-lui absolument ce médicament.
5. J'ai beaucoup de choses à faire.
6. Je pense qu'on arrivera chez mes parents avant la nuit.

9 Complétez les formes de mises en relief avec le mot qui convient : *qui, que* ou *dont*.

1. C'est mon père **...** parle avec le nouveau professeur.
2. C'est à la montagne **...** je préfère passer les vacances.
3. C'est mon chien **...** on a perdu la trace.
4. C'est la leçon d'histoire **...** je me souviens le mieux.
5. Ce sont les romans policiers **...** je préfère.
6. C'est mon vélo **...** la chaîne a été abîmée.
7. C'est Franquin **...** a inventé Gaston Lagaffe.
8. C'est Marie, l'amie **...** je te parle souvent.
9. C'est mon deuxième petit frère **...** est né la nuit dernière.
10. Ce sont les vacances de février **...** j'aime le moins.

10 Transformez les phrases suivantes en mettant en relief le groupe de mots souligné à l'aide de *c'est... qui* / *c'est... que*.

1. J'ai acheté <u>un gâteau au chocolat</u>.
2. Elle a assisté <u>au dernier concert de Céline Dion</u>.
3. Tu laveras tes mains <u>avant le repas.</u>
4. Je ferai <u>ma rédaction</u> demain.

5. Robert-Louis Stevenson a écrit *L'Ile au trésor* en 1883.
6. Je prends très rarement l'autobus.
7. Malik a embouti la portière de la voiture.
8. Tu joueras à l'arrière.
9. Un festival de bandes dessinées se déroule chaque année à Angoulême.
10. J'ai trouvé cette information sur l'Internet.

11 Dans le texte suivant, relevez les formes emphatiques. Récrivez le texte en les supprimant. Quelle version est préférable ?

– Vous avez habité notre maison ? dis-je, surprise.
– Ma chère enfant, c'est *vous* qui habitez ma maison ! Et c'est mon grand-père qui l'a construite ! C'est lui également qui a construit l'autre, celle qui est vide en ce moment. Il l'avait bâtie pour sa sœur et habitait la première, la vôtre, dont mon père a hérité à sa mort. C'est là que je suis né et ma sœur aussi. Elle est devenue ma maison quand j'ai épousé Margaret. Ma sœur était déjà mariée et habitait Boston. Elle est morte, maintenant. Mes parents, bien entendu, sont morts aussi, depuis longtemps. Comme Margaret et moi n'avons pas eu d'enfants, il ne reste plus que moi. Enfin, pas exactement : j'ai un neveu, le fils de ma sœur, mais c'est une autre histoire…

Lois Lowry, *Un été pour mourir*,
© Duculot, « Travelling », 1990.

12 Mettez en relief les groupes de mots soulignés à l'aide de l'expression *c'est… qui/c'est… que*.

« Les Misérables » à Paris

Sur la scène, les atmosphères sombres du Paris du XIXe siècle planent autour des comédiens : Fantine mourante, Cosette maltraitée, Gavroche sur les barricades, Jean Valjean poursuivi par l'inspecteur Javert. Dans des décors très réalistes, en chansons et en tableaux animés, trente-cinq acteurs et chanteurs font vivre à Mogador le plus grand roman de Victor Hugo. Trois heures vingt de musique et de chansons, avec une mise en scène et des comédiens impressionnants, cette comédie musicale assure à tous des instants d'émotion inoubliables. Vingt millions de spectateurs ont déjà vu le spectacle à New York, à Londres, à Tokyo… dans le monde entier ! Partout la critique l'acclame, le public le réclame. Victor Hugo voulait que son livre soit universel. C'est chose faite ! Trente-six films ont déjà été réalisés. On parle d'un trente-septième, tiré de cette comédie musicale, en 1993 ! Des disques de cette tournée sont prévus pour décembre, en version française et symphonique.

Je bouquine, n° 93, novembre 1991, © Bayard Jeunesse.

Écrire

13 Voici le portrait d'un personnage de roman, écrit « en creux », à l'aide de phrases négatives. Repérez celles-ci, puis, à votre tour, employez le même procédé pour faire le portrait d'une personne de votre entourage.

Anglais, à coup sûr, Phileas Fogg n'était peut-être pas Londonner[1]. On ne l'avait jamais vu ni à la Bourse, ni à la Banque, ni dans aucun des comptoirs de la Cité. Ni les bassins ni les docks de Londres n'avaient jamais reçu un navire ayant pour armateur Phileas Fogg. Ce gentleman ne figurait dans aucun comité d'administration. Son nom n'avait jamais retenti dans un collège d'avocats, ni au Temple, ni à Lincoln's-inn, ni à Gray's-inn. Jamais il ne plaida ni à la Cour du chancelier, ni au Banc de la Reine, ni à l'échiquier, ni en Cour ecclésiastique. Il n'était ni industriel, ni négociant, ni marchand, ni agriculteur. Il ne faisait partie ni de l'Institution royale de la Grande-Bretagne, ni de l'Institution de Londres, ni de l'Institution des Artisans, ni de l'Institution Russell, ni de l'Institution littéraire de l'Ouest, ni de l'Institution du Droit, ni de cette Institution des Arts et des Sciences réunis, qui est placée sous le patronage direct de Sa Gracieuse Majesté. Il n'appartenait enfin à aucune des nombreuses sociétés qui pullulent dans la capitale de l'Angleterre, depuis la Société de l'Armonica jusqu'à la Société entomologique, fondée principalement dans le but de détruire les insectes nuisibles. Phileas Fogg était membre du Reform-Club, et voilà tout.

Jules Verne, *Le Tour du monde en quatre-vingts jours.*

1. Londonner : Londonien.

AUTOÉVALUATION

À la fin de cette leçon, je sais :
- **identifier** les formes de phrases ;
- **mettre** une phrase affirmative à la forme négative ;
- **mettre** une phrase négative à la forme affirmative ;
- **reconnaître** les phrases actives et les phrases passives ;
- **passer** de la phrase neutre à la phrase emphatique ;
- **identifier** des phrases impersonnelles.

5. Phrase simple, phrase complexe. Les propositions

OBSERVATION

Mes parents

J'ai toujours habité avec un père ET une mère. Ils ont du travail, de l'argent suffisamment, des amis, des congés, des idées. Ils parlent français, ont une machine à laver à puce, et même une dame qui vient faire le ménage et le repassage. Ils partent un mois en vacances l'été et une semaine l'hiver. Le 31 décembre, maman lève son verre à des treizième et quatorzième mois qui n'existent pas mais qu'on lui a payés, au temps qui passe mais sans faire trop de mal. Papa lui offre un sac ou un parfum. Ils aiment les fêtes et les voyages à l'étranger.

Ils sont contents d'avoir un enfant car il restera ainsi une trace de leur passage sur terre, comme un morceau d'éternité.

Voilà quelque chose de gentil que je peux dire sur eux.

Valérie Dayre, *C'est la vie, Lili*, © Rageot, « Cascade », 1991.

Questions

1. Combien la phrase en jaune contient-elle de verbes conjugués ?

2. Combien les phrases en vert contiennent-elles de verbes conjugués ?

3. Par quel groupe nominal peut-on remplacer l'expression « une dame qui vient faire le ménage et le repassage » ? Combien de verbes conjugués la phrase contient-elle après cette transformation ?

LEÇON

1. La proposition

Un groupe de mots construit autour d'un verbe conjugué s'appelle une **proposition**.

2. La phrase simple

- La phrase simple contient **un seul verbe conjugué**. Elle correspond à **une seule proposition**, appelée **proposition indépendante** :

  → *J'ai toujours habité avec un père et une mère.*

- Il existe des phrases simples sans verbe : les **phrases nominales**.

  → *Votre écharpe !*
  Voilà ton émission préférée.

- La phrase simple **impérative** n'a pas de sujet exprimé :

  → *Ouvre la fenêtre.*

3. La phrase complexe

La phrase complexe contient **plusieurs propositions** :

→ *Le 31 décembre, maman* ***lève*** *son verre à des treizième et quatorzième mois qui n'****existent*** *pas mais qu'on lui* ***a payés****…*

Cette phrase contient trois propositions. Elle peut être transformée en trois phrases simples :

→ ***1.*** *On* ***a payé*** *à maman un treizième et un quatorzième mois.*
2. *Les treizième et quatorzième mois n'****existent*** *pas.*
3. *Maman* ***lève*** *son verre aux treizième et quatorzième mois.*

La phrase complexe par juxtaposition

Les propositions sont simplement **séparées** par des **virgules**, des **points-virgules** et des **deux-points**. Elles sont juxtaposées :

→ *Ils parlent français, ils ont une machine à laver à puce.*

La phrase complexe par coordination

- Les propositions sont **reliées** par une **conjonction de coordination** ou un **adverbe de liaison** :

  → *Ils sont contents d'avoir un enfant* ***car*** *il restera ainsi une trace de leur passage sur terre.*

- **Les mots qui coordonnent**

Conjonctions de coordination	Adverbes
mais, ou, et, donc, or, ni, car	ainsi, alors, cependant, d'ailleurs, enfin, ensuite, par conséquent, pourtant, puis

La phrase complexe par subordination

- La subordination est une **relation** qui **unit** des **propositions qui ne sont pas de même niveau.** La proposition qui contient l'information principale est appelée **proposition principale** ; les autres propositions qui dépendent d'elle sont appelées **propositions subordonnées**.

→ *Ils emploient une dame // qui vient faire le ménage et le repassage.*

proposition principale — proposition subordonnée

- **Les mots qui subordonnent**

Conjonctions de subordinations simples	Conjonctions de subordination composées	Pronoms relatifs
que, quand, comme, si	aussitôt que, alors que, bien que… avant que, après que, dès que, pour que, sans que…	qui, que, quoi, dont, où…

Pour l'expression orale et écrite

- **À l'oral**, on emploie le plus souvent des phrases simples ou on utilise la juxtaposition et la coordination.
- **À l'écrit**, on renforce souvent les liens logiques entre les propositions en utilisant la subordination. Attention : les phrases complexes ainsi obtenues peuvent être très maladroites.

Retenons

1. La **phrase simple** contient un seul verbe conjugué. Elle correspond à une seule proposition appelée **proposition indépendante**.

2. La **phrase complexe** comprend **plusieurs propositions**, construites autour de **plusieurs verbes conjugués**.

Ces propositions peuvent être :
- **juxtaposées**, c'est-à-dire séparées par une virgule, un point-virgule ou deux points ;
- **coordonnées**, c'est-à-dire reliées par une conjonction de coordination ou un adverbe de liaison ;
- **subordonnées**, c'est-à-dire dépendant d'une proposition, appelée **principale**. La proposition subordonnée est introduite par une conjonction de subordination ou un pronom relatif.

EXERCICES

Identifier

1 Repérez les verbes conjugués dans chacune des phrases suivantes.

1. Les contes sont des histoires brèves pour les enfants. – **2.** Les contes étaient racontés à l'oral avant d'être écrits. – **3.** Vous connaissez déjà beaucoup de contes, dont vous pouvez nous citer les titres. – **4.** *La Belle et la Bête* est un conte célèbre, mais on oublie souvent le nom de son auteur. – **5.** L'auteur de *La Belle et la Bête* s'appelle Mme Jeanne-Marie Leprince de Beaumont : elle est née en France en 1711, a vécu en Angleterre, puis est revenue en France où elle est morte en 1780. – **6.** Au cours de l'année de 6e, on lira plusieurs histoires courtes dont certaines seront tirées de livres de contes.

2 Classez les phrases ci-dessous en deux groupes, selon qu'elles sont simples ou complexes.

1. Certains élèves aiment lire, d'autres n'aiment pas. – **2.** Certains élèves liront plus facilement des documentaires que des romans. – **3.** Parfois, en lisant, on écoute de la musique. – **4.** Quand, dans un livre, vous ne comprenez pas un mot, cherchez ce mot dans un dictionnaire : vous continuerez alors votre lecture plus aisément. – **5.** Si les personnages sont gentils au début d'un récit, ils le restent souvent jusqu'à la fin. – **6.** Je m'endors toujours après avoir lu quelques pages d'un roman.

3 Dans les phrases complexes suivantes, distinguez les propositions coordonnées et les propositions subordonnées.

1. La SPA recueille des animaux et les propose ensuite à l'adoption. – **2.** Souvent les chiens vagabondent en été parce que leurs maîtres les ont abandonnés. – **3.** Si vous voulez adopter un animal, renseignez-vous auprès de la SPA. – **4.** Lorsque vous trouvez un animal abandonné, vous pouvez l'apporter chez un vétérinaire. – **5.** Des enfants ont parfois peur des chiens, or certains chiens craignent aussi les enfants. – **6.** Les chats se débrouillent facilement seuls car ils ont un caractère indépendant. – **7.** Quand un chien est mécontent, il montre les crocs. – **8.** Avant qu'il ne bondisse, le chat se ramasse près du sol. – **9.** Les gens aiment les animaux, ils ne devraient donc pas les abandonner. – **10.** La SPA héberge parfois les animaux dont les gens ne veulent pas pendant l'été.

4 Dans le texte suivant, identifiez d'une part les phrases simples, d'autre part les phrases complexes.

Vous êtes un aventurier du type *Tintin*, le journaliste aventureux d'Hergé. Le vaste monde et ses mystères vous attirent. D'ailleurs, vous avez déjà vaincu de nombreux obstacles dans votre vie et débroussaillé bien des énigmes. Vous savez fort justement utiliser vos qualités sans jamais faillir. Votre tempérament curieux vous entraîne dans de folles aventures que vous partagez avec vos amis. Vous êtes le plus veinard de tous les aventuriers.

Vous êtes un aventurier du type *Michel Strogoff*, l'homme de confiance courrier du roi de Jules Verne. Vous êtes le plus obstiné de tous les aventuriers, et c'est tout à votre honneur. Pour vous, une mission commencée est déjà une mission réussie. Si vous êtes détourné de votre but, vous revenez à la charge sans broncher, ne perdant jamais de vue que vous avez donné votre vie pour servir de nobles causes. Tout le monde pense de vous que vous êtes l'homme de la situation. Vous en êtes très fier et vous trépignez de le prouver.

Je bouquine, n° 49, mars 1988, © Bayard Jeunesse.

5 Identifiez les juxtapositions, les coordinations, les subordinations dans le texte suivant.

Les sorcières habitent souvent de très vieilles maisons, mais il n'est pas toujours facile de les détecter. Certains indices cependant ne trompent pas : le numéro de la porte est un chiffre néfaste, le garage est très petit, on observe un va-et-vient incessant de chats, les fenêtres sont fumées, la girouette s'agite en tous sens ou même une sorcière vient ouvrir la porte si l'on sonne. Si vous suspectez une maison d'appartenir à une sorcière (sauf si c'est celle de votre grand-mère, bien sûr), il vaut mieux ne pas trop vous approcher, vous pourriez recevoir un sort ! [...]

Les sorcières doivent souvent sortir la nuit pour jeter quelque sort ou manigancer quelque tour de passe-passe. Il leur faut donc saisir pendant la journée toutes les occasions pour dormir : c'est pourquoi il n'est pas rare de les trouver assoupies au fond d'un confortable fauteuil ou somnolentes devant la télévision. Certains pensent que les sorcières ne dorment jamais, c'est une question à poser à votre grand-mère.

Colin Hawkins, *Les Sorcières*, © Albin Michel Jeunesse.

Transformer

6 Dans les phrases suivantes, transformez les éléments soulignés en propositions subordonnées.

1. Le match est annulé, <u>à cause de la pluie</u>.
2. <u>En cas de fièvre</u>, j'appelle le médecin.

3. Au lever du jour, les sportifs s'entraînent déjà.
4. Même avec une blessure, le champion a gagné.
5. Les résultats ont progressé grâce à une meilleure préparation de l'équipe.
6. Les supporters crient avant l'arrivée des joueurs sur le terrain.

7 Dans le texte suivant, replacez les mots manquants, pris dans la liste suivante : *dès que - dont - et - quand - que - qui*. Certains seront employés plusieurs fois. Parfois, deux solutions sont possibles.

Ah ! il faut que je vous fasse part d'une nouvelle relation **(1)** je me suis faite. C'est l'âne d'un chiffonnier **(2)** la carriole stationne tous les matins, rue Gay-Lussac, devant la gare du Luxembourg. Je le trouve là **(3)** je débarque de mon train, à neuf heures moins dix. Voilà déjà deux mois **(4)** nous nous connaissons. Comment s'appelle-t-il ? Je n'ai pas encore pu le demander à son patron **(5)** n'est jamais là. Sans doute s'appelle-t-il Charlot, comme beaucoup d'ânes, comme l'âne de Jules Janin ? Un petit âne, tout petit, tout gris, harnaché de cordes, un vrai âne de chiffonnier. Il a fait ma conquête dès le premier jour **(6)** je crois bien **(7)** j'ai fait aussi la sienne. J'ai toujours du sucre sur moi. Je lui en ai offert un morceau. Il lui a fait très bon accueil.
Depuis, c'est devenu une habitude. Il faut le voir **(8)** j'arrive. Je sors à peine de la gare que je le vois tourner la tête. **(9)** j'approche près de lui, il a un petit contentement. Je lui donne son sucre. **(10)** il a fini, je le caresse un peu, je me penche vers lui, je l'exhorte en moi-même au courage. Il y en a tant qui sont si malheureux : une existence de travail et des coups !

Paul Léautaud, *Passe-temps*, © Mercure de France.

8 Dans le texte suivant, replacez les mots manquants suivants : *comme - dans - et - mais - pour - quand - que - qui*. Distinguez les conjonctions de coordination, les conjonctions de subordination, les pronoms relatifs.

Il y avait dans le temps un roi et une reine **(1)** se répétaient chaque jour : « Ah ! si seulement nous avions un enfant ! » **(2)** ils n'en avaient toujours pas. Un jour **(3)** la reine était au bain, il advint qu'une grenouille sauta de l'eau pour s'avancer vers elle et lui parler :
« Ton vœu sera exaucé, lui annonça-t-elle; avant un an, tu mettras une fille au monde. »
Ce que la grenouille avait dit se produisit, **(4)** la reine donna naissance à une fille; et l'enfant était tellement jolie que le roi ne se tenait plus de joie et fit donner une grande fête. Il ne se contenta pas d'y inviter ses parents, amis **(5)** connaissances, **(6)** il voulut aussi **(7)** les fées y eussent part afin qu'elles fussent favorables et bienveillantes à l'enfant. On en comptait treize dans le royaume, mais **(8)** il n'y avait que douze assiettes d'or au palais, **(9)** leur servir le festin, il fallut en laisser une chez elle.

J. et W. Grimm, *Contes*, trad. Armel Guerne, © Flammarion, 1986.

Écrire

9 Voici un texte écrit dans une langue très orale. Comment pourrait-on le ponctuer pour le rendre plus classique ? Quels mots pourrait-on y introduire ? À quels endroits ?

Il faut essayer d'imaginer la chose. Il s'est levé tôt. Il est sorti, accompagné par sa maman, justement, dans un crachin d'automne [...], il s'est dirigé vers l'école tout enveloppé encore de la chaleur de son lit, un arrière-goût de chocolat dans la bouche, serrant bien fort cette main au-dessus de sa tête, marchant vite vite, deux pas quand maman n'en fait qu'un, son cartable brinquebalant sur son dos, et c'est la porte de l'école, le baiser hâtif, la cour de ciment et ses marronniers noirs, les premiers décibels... il s'est rencogné sous le préau ou est entré aussitôt dans la danse, c'est selon, puis ils se sont tous retrouvés assis derrière les tables lilliputiennes, immobilité et silence, tous les mouvements du corps contraints à domestiquer le seul déplacement de la plume dans ce corridor à plafond bas : la ligne ! Langue tirée, doigts gourds et poignet soudé... petits ponts, bâtonnets, boucles, ronds et petits ponts... il est à cent lieues de maman, à présent, plongé dans cette solitude étrange qu'on appelle l'effort, entouré de toutes ces autres solitudes à langues tirées...

Daniel Pennac, *Comme un roman*, © Gallimard.

AUTOÉVALUATION

À la fin de cette leçon, je sais :

- **distinguer** les phrases simples et les phrases complexes ;
- **repérer** les subordonnées dans une phrase et dans un texte ;
- **introduire** les subordonnées par les mots qui conviennent ;
- **compléter** des phrases par des subordonnées.

ORTHOGRAPHE
La ponctuation

LEÇON

La ponctuation est indispensable pour comprendre un texte écrit. Elle aide aussi à lire un passage à haute voix car elle indique les pauses et l'intonation.

Signe de ponctuation	Pause	Intonation	Emploi	Le mot suivant commence par
le point .	forte	descendante	sépare deux phrases	une majuscule
le point d'interrogation ?	forte	montante	se place à la fin d'une phrase interrogative	une majuscule
le point d'exclamation !	forte	exprime un sentiment (surprise, colère, etc.)	se place à la fin d'une phrase exclamative	une majuscule, le plus souvent
les points de suspension ...	très longue	exprime l'hésitation	se placent à l'intérieur d'une phrase ou entre deux phrases	une majuscule lorsque les points de suspension séparent deux phrases
les deux-points :	courte	pas de changement	marquent le début de paroles rapportées **ou** indiquent une explication	une majuscule une minuscule
le point-virgule ;	assez courte	légèrement descendante	se place entre deux propositions à l'intérieur d'une même phrase	une minuscule
la virgule ,	courte	pas de changement	se place à l'intérieur d'une phrase pour séparer des mots ou des groupes de mots	une minuscule
le tiret —	courte	pas de changement	indique un changement d'interlocuteur dans un dialogue	une majuscule
les guillemets « »	brève pas de pause	pas de changement	se placent en début et en fin de paroles rapportées directement **ou** indiquent une citation	une majuscule une majuscule si la citation se termine par un point

▶ Mode d'emploi

- Variez les signes de ponctuation que vous employez.
- Faites très attention au **mot qui suit** le signe de ponctuation. Vérifiez s'il doit commencer par une minuscule ou une majuscule.

→ *Alice écrit, **relit**, **poste** sa lettre.*
*Alice écrit; **elle** relit et poste sa lettre.*
*Alice écrit. **Elle** relit. **Elle** poste alors sa lettre.*

- Lorsque vous lisez un texte à haute voix, adaptez le temps de pause et l'intonation au signe de ponctuation que vous rencontrez.

Particularités

- Lorsque le point d'exclamation suit une interjection (*Oh !* par exemple), le mot qui suit commence par une minuscule.

→ *Ah !* ***enfin*** *te voilà ! Je ne t'attendais plus.*

- Lorsque les points de suspension sont entre parenthèses (...) ou entre crochets [...], ils indiquent que le texte a été coupé.

EXERCICES

1 Rétablissez les majuscules aux endroits qui conviennent.

quand [Madelon] eut contenté ses trois danseurs, Landry s'approcha d'elle, désirant lui parler en secret et se justifier de son mieux. il ne savait comment s'y prendre pour l'emmener à l'écart, car il était encore dans l'âge où l'on n'a guère de courage avec les femmes; aussi ne put-il trouver aucune parole à propos et la prit-il par la main pour s'en faire suivre; mais elle lui dit d'un air moitié dépit, moitié pardon :

« oui-da, Landry, tu viens donc me faire danser à la fin ?

– non pas danser, répondit-il, car il ne savait pas feindre et n'avait plus l'idée de manquer à sa parole; mais vous dire quelque chose que vous ne pouvez pas refuser d'entendre.

– oh ! si tu as un secret à me dire, Landry, ce sera pour une autre fois », répondit Madelon en lui retirant sa main.

George Sand, *La Petite Fadette*.

2 Replacez les signes de ponctuation suivants à la place des points de suspension : 3 points – 1 point d'interrogation – 1 deux-points – 2 virgules – 2 paires de guillemets.

Virus et malpoli à la fois

Les clients de la banque japonaise Fuji Bank ont cru étouffer en recevant un message signé de l'honorable établissement les traitant de (1) gros nigauds (2) (3) Du coup (4) les banquiers nippons ont dû s'excuser platement en expliquant qu'un petit malin avait glissé un virus farceur dans un de leurs e-mails précédent (5) et que la bestiole mal embouchée s'était réveillée le 14e jour du mois (6) Le porte-parole s'est même cru obligé d'ajouter (7) (8) Notre système est parfaitement sous contrôle (9) (10) Est-ce qu'il les prendrait vraiment pour des nigauds (11)

Science et Vie junior, n° 121, octobre 1999.

3 Rétablissez la ponctuation qui convient. Aidez-vous des majuscules et des minuscules.

Derrière eux (1) au loin (2) une cloche sonna (3) David regarda sa montre (4) quatre heures moins le quart (5) Bientôt auraient lieu les deux derniers cours de la journée (6) français (7) avec M. Leloup (8) puis Sorcellerie générale (9) avec Mme Windergast (10) Le français n'enthousiasmait guère David (11) il parlait couramment le latin et correctement l'égyptien ancien (12) mais il ne voyait aucun intérêt à pratiquer les langues modernes (13) (14) Après tout (15) se disait-il (16) je suis capable de faire apparaître quatorze esprits et deux demi-dieux en égyptien. Que pourrais-je demander en français (17) Un plateau de fromages (18) (19)

Anthony Horowitz, *Maudit Graal*, trad. A. Le Goyat, © Hachette Livre, collection « Verte », 1995.

4 Le texte suivant n'est pas ponctué. À vous de rétablir les signes qui conviennent. Aidez-vous des majuscules et des minuscules.

Sebastian Sebastian Où es-tu donc

Une main abritant ses yeux, Frau Bach parcourut du regard l'étroit jardin bordant la maison L'enfant était à demi couché sur le banc son violon posé en travers des genoux absorbé dans une rêverie si profonde qu'il n'entendit pas sa mère approcher

À quoi penses-tu mon petit

Je regarde les nuages Comment peuvent-ils naviguer si haut sans jamais tomber

Michel Honaker, *La Cantate des anges*, © Rageot, « Cascade Musique », 1996.

ORTHOGRAPHE
Élision et liaison

LEÇON

L'élision et la liaison vous permettent de maîtriser, à l'oral, la jonction de certains mots.

▶ Les élisions

Faire une **élision**, c'est **enlever les voyelles e, a, i à la fin d'un mot** lorsque le mot suivant commence par une voyelle ou un **h** muet.

➜ ***L'é**lision* au lieu de *****la é**lision*; ***l'h**iver* au lieu de *****le h**iver.*

La voyelle supprimée est remplacée par une apostrophe.

Mots concernés	Exemples
le/**la** (article/pronom)	**l'**horizon, je **l'**observe / **l'**orthographe, je **l'**apprends
je	**j'**apprends
m**e**/t**e**/s**e**	je **m'**imagine / nous **t'**entendons / elle **s'**endort
ce (+ est)/d**e**/qu**e**	**c'**est... / un film **d'**horreur / **qu'**il a vu
ne	on **n'**aime pas
si (+ il)	**s'**il était riche, il...

Particularités

- Lorsque l'**h** est aspiré, l'élision est impossible : ***le h**éros,* ***la h**aine.*
- *Ce* devant un nom masculin commençant par une voyelle ou un **h** muet se change en *cet* : ***cet a**mi* et non *****ce a**mi* ; ***cet h**ippopotame* et non *****ce h**ippopotame.*
- *Ma, ta, sa* devant un nom féminin commençant par une voyelle ou un **h** muet se changent en *mon, ton, son* : ***mon a**mitié* et non *****ma a**mitié.*

▶ Les liaisons

Faire une **liaison**, c'est **prononcer la consonne finale d'un mot lorsque le mot suivant commence par une voyelle ou un h muet.**

➜ *Les‿exercices* et non *les / exercices. Les‿hivers* et non *les / hivers*

Lettre finale	Prononciation de la liaison	Exemple
-s/-x/-z	[z]	les‿adolescents / deux‿adjectifs / mangez‿en
-t/-d	[t]	c'est‿une liaison / Quand‿il est venu...
-n	[n]	un‿éléphant / un‿homme

La liaison est obligatoire dans les cas suivants :

– *un‿élève* / *des‿élèves* / *mon‿élève* (déterminant + nom)

– *de grands‿enfants* (adjectif + nom)

– *Vous aimez les crêpes.* / *Prend-il des médicaments ?* (pronom personnel + verbe)
– *Céline est amoureuse.* (verbe + attribut du sujet)
– *Claire est allée au marché. Nous avons aimé ce concert.*(auxilaires *avoir* et *être* + participe passé)
– *Dans une maison* / *Très important* (après certains adverbes et certaines prépositions)

La liaison est interdite entre le groupe sujet et le groupe verbal, sauf si le sujet est un pronom personnel.

➜ *Les haricots / ont bien poussé.*

Particularités

- On ajoute un **t** pour lier un **verbe terminé par une voyelle** aux pronoms sujets *il(s), elle(s), on* : *Y va-**t**-il ?* au lieu de **y va-il ?*
- Dans une dictée les liaisons sont très utiles car elles vous aident à bien orthographier les mots. Les liaisons vous indiquent en particulier les **pluriels** : *Leurs amis* / *Ils arrivent.*
- Dans le registre soutenu et la poésie, les liaisons sont très fréquentes : *Le clair de lune jetait un reflet bleuâtre.*

EXERCICES

1 Mettez un article élidé ou non devant les mots suivants.

Hallucination – hameçon – handicap – haricot – haut-parleur – hérisson – héros – histoire – hors-d'œuvre – hypothèse.

2 Faites les élisions qui manquent dans le texte suivant et justifiez-les.

Certainement, il avait vu comme une boîte qui marchait. Ce était une boîte carrée qui avait de petites jambes et qui se était enfuie, dans la nuit, sans bruit. Au-dessus de la boîte, M. Patard ne avait rien vu, rien distingué. Une boîte qui marche ! la nuit ! place Dauphine ! M. le secrétaire perpétuel frappa du marteau sur la porte, avec frénésie. Et ce est à peine si il osa jeter un nouveau coup de œil du côté où se était produite cette étrange apparition. Un petit judas venait de se ouvrir et de se éclairer dans la porte vétuste de le immeuble habité par Martin Latouche. Un jet de lumière vint frapper en plein le visage effaré de M. le secrétaire perpétuel.

D'après Gaston Leroux, *Le Fauteuil hanté.*

3 Dans ce poème, Raymond Queneau joue sur les élisions et sur l'orthographe. Récrivez-le en rétablissant les lettres manquantes et l'orthographe de certains mots.

Maigrir

Dpuis ctemps-là jfais pus dgymnastique
Et jmastiens des sports dhiver
Et comme avec fureur jmastique
Je pense que si je persévère
Eh bien
Jmégrirai du bout des douas
Oui du bout des douas. Oui du bout des douas
Jmégrirai même de partout
Même de lesstrémité du cou

Raymond Queneau, *L'Instant fatal*, « Maigrir »,
© Gallimard, 1948.

4 Parmi les liaisons indiquées, lesquelles sont obligatoires dans un registre courant ?

C'était une nuit d'hiver et la neige jetait une clarté blanche dans ma chambre; tout à coup la neige se fondit et les herbes et les arbres prirent une teinte rousse et brûlée comme si un incendie eût éclairé mes fenêtres; j'entendis des bruits de pas. On montait l'escalier. Un air chaud, une vapeur fétide monta jusqu'à moi. Ma porte s'ouvrit d'elle-même. On entra; ils étaient beaucoup, peut-être sept à huit. Je n'eus pas le temps de les compter. Ils étaient petits ou grands, couverts de barbes noires et rudes, sans armes, mais tous avaient une lame d'acier entre les dents, et, comme ils s'approchèrent en cercle autour de mon berceau, leurs dents vinrent à claquer et ce fut horrible.

Gustave Flaubert, *Mémoires d'un fou.*

ORTHOGRAPHE
Les accents

LEÇON

Les accents sont des signes qui se placent sur des voyelles. Il existe trois accents : l'accent aigu (´), l'accent grave (`) et l'accent circonflexe (^).

	e	a	u	i	o
aigu (´)	*santé*				
grave (`)	*mère*	*là / à*	*où*		
circonflexe (^)	*fête*	*blanchâtre*	*mûr*	*boîte*	*pôle*

▶ Mode d'emploi

Remarque
Sauf devant **s** final, on met un accent sur un **e** qui termine une syllabe :
→ *fé/lin*,
mais on ne met pas d'accent quand la syllabe est fermée :
→ fer/mier.

L'accent aigu (é) et l'accent grave (è)

1. L'accent aigu et l'accent grave se mettent sur la lettre **e** pour indiquer la prononciation **é** pour [e], **è** pour [ɛ].

- è est utilisé :

– devant un s final : *près* ;

– devant une syllabe contenant un **e** muet : *frère, règlement*.

- é est le plus utilisé. Il peut occuper n'importe quelle place dans le mot et précède un **e** muet final : *journée, léger, les dés, réussir*.

2. L'accent grave se met aussi sur les voyelles **a**, **u**, **e**, dans certains mots pour les distinguer de mots homonymes : *là/la ; à/a ; çà/ça ; où/ou*.

L'accent circonflexe

L'accent circonflexe se met sur les voyelles **a**, **e**, **i**, **o**, **u**.

- Il est souvent la trace d'un **s** ou d'une voyelle disparus :
  → *abîme* (autrefois *abisme*), *âge* (autrefois *eage*, *aage*)
- Dans quelques mots, il indique que la voyelle est longue :
  → *cône, infâme, extrême*
- Il permet de distinguer des homonymes :
  → *du/dû ; mur/mûr ; il fit/il fît ; sur/sûr*

▶ Cas particulier : le tréma

Le tréma (¨) est un accent beaucoup plus rare. Il indique qu'il faut **prononcer la lettre qui précède** celle sur laquelle il est mis.
→ *héroïne* (le tréma indique qu'il faut prononcer le **o** et ne pas lire **oi**).

EXERCICES

1 Mettez les accents nécessaires sur les mots suivants.

Misere – legalite – apparaitre – derniere – television – etre – esperance – cruaute – mediterraneen – hotel – presence – eclairage – aout – heroine – traversee – etre – actualite - reve.

2 Mettez tous les accents qui manquent dans le texte suivant.

Halloween la p'tite fete qui monte

Chaque 31 octobre, nous sommes envahis par les revenants, sorcieres et autres vampires. En France, l'etrange phenomene remonte à une dizaine d'années. Depuis trois ans, on l'attend meme comme un evenement : la mega teuf du club frisson ! Tout ça a commence il y a bien longtemps, plus de 3000 ans, en Irlande. Chez les Celtes, la fin des recoltes marquait le Nouvel An. L'occasion d'une grande fete !

D'après Sylvain Gasser, *Okapi*, n° 659, 30 octobre 1999.

3 Dans le texte suivant, relevez tous les mots qui portent des accents. Classez-les suivant que l'accent sert à modifier la prononciation ou à distinguer le mot accentué d'un autre mot.

Toutefois, le guide ne laissa pas ses compagnons à l'endroit où ils s'étaient réfugiés, et il les ramena vers la partie antérieure de la clairière. Là, abrités par un bouquet d'arbres, ils pouvaient observer les groupes endormis.

Cependant Passepartout, juché sur les pr[...] branches d'un arbre, ruminait une idée [...] d'abord traversé son esprit comme un éclair, et qui finit par s'incruster dans son cerveau. Il avait commencé par se dire : « Quelle folie! » et maintenant il répétait : « Pourquoi pas, après tout ? C'est une chance, peut-être la seule, et avec de tels abrutis !... » En tout cas, Passepartout ne formula pas autrement sa pensée, mais il ne tarda pas à se glisser avec la souplesse d'un serpent sur les basses branches de l'arbre dont l'extrémité se courbait vers le sol.

Jules Verne, *Le Tour du monde en quatre-vingts jours.*

4 Rétablissez les accents circonflexes manquants. En cas de doute, consultez le dictionnaire.

Soyez bon pour le poète

Soyez bon pour le Poète,
Le plus doux des animaux,
Nous pretant son cœur, sa tete,
Incorporant tous nos maux,
Il se fait notre jumeau;
Au désert de l'épithète,
Il précède les prophètes
Sur son douloureux chameau;
Il fréquente, très honnete,
La misère et ses tombeaux,
Donnant pour nous, bonne bete,
Son pauvre corps aux corbeaux;
Il traduit en langue nette
Nos infinitésimaux.
Ah ! donnons-lui, pour sa fete,
La casquette d'interprète !

Jules Supervielle, *Poèmes de l'humour triste*,
in *Œuvres poétiques complètes*,

5 Rétablissez les accents aigus, graves et circonflexes du texte suivant.

Bien entendu, Le Chien parlait beaucoup de Pomme. Il la decrivait sous toutes les coutures : son obstination, ses coleres, sa tendresse des premiers jours, son autorite sur les adultes, son incroyable cruaute vers la fin, tout.

– Je ne voudrai pas te decevoir, repondait Le Hyéneux en baillant (ils parlaient tres tard dans la nuit), mais elle n'est pas tres originale, cette petite Pomme. C'est une gamine comme beaucoup d'autres : elle se prepare à etre une grande personne; seulement, pour l'instant, elle est encore toute melangee.

– Melangee ?

– Capricieuse, si tu preferes, c'est comme ça que disent les adultes. Mais ce n'est pas du caprice, c'est du melange, elle ne sait pas encore ce qu'elle veut.

D'après Daniel Pennac, *Cabot-Caboche*, © Nathan, 1982.

EXPRESSION ORALE
Interroger

OBSERVATION

Questions

1. Analysez les situations de communication en vous aidant du tableau suivant :

Émetteur	Situation de communication				Récepteur
	Où ?	Quand ?	Pourquoi ?	Comment ?	
A. JE	Cour de collège	Lundi matin	Pour s'informer	Par une question	Hélène
B.					
C.					
D.					

2. Pour chaque situation, précisez :
a. si la question appartient au registre familier ou au registre soutenu ;
b. si l'interrogation est totale (peut-on y répondre par oui ou par non ?) ou partielle. Justifiez votre réponse.
c. quels rapports existent entre celui qui interroge et celui qui est interrogé.

LEÇON

Il existe plusieurs types d'interrogations, qui appellent des réponses différentes.

▶ L'interrogation totale

On pose une interrogation totale quand on attend une **réponse par *oui* ou par *non*.** La question porte sur l'ensemble de l'énoncé.

- Dans le **registre courant**, l'ordre sujet-verbe est conservé :
  → ***Vous êtes** italienne ? **Est-ce que tu as** tes clefs ?*
- Dans le **registre soutenu**, le pronom personnel sujet est inversé :
  → ***Avez-vous voté** ? Harp **a-t-il éteint** la télévision ?*

▶ L'interrogation partielle

On pose une interrogation partielle quand on attend un **renseignement particulier.** Elle est introduite par un **mot interrogatif** : *que, qui, quoi, où, quand, comment, pourquoi.*

→ ***Comment** t'appelles-tu ? **Quel** âge as-tu ? **Combien** as-tu de frères et sœurs ?*

▶ La fausse interrogation

C'est une interrogation qui n'appelle **aucune réponse.** Si l'interrogé répond, il se montrera insolent.

→ Un père à son fils : *Tu me prends pour un imbécile ?*
Une mère à ses enfants : *Vous avez bientôt fini ?*

▶ L'interrogation orientée

Elle appelle la **réponse que l'on souhaite obtenir.**

→ *Les baleines sont des mammifères, **n'est-ce pas ? Ne vaudrait-il pas mieux** que tu arrêtes de fumer ? Tu viendras me voir dimanche, **j'espère ?***

PRENONS LA PAROLE

Improvisez, à deux ou à plusieurs, quelques-unes des scènes suivantes. Utilisez des registres variés.

1. Vous arrivez très en retard à un match de football. C'est la mi-temps. Vous rejoignez un camarade et vous lui demandez où en est votre équipe favorite.
2. Vous êtes cosmonaute. Vous avez passé dix ans dans l'espace. Vous revenez chez vous, dans votre famille et votre ville ou votre village. Vous demandez ce qui s'est passé au cours de cette longue absence.
3. Vous avez encore oublié vos copies doubles, pour la cinquième fois de la semaine. Vous essayez d'en emprunter une à votre voisine excédée.
4. Vous voulez que le professeur de français reporte de trois jours la date de remise de la rédaction. Posez-lui des questions orientées.

BILAN

1 5 points

a. Relevez une phrase impérative et deux phrases interrogatives. (3)
b. Laquelle de ces phrases interrogatives est totale ? (2)

Commère Gredin ne valait guère mieux que son gredin d'époux. Ce n'était pas une femme à barbe, bien sûr, mais quel dommage ! Une barbe aurait caché un peu son effrayante laideur.
Jetez un coup d'œil sur elle.
Avez-vous jamais rencontré femme plus laide ? Cela m'étonnerait !
Détail amusant : Commère Gredin n'était pas vilaine dans sa jeunesse. Au contraire, elle était même jolie. Elle avait enlaidi en vieillissant.
Comment expliquer cette transformation ?

Roald Dahl, *Les deux gredins*, trad. Raymond Farré,

2 10 points

Rédigez les questions dont les réponses sont les groupes soulignés. Utilisez un registre soutenu.

1. C'est mon père qui viendra me chercher.
2. Pierre a acheté deux nouvelles bandes dessinées.
3. À la fête foraine, dans un manège, une dame s'est évanouie.
4. Le match a été annulé à cause de la pluie !
5. Louis a cherché ses lunettes toute la matinée.

3 8 points

Exprimez l'ordre d'une autre manière.

1. Asseyez-vous. – **2.** En cas d'incendie, sortir calmement et suivre le fléchage des issues de secours. – **3.** Il ne faut pas courir dans les couloirs. – **4.** Après votre déjeuner, vous devez débarrasser votre plateau. – **5.** Dans le bus, il est interdit de mettre les pieds sur les banquettes. – **6.** Debout ! – **7.** Du calme ! – **8.** Ne verse pas tout le ketchup sur tes frites !

4 12 points

Analysez les formes de phrases soulignées.

C'est toujours sur cette vision que Le Chien se réveille. Le camion noir. Et le dernier regard du Laineux. Le Chien ouvre les yeux. Il a été réveillé par son propre hurlement. Cette fois-ci, Pomme se réveille à son tour.
Ce n'est pas le cri du Chien qui l'a tirée du sommeil, mais quelque chose en elle, qui lui a dit : « Réveille-toi ! Le Chien a du chagrin ! »

Daniel Pennac, *Cabot-Caboche*, Nathan, 1982.

5 5 points

Les phrases affirmatives suivantes ont un sens négatif. Récrivez-les à la forme négative, mais en gardant le même sens.

1. Ce garçon est plutôt impoli.
2. Paul déteste les chats et les chiens.
3. Samia ignore les règles de la bataille navale.
4. Leonardo Di Caprio est mauvais dans ce film.
5. Jonathan a interdit à sa sœur d'entrer dans sa chambre.

6 5 points

Dans les phrases suivantes, dites si les propositions soulignées sont indépendantes, principales ou subordonnées.

1. Quand je paie une place de cinéma, je ne sors pas avant la fin du film.
2. Un acteur prend parfois des risques.
3. Un film est parfois gâché par trop d'effets spéciaux.
4. J'ai toujours rêvé de devenir cascadeur, mais ma mère ne voulait pas.
5. Les ordinateurs aident les cascadeurs, qui peuvent prendre moins de risques.

7 15 points

Recopiez ce texte en replaçant la ponctuation.

Le Dromadaire mécontent

Un jour **(1)** il y avait un jeune dromadaire qui n'était pas content du tout **(2)**
La veille, il avait dit à ses amis **(3)** **(4)** Demain, je sors avec mon père et ma mère **(5)** nous allons entendre une conférence, voilà comme je suis, moi **(6)** **(7)**
Et les autres avaient dit **(8)** **(9)** Oh, oh **(10)** il va entendre une conférence, c'est merveilleux **(11)** **(12)** et lui n'avait pas dormi de la nuit tellement il était impatient et voilà qu'il n'était pas content parce que la conférence n'était pas du tout ce qu'il avait imaginé **(13)** il n'y avait pas de musique et il était déçu **(14)** il s'ennuyait beaucoup **(15)** il avait envie de pleurer.

Jacques Prévert, « Le dromadaire mécontent »
in *Contes pour enfants pas sages*,

3 Les fonctions dans la phrase

OBJECTIFS

Savoir
- Distinguer la nature et la fonction d'un mot ou d'un groupe de mots

Savoir-faire
- Repérer le groupe nominal et le groupe verbal
- Identifier le sujet et l'attribut du sujet
- Accorder le verbe avec son sujet
- Repérer et employer les constructions passives
- Distinguer et employer les compléments essentiels

GRAMMAIRE
6. Nature et fonction

OBSERVATION

1

Nom : Zidane
Prénom : Zinédine
Nationalité : française
Date et lieu de naissance : 23 juin 1972 – à Marseille, quartier de la Castellane
Taille : 1,85 m
Poids : 80 kg

2

Joueur de football à la Juventus de Turin, au poste n° 10 depuis 1996.

3

Ancien joueur des Girondins de Bordeaux de 1992 à 1996.

4

Membre de l'équipe de France de football victorieuse du Mondial le 12 juillet 1998.

5

Père de Enzo et Lucas.

6

Ami de Christophe Dugarry et de Bixente Lizarazu.

Questions

1. Quels renseignements la rubrique 1 donne-t-elle sur le footballeur ? Sur quel document figurent habituellement ces renseignements ?

2. Les renseignements de la rubrique 1 établissent-ils une relation entre le footballeur et d'autres personnes ?

3. Quelles rubriques mettent en relation le footballeur et d'autres personnes ?

4. Quelles sont ces différentes relations ?

LEÇON

Commes les êtres humains, les **mots** ont des **relations entre eux**. Chaque mot appartient à une **catégorie grammaticale** précise : c'est sa **nature**. Il joue un rôle grammatical précis dans une phrase donnée : c'est sa **fonction**.

1. Définitions

Un **mot** est un groupe de sons (à l'oral), de lettres (à l'écrit), formant une **unité de sens**. Il a une nature permanente et une fonction variable d'une phrase à l'autre.

La nature d'un mot (ce qu'il est)

- La **nature** d'un mot est **la catégorie grammaticale** à laquelle il appartient : nom – adjectif – déterminant – pronom – verbe – adverbe – préposition – conjonction de coordination / de subordination.
- Un mot appartient **toujours** à **la même catégorie**.
- Le mot appartient toujours à un groupe.

Le **nom** est le noyau du **groupe nominal**.

➜ *équipe* / ***l'équipe de football***.

Le **verbe** est le **noyau du groupe verbal**.

➜ *L'équipe de football* ***a remporté*** *la Coupe du monde*.

La fonction d'un mot (le rôle qu'il joue)

- La fonction d'un mot indique son **rôle grammatical** dans la phrase.

Trouver la fonction d'un mot, c'est déterminer s'il est, par exemple :

– sujet du verbe :

➜ ***Le roi*** *avait trois fils bien faits et courageux.*

– complément du verbe :

➜ *Le bûcheron ne reconnut pas* ***le roi****.*

– complément d'un nom :

➜ *Le château* ***du roi*** *était défendu par d'énormes remparts.*

– attribut du sujet :

➜ *Le prince héritier deviendra* ***roi****.*

- Un même mot peut avoir des fonctions différentes, suivant sa place dans la phrase.

➜ ***Milou*** (sujet) *se promène.*
Tintin promène ***Milou*** (COD).

● Il faut toujours préciser de quel autre mot un mot est le sujet, le complément, l'attribut.

➜ *Le château du roi.* → *roi* : complément du nom *château.*

2. Comment analyser la fonction d'un mot ?

Pour déterminer la **fonction** d'un mot, il faut d'abord identifier dans la phrase le **groupe de mots** dont il fait partie.

● La **phrase verbale** est constituée d'un **groupe sujet** et d'un **groupe verbal**.

● Le **groupe verbal** contient le **verbe** et les **compléments essentiels** ou les **attributs du sujet**.

➜ *Zinédine Zidane* / *a marqué deux buts contre le Brésil.*

groupe nominal sujet — groupe verbal (verbe + c. essentiel : COD)

Zinédine Zidane / *est devenu un héros national.*

groupe nominal sujet — groupe verbal (verbe + attribut du sujet)

La **phrase** comporte aussi souvent un ou plusieurs compléments, appelés **circonstanciels**. Ils peuvent être déplacés. Ils n'appartiennent ni au groupe sujet, ni au groupe verbal.

➜ ***Le 12 juillet 1998***, *« Zizou » est entré dans la légende* ***devant les 80 000 spectateurs du Stade de France***.

● La fonction d'un mot se repère à :

– sa **place** dans la phrase :

➜ ***L'homme*** *a vu le chien.* (sujet)
Le chien a vu ***l'homme***. (COD)

– la présence d'une **préposition** :

➜ *Je me suis promenée* ***dans le quartier de la gare***. (complément de lieu)

Retenons

1. Dire qu'un mot est un **nom**, un **verbe**, une **préposition**, un **adjectif**, c'est indiquer sa **nature**, c'est-à-dire sa **catégorie grammaticale**.

2. Dire d'un mot qu'il est **sujet** du verbe, **complément de lieu**, **attribut** du sujet, ou **complément d'un nom**, c'est indiquer sa **fonction**, c'est-à-dire son rôle dans la phrase.

EXERCICES

Identifier

1 À quelle catégorie grammaticale les mots suivants appartiennent-ils ? Attention : parfois deux réponses sont possibles.

Ballon – dîner – marron – lit – détail – sage – disque – oubli – permis – file – rouge – saumon – petit – note – conduire – fier – bois – sens.

2 Donnez la nature, c'est-à-dire la catégorie grammaticale, des mots soulignés.

1. Le petit Pierre n'avait pas peur des poux.
2. Les patins à roulettes sont remplacés par des rollers en ligne.
3. À dos de chameau on va plus vite qu'à pied.
4. Souvent les frères et sœurs se chamaillent pour des futilités.
5. Les spaghettis à la sauce tomate, tous les enfants n'aiment pas ça.
6. Les Rolls-Royce sont les voitures les plus chères du monde.
7. La victoire d'Aziz à la course en sac fut une surprise exceptionnelle.
8. Bien jouer au yoyo demande beaucoup d'adresse.
9. Les cordes de ma guitare électrique sont des cordes à linge.
10. Paul sait parler japonais, russe et martien.

3 À quel nom les adjectifs soulignés se rapportent-ils ?

1. Les petits paquets du Père Poulat cachent souvent des surprises étranges.
2. Même avec sa main gauche blessée, Benoît souleva la pierre la plus lourde.
3. Ce chaton, le cinquième de la portée de Ponette, était gris à sa naissance; il est maintenant tout tigré.
4. Enfin tranquille, après ses corvées, la jeune fille sortait pour se distraire.
5. La licorne courait comme une jument folle et mystérieuse.

4 Classez les mots soulignés en quatre catégories : les pronoms, les déterminants, les prépositions, les adverbes.

1. Paul a perdu les clefs de son coffre-fort !
2. Bientôt des amis viendront me retrouver à l'auberge des Pieds plats.
3. Hier, ma grand-mère a vu un rhinocéros devant chez elle.
4. Non, ce chien, ce n'est pas un colley à poil ras.
5. Les films sont réalisés avec de plus en plus d'effets spéciaux.
6. Michel a englouti son repas à midi pile.
7. L'eau était tiède : les enfants ont sauté dedans.
8. Quentin n'aimait pas les tagliatelles au chocolat, alors il n'a rien mangé.
9. Pour Noël, Céline veut que l'on repeigne toute la maison en rouge.
10. La nuit, les lutins paraissent très gris.
11. Dans l'Antiquité, les professeurs d'histoire ne savaient pas de quoi parler.

5 Donnez la nature des mots soulignés en choisissant dans la liste suivante :

nom - adjectif - déterminant - pronom - verbe - adverbe - conjonction de coordination - préposition.

Pocahontas est le premier personnage de Disney inspiré non pas d'un conte, mais d'un épisode de l'histoire. Pocahontas était l'un des vingt enfants du chef de la tribu Powhatan qui vivait dans l'actuelle Virginie et fut massacrée par les colons. Pocahontas avait onze ans lorsqu'elle entra en contact avec les Blancs qui l'enlevèrent. Elle n'aurait, en vérité, jamais eu de liaison avec le capitaine John Smith, mais, convertie au christianisme, elle épousa un certain John Rolfe qu'elle suivit en Angleterre où elle mourut. Des efforts sont actuellement entrepris pour rapatrier ses cendres en terre indienne.

Henri Béhar, *Le Monde*, 9 novembre 1995.

6 Dites si les mots soulignés sont des adjectifs ou des adverbes.

Les premiers temps du peuple grec

La Grèce est une péninsule montagneuse et très sèche en été, où la mer pénètre profondément à l'intérieur des terres. Les Grecs y ont d'abord fondé des royaumes guerriers dont les capitales étaient de puissantes forteresses comme celle de Mycènes. Mais ces royaumes « mycéniens » sont brutalement détruits au XIIe siècle avant Jésus-Christ, sans doute par d'autres Grecs venus eux aussi du nord, les Doriens.

Après une longue période de régression assez mal connue, les Grecs prennent un nouvel élan vers 800 avant Jésus-Christ. Comme leur nombre s'est remis à augmenter, ils vont fonder des colonies tout autour du bassin méditerranéen. Lorsque s'achève ce mouvement de colonisation, vers 550 avant Jésus-Christ, le monde grec s'étend sur plus de 3 000 kilomètres de la Gaule à la mer Noire.

Histoire 6e, © Nathan, 1996.

7 Recopiez le groupe auquel appartient chaque mot souligné.

Une tombe royale a été pillée de nuit dans la vallée des Rois.
C'est une grave affaire : des coupes en or, des vases en argent ont été volés. Le vizir s'est dérangé en personne pour interroger les suspects.
La justice du pharaon ne tolère aucun recours : il possède le droit de vie ou de mort sur ses sujets. N'est-il pas dieu ? Comment se tromperait-il ? Il est le seul à disposer du droit de grâce. Pour obtenir la vérité, le vizir utilise la torture : c'est la bastonnade, appliquée d'abord sur le dos, puis sur les pieds et les mains. Les voleurs subissent de graves condamnations : ils peuvent être envoyés dans les mines d'or ou de sel. Mais les juges, s'ils se sont trompés, encourent la colère du pharaon qui peut leur faire couper le nez ou les oreilles.

Pierre Miquel, *La Vie privée des hommes, au temps des anciens Égyptiens*, © Hachette Livre, 1979.

8 Même exercice.

Au revoir, la douce…

On la quitte, le cœur serré. Elle est là, assise dans l'herbe, un chapeau de soleil couchant sur la tête… L'été ne peut pas être et avoir été. On la laisse en pension dans le paysage. Comme elle va être bien ! Ce jardin paisible, ces bousculades de fleurs, les oiseaux délicieusement fatigués par le vent, la mer qui s'évanouit là-bas : et le soir, ces petits bateaux attardés avec leurs bruits de moteur qui décorent le silence. À nous les choses de la ville, le grand air du périphérique, les oiseaux grisonnants, usés par les fumées des voitures. À nous les bruits nerveux, les alarmes qui n'alarment personne et réveillent tout le monde, les gens, les cris. Comme elle est touchante, cette photo qu'on emporte d'elle, des vélos tombés à ses pieds, les guidons tricotés les uns dans les autres.

Jean-Loup Dabadie, *Le Figaro Madame*, 2 septembre 1995.

9 Établissez la fiche d'identité des mots soulignés selon la progression suivante :
Groupe auquel appartient le mot → Nature.

Quand j'étais Tintin

J'étais Tintin en ce temps-là. Je portais des pantalons de golf bruns et des chandails bleus à col ras. Il me manquait Milou. Mes parents ne voulaient pas de chien à la maison. Nous étions bien assez comme ça, avec la grand-mère, mes sœurs et la femme de ménage qui venait tous les après-midi. La France se reconstruisait. En attendant, on se serrait dans des appartements sans salle de bains, chauffés par d'énormes salamandres. Et puis, les chiens, ça laisse des poils partout. On n'en finit pas de brosser les fauteuils. Il y avait déjà des aspirateurs, je ne suis pas si vieux, mais ils n'avaient pas la puissance qu'ils ont à présent. Rien ne vaut, affirmait-on, le travail à la main. Donc, pas de Milou chez nous.
Je me consolais. J'en adoptais un, dans la rue, au hasard des promenades. Il y avait l'embarras du choix. Les Milou étaient à la mode. On en rencontrait sur tous les trottoirs. Les jours de pénurie, je me rabattais sur un caniche, autre espèce en vogue dans ces années-là.

Jean-Pierre Énard, revue *Écrivains*, n° 1, septembre 1995.

Écrire

10 Pour chacun des mots suivants, inventez deux phrases différentes : dans la première, le mot sera un nom ; dans la seconde, le même mot sera un verbe.

Dîner – lit – permis – file – note – porte – calme – livre – colle – mesure.

AUTOÉVALUATION

À la fin de cette leçon, je sais :

- **distinguer** le groupe nominal et le groupe verbal ;
- **identifier** le noyau du groupe verbal et du groupe nominal ;
- **identifier** le groupe auquel appartient un mot dans une phrase et dans un texte ;
- **repérer** les adjectifs et les relier aux noms qu'ils caractérisent ;
- **distinguer** adjectif, adverbe et préposition ;
- **donner** la classe grammaticale des mots soulignés dans un texte.

7. Le sujet

OBSERVATION

Comment Langa devint chef du village

Langa est un chasseur africain. Son village est ravagé par les querelles qui éclatent entre les fils du chef.

Un jour, comme Langa revenait de la forêt, il rencontra un léopard sur son chemin. Il eut d'abord peur. Mais le félin n'avait pas l'air belliqueux ; il était à la recherche de quoi se mettre sous la dent. Il pria le chasseur de lui donner un peu de son gibier, et lui promit une récompense en retour. Le chasseur s'exécuta. Le jour suivant, le chasseur revint au même endroit et donna de nouveau du gibier au léopard. Les rencontres se multiplièrent à ce même endroit. Le léopard ne faisait que des promesses. Ils devinrent néanmoins de grands amis. Ils se racontaient leurs joies et leurs problèmes.

C'est ainsi que Langa mit le léopard au courant de la crise qui ensanglantait le village. Après avoir écouté le récit de ces événements, le léopard promit de l'aide à son ami. Il lui dit d'apporter aux anciens et gens du village comme consigne d'abandonner le village la nuit. Et il insista surtout pour que tout cela se passe à l'insu des fils du chef.

Cette nuit-là même, un troupeau de léopards pénétra dans le village et dévora tous les prétendants au pouvoir. Les fils du chef ainsi éliminés, seul Langa, le chasseur renommé, restait en vue pour l'accession au pouvoir.

N'ouvre pas à l'ogre, contes du Zaïre,
Conseil international de la langue française, Édicef, 1982.

Questions

1. Dans le texte, est-il possible de supprimer les mots ou groupes de mots en bleu ?

2. Donnez la nature des mots en rose, c'est-à-dire la classe grammaticale à laquelle ils appartiennent.

3. Récrivez la première phrase du texte en précisant que Langa est accompagné de son frère, et qu'ils rencontrent deux léopards. Quelles transformations apparaissent ?

LEÇON

1. Définition

Toute **phrase verbale** contient au minimum deux éléments qu'on ne peut pas supprimer : un **sujet** et un **verbe**.

Le sujet commande l'accord du verbe en **personne** et en **nombre** :

→ ***Le chasseur*** *s'exécuta.* (3e personne du singulier)
Langa et le léopard *devinrent amis.* (3e personne du pluriel)

2. Comment identifier le sujet d'une phrase

- Pour reconnaître le sujet d'une phrase, on peut poser les questions : « Qui est-ce qui ? / Qu'est-ce qui ? »

→ ***Le chasseur*** *s'exécuta.* Qui est-ce qui s'exécuta ? *Le chasseur.*

- Le sujet peut être **mis en relief** par l'expression « ***C'est… qui*** » :

→ *Le* ***chasseur*** *s'exécuta.* ***C'est le chasseur qui*** *s'exécuta.*

- Quand on peut remplacer un nom par les pronoms *il(s)* ou *elle(s)*, ce nom est toujours sujet :

→ ***Le chasseur*** *s'exécuta.* ***Il*** *s'exécuta.*

3. Place du sujet

- En français, le sujet est situé généralement **à gauche du verbe** :

→ ***Anne*** *regarde Marc.* ≠ ***Marc*** *regarde Anne.*

- Cependant, le sujet peut être **inversé** :

– dans les phrases interrogatives :

→ *Où est* ***Langa*** *?*

– dans certaines phrases exclamatives (registre soutenu) :

→ *Grande fut* ***la surprise du chef*** *!*

– dans certaines phrases déclaratives (registre soutenu) :

→ *Dans cette forêt vivait* ***un léopard****.*

4. Nature du sujet

- Le sujet est le plus souvent :

– un groupe nominal :

→ ***Hamid*** *bricole son vélo.* (nom propre)
L'écolière *croque une barre chocolatée.* (déterminant + nom)

– un pronom :

→ ***Ils*** *s'amusent avec un jeu électronique.*
Tout *est encore possible.*

Remarque
Le sujet n'est pas :
– exprimé à l'impératif :
→ *Viens à cinq heures.*
– répété quand il commande deux verbes coordonnés :
→ *Elle viendra et t'emmènera au cinéma.*

- D'autres mots peuvent, plus rarement, devenir sujets d'une phrase :

– un verbe à l'infinitif :

→ ***Patauger*** *dans les flaques d'eau est un passe-temps amusant.*

– une proposition :

→ ***Qu'il soit arrivé en retard*** *ne m'étonne pas du tout.*

5. Accord

Quand le sujet comporte plusieurs personnes grammaticales, l'accord se fait au pluriel.

- La 1re personne l'emporte sur la 2e et la 3e personne :

→ ***Nourredine et moi*** *aim**ons** le dernier disque de Céline.*
Pauline, toi et moi *accompagner**ons** Mathieu.*

- La 2e personne l'emporte sur la 3e personne :

→ ***Leïla, Lucas et toi*** *ador**ez** les bandes dessinées.*

Tableau des pronoms personnels sujets

	Singulier	**Pluriel**
1re personne	JE (personne qui parle)	NOUS (Je + les autres)
2e personne	TU (personne à qui l'on parle)	VOUS (personnes à qui l'on parle)
3e personne	Il / ELLE (personne ou chose dont on parle)	ILS / ELLES (personnes ou choses dont on parle)

Remarque
On est un pronom indéfini, toujours sujet.

Pour l'expression écrite

La place du sujet dans la phrase

Quand la phrase commence par un complément circonstanciel et que le sujet est très long, on inverse le sujet pour des raisons d'équilibre :

Dans le coin opposé à celui que j'occupais se tenait **un grand vieillard à barbe blanche, qui portait un costume bizarre et tel que je n'en avais jamais vu.**
Sur ses cheveux qui tombaient en longues mèches sur ses épaules, était posé **un haut chapeau de feutre gris orné de plumes vertes et rouges.**

Hector Malot, *Sans famille*.

Retenons

1. Le sujet est généralement placé à gauche du verbe et ne peut être supprimé.

2. Le sujet commande l'accord du verbe en personne et en nombre.

EXERCICES

Identifier

1 Quel est le sujet du verbe souligné ?

1. Michel et Simon récitaient leur poésie, mais les deux enfants connaissaient mal leur texte. – **2.** Devant les chasseurs fuyaient des biches, des cerfs, des sangliers. – **3.** Benoît, hypnotisé par le bleu de la mer, regardait les vagues et soupirait de bonheur. – **4.** L'ogre mangea trente poissons entiers, but beaucoup de vin puis s'endormit d'un coup. – **5.** Maxime regarda passer le train : celui-ci filait à vive allure et disparut dans le tunnel.

2 Dans quelles phrases le sujet est-il inversé ?

1. Barbe Bleue, où caches-tu tes victimes ? – **2.** Dans les grandes plaines d'Asie souffle un vent glacial. – **3.** Les beaux carrosses dorés suivaient les avenues illuminées. – **4.** Qui sait où trouver un dragon bleu ? – **5.** Attention, Alice ! cria le lapin blanc.

3 Repérez le sujet du verbe souligné et précisez sa catégorie grammaticale.

1. À cause d'une attaque d'Indiens, le train de 12 h 47 arriva avec douze minutes de retard. – **2.** À minuit, il faudra que le fantôme se cache dans le four à pain. – **3.** En jouant au foot dans le salon, Paul et François ont réussi à casser quelque chose. – **4.** Dans le bus, aux heures de pointe, vous ne pouvez pas vous asseoir. – **5.** Être curieux peut parfois rendre service.

4 De quels verbes les éléments soulignés sont-ils les sujets ?

1. Rémi arriva en retard sans s'excuser, déposa son mystérieux paquet et repartit en avance. – **2.** Surprise par la pluie, la reine entra dans le château : elle vit qu'il était désert. – **3.** Les frères Lominoux, cachés depuis trois semaines, furent arrêtés par la gendarmerie. – **4.** L'ogre digérait très mal son festin : son ventre gargouilla, gonfla, enfla et éclata. – **5.** Marcher sur la Lune était un rêve incroyable, et devint une réalité en 1969.

5 Dans le texte suivant, relevez les verbes conjugués à l'indicatif. Identifiez leur sujet et justifiez l'accord du verbe.

Une fête improvisée

Lorsqu'elle vit la table soigneusement dressée et les sourires de complicité que s'échangeaient son mari et sa fille, elle crut avoir oublié l'anniversaire de quelque événement important. Elle promit de chercher et de trouver.

Hélène avait préparé une entrée sobre, mais parfaite : tomates, concombres, œufs durs et trois brins de persil pour faire pétiller le tout. Julien s'était occupé du civet. La serviette sur le bras, il servait un bordeaux millésimé. Anne-Laure se sentait bien. Sa journée avait été rude. […]

Elle n'avait pas encore trouvé les raisons de la petite fête. Julien fut un peu déçu. Il avait quitté son métier d'enseignant pour se consacrer à l'écriture. Elle aurait pu se douter…

Robert Belfiore, « Crime de papier »,
Je bouquine, n° 115, septembre 1993, © Bayard Jeunesse.

Transformer

6 Mettez le sujet des phrases suivantes en relief grâce à l'expression « c'est… qui ».

1. Le matin, le coq du voisin nous réveille à six heures. – **2.** Notre cabane a été démolie par le vent. – **3.** Ce soir-là, le fils aîné du marchand de journaux entendit un bruit bizarre dans la rue. – **4.** Le camion qui nous a doublés est maintenant en panne. – **5.** Le TGV de Saint-Gervais vient d'arriver à la gare de Lyon.

7 Repérez les sujets des verbes soulignés. Justifiez votre choix en mettant le sujet en évidence à l'aide de l'expression « c'est…qui ».

Dans un village vivait une famille. Le père excellait à la chasse et la mère à la pêche. Quatre enfants faisaient le bonheur du foyer. Les filles accompagnaient souvent leur mère pour vider les étangs où l'on attrapait quantité de petits poissons, mais les garçons s'initiaient à la chasse aux écureuils.

De temps à autre, un malaise planait dans la maison. Tantôt c'était le pot de poisson qu'on trouvait à moitié vide alors que tout le monde l'avait laissé plein ; tantôt la grosse banane, battue[1] à l'intention du père, était subtilisée. Y avait-il un voleur dans la famille ? La mère pleurait à cette pensée, tandis que le père cherchait à découvrir l'énigme.

« Le serpent des roches », in *Dits de la nuit*,
Labor, « Espace Nord » 1994.

1. Pétrie, la chair du fruit mûr sert à confectionner des petits pains que l'on cuit ensuite dans une enveloppe de feuille de bananier.

8 Remplacez les éléments soulignés par le pronom personnel sujet qui convient.

1. Vendredi après-midi Paul et moi irons au cinéma. – **2.** Le petit cheval resta toute la journée à l'écurie. – **3.** Marie et ses cousines ont acheté des balais neufs pour leur grand-mère sorcière. –

4. Un chien, un chat et un rat faisaient chemin ensemble. – 5. Après une poursuite effrénée, les deux voitures et le camion sont entrés en collision. – 6. Les jumeaux et toi prendrez vos cirés avant de sortir. – 7. Pour les fêtes, l'avenue des Platanes sera illuminée de guirlandes multicolores.

9 Dans le texte suivant, remplacez les mots soulignés par les mots mis entre parenthèses et faites tous les accords nécessaires (verbes, participes passés, adjectifs).

Un général vaincu

Lebrac (Lebrac et Tigibus), vaincu, gonflé de rage et de désespoir, ivre de haine et de désir de vengeance, partit enfin, la face ravagée, fit quelques pas.
Une colère folle le (les) dominait : il tapa du pied, il serra les poings, il grinça des dents, il mordit la terre, puis, subitement il s'arrêta net.
Les cuivres du couchant (le soleil couchant) baissaient dans les branches demi-nues de la forêt, ennoblissaient le paysage qu'un puissant souffle de vent vivifiait. Des chiens de garde (un chien de garde), au loin, aboyaient au bout de leurs chaînes ; un corbeau (des corbeaux) rappelait ses compagnons pour le coucher, les Velrans s'étaient tus, on n'entendait rien des Longevernes.

Louis Pergaud, *La Guerre des boutons.*

10 Les sujets du texte suivant ont été ôtés et mis en désordre. Replacez-les à gauche du verbe dont ils commandent l'accord :
certaines scènes – Hammond – Hammond – Il – la visite – le cinéaste américain Steven Spielberg – le rêve du milliardaire John Hammond – Le film – Les amoureux des dinosaures – les âmes sensibles.

Jurassic Park

Après des années de recherches, (1) devient réalité : ressusciter des animaux disparus il y a des millions d'années. Tyrannosaures, brachiosaures… toutes ces créatures, (2) veut les montrer au monde entier. (3) conçoit donc, sur une île au large de Costa-Rica, le plus fantastique des parcs d'attraction, le Jurassic Park. (4) doit vérifier que tout fonctionne parfaitement : c'est pourquoi il invite des experts sur son île. Quelques heures plus tard (5) se transforme en cauchemar…
Après *E.T.* et la saga des *Indiana Jones*, (6) signe ici l'un de ses meilleurs films en mélangeant spectaculairement rêve et émotions fortes. (7) vont adorer. Mais attention, (8) sont vraiment violentes, (9) devront s'abstenir. (10) est interdit au moins de douze ans.

Estelle Warin, « Ressusciter les animaux disparus », *Je bouquine*, n° 116, octobre 1993, © Bayard Jeunesse.

Écrire

11 Récrivez ce texte. Évitez les répétitions en employant des pronoms sujets. À quel endroit devez-vous conserver le nom propre ? Pourquoi ?

Quand Hélène et Anne-Laure rentraient à la maison, Hélène et Anne-Laure trouvaient Julien charmant et attentionné. Julien racontait ses journées avec bonne humeur : Julien avait fait un jogging ; Julien avait bêché vingt mètres carrés de jardin pour agrandir le potager ; le « Revenge » poussait bien, toutes voiles dehors. Régulièrement, Julien aidait la petite à résoudre ses problèmes de fractions ou à déchiffrer ses partitions de guitare et, parce que Julien avait le sentiment d'avoir négligé sa femme ces derniers temps, Julien lui écrivait, comme à l'époque de leur rencontre, des billets doux et des poèmes qu'elle découvrait en riant dans les endroits les plus inattendus, au cœur d'un arbuste, dans le réfrigérateur.
Julien annonça que Julien redemanderait son poste d'enseignant au plus vite ; après tout, le métier lui plaisait.
Par ailleurs, la création littéraire ne lui était pas devenue totalement indifférente. Julien avait commencé d'écrire un roman sympathique. Les héros seraient quatre enfants délurés et pleins d'humour, lancés à la recherche d'un trésor. Il y aurait des éclats de rire à chaque page. L'idée plaisait à Anne-Laure. Hélène était enthousiaste. Hélène accepta même que son père utilise leur langage secret pour faire dialoguer ses petits personnages.

Robert Belfiore, « Crime de papier », *Je bouquine*, n° 115, septembre 1993, © Bayard Jeunesse.

AUTOÉVALUATION

À la fin de cette leçon, je sais :

- **repérer** le sujet d'un verbe ;
- **identifier** un sujet inversé ;
- **accorder** un verbe avec son sujet ;
- **compléter** un texte au moyen de sujets donnés ;
- **compléter** des phrases au moyen d'un sujet au choix ;
- **compléter** un texte au moyen de sujets au choix ;
- **employer** les pronoms sujets pour éviter les répétitions.

GRAMMAIRE
8. L'attribut du sujet

OBSERVATION

L'Heureux Pas-de-Chance

Il y avait une fois une princesse si bonne que sa seule joie était de consoler ceux qui souffraient. Plus quelqu'un était malheureux, et plus elle était contente, et plus elle l'aimait. Les gens l'avaient surnommée la princesse Compatissante et profitaient largement de son inlassable générosité. Si bien qu'il ne restait plus un seul pauvre dans le pays et qu'il fallait en faire venir de l'étranger pour que la Compatissante puisse continuer à exercer la charité.

La princesse était jeune, jolie – et princesse ! – et pourtant elle n'arrivait pas à se marier. Les prétendants ne manquaient pas. Voulant lui plaire, ils faisaient semblant d'être malheureux, mais dès qu'elle s'intéressait à eux, ils ne pouvaient cacher leur joie – et recevaient sur-le-champ leur congé. Après, ils étaient réellement malheureux, mais la princesse ne les voyait plus et ne pouvait les consoler… C'était vraiment un cercle infernal. La princesse, la première, en était désolée.

C'est alors que, sur le conseil de son ministre, elle décida de faire rechercher de par le monde un jeune homme totalement et définitivement inconsolable à qui elle pourrait donner son cœur et sa main. La recherche ne fut pas facile – à la seule perspective d'un mariage princier, le plus affligé retrouvait le sourire. Mais on finit tout de même par dénicher l'oiseau rare.

Luda, conte de *La Nuit des Rois, 365 contes de gourmandise*, © Gallimard Jeunesse, 1989.

Questions

1. Relisez le texte en supprimant les mots en vert. Que constatez-vous ?

2. Quels mots ou groupes de mots sont qualifiés par les mots en vert ? Quelle est leur fonction dans la phrase ?

3. Quel verbe relie les mots en vert aux sujets respectifs des phrases ? Par quels autres verbes pourrait-il être remplacé ?

LEÇON

▶ 1. Définition

- **L'attribut du sujet** est un élément **essentiel** de la phrase : **on ne peut pas le supprimer.**

  → *La princesse était* ***jeune, jolie – et princesse*** *!*

- L'attribut du sujet apporte une précision sur :

– l'état du sujet :

→ *Anne est* ***malade****.*

– sa caractéristique :

→ *Annie est* ***blonde****.*

– l'identité :

→ *Perrault est* ***l'auteur des contes****.*
La sœur de Gaëlle s'appelle ***Estelle****.*

▶ 2. Nature de l'attribut du sujet

L'attribut du sujet peut être :

– un adjectif :

→ *Kamy est* ***sympathique****.*

– un participe passé :

→ *Schéhérazade est* ***fatiguée****.*

– un groupe nominal avec ou sans déterminant :

→ *Paris est* ***la capitale de la France****.*
Bernard est ***médecin****.*
Delphine est ***professeur d'anglais****.*

▶ 3. Accord

Quand il est adjectif ou participe passé, l'attribut **s'accorde avec le sujet** en genre et en nombre.

→ ***Lucie*** *est* ***grippée. Elle*** *est très* ***délicate****.*
Les jeunes filles *sont* ***grippées****.*

▶ 4. Les verbes attributifs

- On appelle **verbes attributifs** les verbes qui **introduisent un attribut du sujet**.
- On distingue les verbes **essentiellement attributifs ou verbes d'état** (*être, demeurer, devenir, paraître, rester, sembler*) **et** les verbes **occasionnellement attributifs**.

Les verbes essentiellement attributifs ou verbes d'état

- Ils établissent un **lien** entre le **sujet** et son **attribut** :

→ *La princesse* ***était*** *compatissante.*

- Certains indiquent le **maintien d'un état** ou sa **transformation** :

→ *demeurer ; rester* (= il était déjà, il est encore) ;
devenir (= il n'était pas, il commence à être).

- Certains indiquent une **nuance de doute, de supposition**. Ils atténuent l'affirmation : *sembler ; paraître ; avoir l'air ; passer pour.*

Les verbes occasionnellement attributifs

- Les verbes *vivre, mourir, partir, revenir, tomber* (au sens de *devenir*) introduisent souvent un attribut du sujet :

→ *vivre heureux ; mourir vieux ; tomber amoureux.*

- **Attention !** ne confondez pas :

→ *Il est sorti* ***hier soir***. ≠ *Il est sorti* ***furieux***.
(hier soir : c. de temps ; furieux : attribut du sujet)

Il est tombé ***dans l'escalier***. ≠ *Il est tombé* ***amoureux***.
(dans l'escalier : c. de lieu ; amoureux : attribut du sujet)

Pour l'expression écrite

- Pour faire le portrait d'un personnage, au début d'une histoire, les attributs sont indispensables pour **qualifier le héros**.
- Les attributs du sujet sont également indispensables pour **décrire le décor d'une scène**.

Il y avait dans cette même cour une vieille fille fort riche, appelée la duchesse Grognon, qui était affreuse de tout point : ses cheveux étaient d'un roux couleur de feu ; elle avait le visage épouvantablement gros et couvert de boutons ; de deux yeux qu'elle avait eus autrefois, il ne lui en restait qu'un chassieux ; sa bouche était si grande qu'on eût dit qu'elle voulait manger tout le monde ; mais, comme elle n'avait point de dents, on ne la craignait pas ; elle était bossue devant et derrière, et boiteuse des deux côtés.

Mme d'Aulnoy, « Gracieuse et Percinet », *Contes de fées*.

Retenons

1. L'attribut désigne une **caractéristique du sujet**, exprimée par un groupe nominal ou un adjectif.
2. L'attribut **s'accorde avec le sujet en genre et en nombre.**
3. L'attribut est introduit par certains verbes, principalement les verbes d'état et les verbes de sens voisin : *être, paraître, devenir, demeurer, rester, avoir l'air, passer pour.*

EXERCICES

Identifier

1 L'élément souligné est-il un attribut du sujet ?

1. Vous êtes maintenant dans la chambre du roi. – **2.** À l'approche de l'île mystérieuse, les hommes se rassemblaient impatients sur le pont. – **3.** À la vitesse où il file, le TGV est plus rapide que ma voiture, c'est sûr ! – **4.** Pour n'avoir pas voulu avouer la cachette du trésor, McMullan resta enfermé dans la cale. – **5.** Dans le silence des fonds marins le requin avance à l'affût d'une proie sans défense.

2 Repérez les attributs du sujet et précisez leur catégorie grammaticale.

1. Après son exploit, le spéléologue était très content de rentrer chez lui. – **2.** Devant les spectateurs attentifs, la pianiste devint écarlate en découvrant les partitions. – **3.** Le père de mon meilleur ami est l'entraîneur de l'équipe nationale de hockey. – **4.** Après un mois de vacances passé avec nous, mon père semble plus épuisé qu'avant. – **5.** Avec ses nouvelles lunettes jaunes, Papa avait l'air d'un chat dont les yeux brillaient dans la pénombre.

3 Dans le texte suivant, relevez les mots auxquels se rapportent les attributs soulignés.

Une sorcière, c'est toujours une femme.

Je ne veux pas dire du mal des femmes. La plupart sont adorables. Mais le fait est que les sorcières sont toujours des femmes et jamais des hommes.
Il n'y a pas de sorcier, mais il y a des vampires ou des loups-garous, qui, eux, sont toujours des hommes. Les vampires et les loups-garous sont dangereux, mais une sorcière est deux fois plus dangereuse !
En tout cas, pour les enfants, une véritable sorcière est la plus dangereuse des créatures. Ce qui la rend doublement dangereuse, c'est qu'elle a l'air inoffensive ! Même si vous êtes bien au courant (et bientôt, vous allez connaître tous les secrets des sorcières), vous n'êtes jamais absolument sûr d'être en présence d'une sorcière ou d'une charmante femme.

Roald Dahl, *Sacrées sorcières*,

4 Donnez les attributs des mots soulignés.

Le plus ancien instrument à vent est la flûte dont on retrouve des vestiges datant de l'âge de pierre. Pour ces peuples, la flûte a un pouvoir magique, elle accompagne les rites funéraires, les cérémonies liées aux orages ou aux récoltes.
• La flûte verticale est une flûte constituée d'un tuyau assez long, dont le conduit est en bois, os, corne, bambou, roseau ou métal. Sa perce est cylindrique. On trouve cet instrument sur tous les continents et particulièrement en Amérique du Sud et en Asie. La flûte à bec est une flûte à conduit avec une embouchure simple. [...]
• La flûte de Pan est un instrument primitif formé d'un assemblage de tuyaux en roseau de taille différente [...]. Le musicien place ses lèvres sur l'extrémité des tuyaux selon un ordre que détermine le glissement latéral de l'instrument. Datant de la haute Antiquité, elle est le moyen d'expression des bergers d'Arcadie, roumains ou chinois. De nos jours, les Indiens la fabriquent en terre cuite.
• La flûte traversière est une flûte à embouchure latérale, son extrémité supérieure est bouchée par un liège ou par du bois. Originaire d'Asie, connue dès le IXe siècle, elle devient d'un usage courant au Moyen Age. Le fifre, petite flûte traversière de timbre aigu, est associé en France à la musique militaire depuis le XVIe siècle.

T. Benardeau, M. Pineau, *La Musique*,

5 Seules certaines des phrases suivantes contiennent des attributs du sujet. Relevez-les.

1. Ma tante Anne est restée une semaine à Noirmoutier. – **2.** Pourquoi restes-tu muet comme une carpe ? – **3.** Ma grande sœur demeure avenue Félix-Faure. – **4.** Le voisin est demeuré stupéfait de la nouvelle. – **5.** Le nouveau Principal passe pour très sévère. – **6.** Émilie est passée pour me rendre une cassette. – **7.** Ce magazine paraît le mercredi. – **8.** Ne change pas de chaîne : cette émission paraît très amusante.

Transformer

6 Accordez l'attribut du sujet entre parenthèses comme il convient.

1. Quand nous serons (grand), nous nous marierons avec nos princes charmants. – **2.** Les détectives restent toujours (attentif et prêt) à répondre au téléphone. – **3.** Les fées devenaient (peureux) à l'approche des grondements qui résonnaient dans le château. – **4.** D'après leur entraîneur, Langeais et Saumur seront (un beau cheval puissant et rapide). – **5.** Par gros temps, la mer devient vite (trop dangereux) pour les petits bateaux de pêche.

7 Dans ce poème, replacez les attributs du sujet aux endroits qui conviennent :
belle – grande – naine – petite – reine – une femme – utile.

La bonne aventure

« Et quand je serai **(1)**, dit la petite fille.
— Tu resteras **(2)**, dit le chat.
— Alors, je serai **(3)**, dit la petite fille inquiète.
— Non, dit le chat, tu seras **(4)**, reine de tes rêves, et tu deviendras **(5)** en restant une enfant.
— Je serai **(6)**, dit la petite fille.
— Oui, dit le chat.
— Vous dites ça pour me faire plaisir, dit la petite fille.
— Non, dit le chat, mais cela te sera **(7)**.
— Merci, chat, je reviendrai l'année prochaine, dit la petite fille.
— L'année prochaine ! Tu vois, c'est tout simple, toi aussi tu prédis l'avenir », dit le chat.

Jacques Prévert, *Imaginaires*,
« Les Sentiers de la création », © Albert Skira.

Écrire

8 Lisez le texte suivant, puis, de la même manière, faites le portrait d'un personnage de votre choix en employant au moins huit attributs du sujet.

Un terrible garnement

Jean-Paul appartenait à une famille d'honnêtes bourgeois. Il avait des sœurs, ce qui était très malheureux pour elles ; mais il n'avait pas de frères, ce qui était très heureux pour eux.

Jean-Paul était fainéant, gourmand, insolent, taquin, hargneux, peureux, sournois. Je n'en finirais pas si je voulais donner la liste complète de tous les petits défauts qui distinguaient Jean-Paul, un des mauvais sujets les mieux conditionnés dont l'histoire des enfants célèbres puisse nous léguer le souvenir. [...]

L'extérieur de Jean-Paul révélait son caractère désordonné. L'enseigne n'était pas menteuse, cette fois. Ses cheveux étaient toujours ébouriffés et parsemés de brins de paille ; ses mains, gantées de plusieurs couches de crasse, dont la plus ancienne remontait certainement fort loin dans le cours des temps ; ses traits, sillonnés de balafres d'encre ; ses yeux, habituellement pochés, et il était extrêmement rare qu'il se fût mouché.

Louis Desnoyers, *Les Mésaventures de Jean-Paul Choppard*,
© Casterman, rééd. 1995.

9 Même exercice.

Elle n'était pas grande, mais elle le semblait, tant sa fine taille s'élançait hardiment. Elle était brune, mais on devinait que, le jour, sa peau devait être du beau reflet doré des Andalouses et des Romaines. Son petit pied aussi était andalou, car il était à l'étroit et à l'aise à la fois dans sa gracieuse chaussure. Elle dansait, elle tournait, elle tourbillonnait sur le vieux tapis de Perse, jeté négligemment sous ses pieds ; et chaque fois qu'en tournoyant sa ravissante beauté passait devant nous, ses grands yeux noirs jetaient des éclairs. Autour d'elle, tous les regards restaient fixes, toutes les bouches étaient ouvertes ; et en effet, tandis qu'elle dansait ainsi, elle avait l'air frêle et vive comme une guêpe, avec son corsage d'or sans pli, sa robe bariolée qui se gonflait, avec ses épaules nues, ses jambes fines, ses cheveux noirs, ses yeux de flamme, elle semblait une créature surnaturelle.

D'après Victor Hugo, *Notre-Dame de Paris*.

AUTOÉVALUATION

À la fin de cette leçon, je sais :

- **identifier** les verbes attributifs ;
- **repérer** les attributs du sujet dans un texte ;
- **accorder** un adjectif ou un participe passé attribut avec son sujet ;
- **compléter** des phrases au moyen d'attributs du sujet ;
- **écrire** un texte en employant des attributs du sujet.

9. Les compléments d'objet du verbe : le COD

OBSERVATION

À la pêche aux grenouilles

Il allait partir, fort ennuyé, quand précisément, au-dessus de l'eau une grenouille leva. Paresseuse, comme endormie, elle posa sur les bords, ouvrit l'un après l'autre au soleil, puis gonfla doucement, et poussa un léger coax auquel, par-dessous la glace, dans toute l'étendue des fossés gelés aussi vastes qu'un grand étang, d'autres coax lointains répondirent.

– Ce doit être la mère des grenouilles, se dit le petit fifre, qui n'avait jamais vu ; quelle occasion et quel dommage de la laisser échapper ainsi !

Tout à coup il eut une inspiration :

– Si je prenais, en guise d'appât ? Elle est en beau drap rouge d'ordonnance, et certes ! les grenouilles y mordraient.

Aussitôt dit, aussitôt fait.

D'après Paul Arène, « Le fifre rouge »,
Contes de Paris et de Provence (1887), Marcel Petit.

Questions

1. Dans le texte que vous venez de lire, quelles phrases sont complètes ? Quelles phrases sont incomplètes ? Repérez les endroits où il manque une information.

2. Voici, en désordre, les éléments manquants. Replacez-les de manière à reconstituer le texte :
la patte qui serre mon haut-de-chausses – la tête – sa gorge blanche – ses jolis yeux d'or – ses pattes de devant – une grenouille si grosse.

3. Quelle remarque faites-vous sur la place des groupes de mots que vous avez replacés ?

4. Entre ces groupes de mots et le mot qui précède, peut-on placer une virgule ou faire une pause à la lecture ?

LEÇON

1. Définitions

- Le **verbe** est le **noyau du groupe verbal.**

– Il admet **différents** types de **compléments essentiels.**

– Les compléments essentiels peuvent **rarement** être **déplacés** ou **supprimés** sans changer le sens de la phrase.

- Le **complément d'objet** est un **complément essentiel.** Il désigne l'être ou la chose sur lesquels porte l'action exprimée par le verbe.

→ *Le jeune garçon pêche* ***des grenouilles.***

- En ce sens, on peut dire que le complément d'objet est un complément « prévisible » de certains verbes, qui doivent être suivis d'une information essentielle. On dit que ces verbes sont **transitifs.**

→ **Elle leva.*

- Un verbe transitif admet deux types de compléments d'objet :

1. un **complément d'objet direct** (COD) construit **sans préposition** :

→ *La grenouille gonfla* ***sa gorge blanche.***

Dans ce cas, le verbe est **transitif direct.**

2. un **complément d'objet indirect** (COI) construit **avec préposition** :

→ *La grenouille se moque* ***de lui.***

Dans ce cas, le verbe est **transitif indirect.**

2. Comment reconnaître le COD ?

1. En transformant la phrase active au passif, le COD devient alors le sujet de la phrase passive :

→ *Un jeune garçon a pêché* ***les grenouilles.*** (COD)
Les grenouilles *ont été pêchées par le jeune garçon.* (sujet)

2. Le COD peut se remplacer par un pronom personnel complément :

→ *Le pêcheur* ***les*** *capture.*

3. Nature du COD

- Le complément d'objet direct est le plus souvent :

– un groupe nominal : *Le pêcheur cherche* ***un appât.***

– un pronom personnel : *Le jeune garçon* ***les*** *capture.*

Tableau des pronoms personnels COD		
	Singulier	**Pluriel**
1re personne	*Estelle* **ME** *regarde.*	*Gaëlle* **NOUS** *accueille.*
2e personne	*Estelle* **TE** *regarde.*	*Gaëlle* **VOUS** *accueille.*
3e personne	*Estelle* **LE/LA** *regarde.*	*Gaëlle* **LES** *accueille.*

● Parfois, le COD peut être :
– un verbe à l'infinitif : *Le musicien veut **jouer**.*
– une proposition : *Je veux **que tu reviennes vite**.*
– un pronom relatif ou interrogatif : *Le petit fifre rouge [**que** la faim tenaille] pêche des grenouilles en hiver.* (*que* : pronom relatif mis pour *le petit fifre rouge*, COD du verbe *tenailler*.)

4. Place et accord du COD

● Le plus souvent, le COD se place **à droite** du verbe :
→ *Il pêche **des grenouilles**.*

● Quand il est **pronom personnel**, il se place **devant le verbe** :
→ *Il **les** pêche.*

● Quand il est **pronom relatif**, il se place **au début de la proposition**.
→ *Les grenouilles [**que** le musicien veut pêcher] sont endormies.*

● Il se place **après** un **verbe à l'impératif** :
→ *Pêche-**les**.*

● Dans les **temps composés** conjugués avec l'auxiliaire ***avoir***, si le **COD** est **placé devant le verbe**, et seulement dans ce cas, **le participe passé s'accorde avec ce COD** :
→ ***Ces grenouilles**, le musicien les a pêch**ées**.*

Mais, attention : *Les grenouilles, le musicien **les pêche**.*

5. Pièges à éviter

1. Le verbe *être* n'a jamais de COD.

2. Un adjectif qualificatif ne peut jamais être COD.
La différence apparaît bien :
– quand on remplace l'attribut par un pronom :
→ *Ils sont en colère. / Oui, ils **le** sont.*

– quand on remplace le nom attribut par un adjectif :
→ *Ils sont en colère. / Ils sont coléreux.*

3. L'attribut du sujet n'est jamais introduit par un verbe transitif.

Pour l'expression écrite

▪ Le COD se place le plus souvent immédiatement après le verbe qu'il complète. Mais on peut placer **un adverbe** entre le verbe et le COD :
→ *Il déguste **lentement** un gâteau.*

▪ Quand le COD est plus long que les autres compléments, il se place souvent **à la fin de la phrase** :
→ *Il déguste, avec sa petite sœur, **un gâteau praliné aux noix nappé de crème anglaise.***

- Mais, pour renforcer un lien avec la phrase qui précède, le COD peut se placer **en tête de phrase.** Dans ce cas, il est détaché par une virgule et repris par un pronom personnel :

→ *Antoine trouva un jour une très jolie bague ornée d'un saphir.* ***Ce bijou,*** *la princesse* ***l'****avait perdu, quelques secondes plus tôt, en enlevant son gant…*

C'est une forme de mise en relief.

Retenons

1. Le COD est un **complément essentiel :** il appartient au groupe verbal, il suit le plus souvent le verbe qu'il complète et peut être rarement supprimé sans changer le sens de la phrase.

2. Le COD peut être **un groupe nominal, un pronom, un infinitif, une proposition.**

3. Le COD **se construit sans préposition.** Les verbes avec lesquels il se construit sont appelés **transitifs directs.**

EXERCICES

Identifier

1 **Repérez les COD contenus dans chaque phrase et précisez leur nature grammaticale.**

1. Au dessert, Soraya voulait une glace chocolat pistache. – **2.** Au tribunal, l'accusé répondit qu'à l'heure du crime, il dormait comme un loir. – **3.** Au petit matin, le capitaine vit enfin New York et ses gratte-ciel dans la brume. – **4.** Comme les chiens, les chats savent très bien nager. – **5.** Paul sortit sa combinaison spatiale de sa boîte et l'enfila en quatrième vitesse avant le décollage de la navette.

2 **Repérez les pronoms compléments d'objet direct et, si possible, dites ce qu'ils reprennent ou annoncent.**

1. Le royaume tout entier le sait : la princesse a disparu. – **2.** Dans l'enquête de la place des Thermes, la clef que l'inspecteur cherchait se trouvait dans la poche de la victime. – **3.** Pour sortir du labyrinthe, que proposez-vous ? – **4.** Mon grand frère ne m'aide jamais à finir les puzzles. – **5.** À notre dernière partie de cache-cache, avant de nous trouver dans la cave, Mélissa nous a cherchés pendant une demi-heure dans toute la maison.

3 **Relevez les COD.**

Un affreux garnement

Au collège il battait les plus petits, pour lever sur leur estomac, au profit du sien, des impôts de pommes, de poires, de cerises, et même de morceaux de pain, si sa part de goûter ne lui suffisait pas ; mais, pour le moins, règle générale, comme il aimait la croûte, il usurpait toujours la leur, et les réduisait, les malheureux, à ne manger que la mie ! Il les contraignait à lui composer ses thèmes et ses versions. Aussi était-il fort ignorant pour son âge.
Et puis il mettait de la poudre de bois dans la tabatière du professeur ; il attachait un chien à la corde de la cloche ; il tendait, la nuit, des ficelles qui allaient d'un lit à l'autre, dans toute la largeur du dortoir, de manière à faire trébucher les surveillants de ronde ; et, pour tant de hauts faits, il laissait froidement punir ses camarades ; ce qui arrivait toujours, car son air hypocrite le mettait à l'abri du soupçon.

Louis Desnoyers, *Les Mésaventures de Jean-Paul Choppard*, © Casterman, 1995.

Transformer

4 **Transformez le groupe nominal COD en pronom personnel COD.**

1. À minuit le chevalier de la Souche rencontra le fantôme de McCarthy dans les douves du château. – **2.** Entre les sapins on aperçoit les chalets fumants dans le givre et on se hâte alors de descendre. – **3.** En entrant dans la pièce du crime, le détective remarqua aussitôt la cigarette écrasée. – **4.** Après avoir lu *Tintin au Tibet*, tous les enfants croyaient vraiment que le yeti existait. – **5.** Pour effrayer ses ravisseurs, la jeune princesse appela le dragon noir à son secours. – **6.** Comme le jour se levait, le chevalier mit son armure et fit seller son cheval.

5 Transformez les COD en pronoms personnels et accordez les participes passés.

1. À cause de l'obscurité, les enfants n'ont pas vu l'entrée de la grotte. – **2.** En finale, Leïla a encouragé ses amies pour qu'elles montent ensemble sur le podium. – **3.** La vieille sorcière a raccompagné sa jeune apprentie à l'entrée de la forêt. – **4.** De la fenêtre de sa chambre, Élodie avait surveillé tout l'après-midi Amélie et Julie jouant au jardin. – **5.** La reine a embrassé le chevalier parce qu'il a délivré le château des ennemis.

6 Replacez les COD suivants aux endroits qui conviennent : *aucun soin biologique – le fond d'une cuve de verre – le petit monde que vous avez devant les yeux – le tout – quelques brins de plantes aquatiques communes – quelques litres d'eau du robinet – quelques petits poissons – aucun soin biologique – tous les organismes qu'il vous faut – votre pêche.*

Couvrez **(1)** d'une poignée de sable propre, plantez dans ce sol **(2)**, versez doucement **(3)** et posez **(4)** près d'une fenêtre ensoleillée. Dès que le sable sera reposé et que les plantes auront commencé à pousser, ajoutez-y **(5)** ou, mieux encore, allez, muni d'une épuisette et d'un petit bocal, à la mare la plus proche : quelques coups de filet et vous ramenez **(6)**. Rentré chez vous, vous viderez avec précaution **(7)** dans l'aquarium et contemplerez **(8)**. Car l'aquarium est un monde. Tout comme dans un étang ou un lac créé par la nature, tout comme sur l'ensemble de notre planète, les créatures animales et végétales vivent dans un aquarium en état d'équilibre biologique.
Ce petit univers aquatique se suffit à lui-même et ne demande **(9)** en dehors de la nourriture des poissons et du nettoyage extérieur des vitres.

Konrad Lorenz, *Il parlait avec les mammifères, les oiseaux et les poissons*, © J'ai Lu, 1973.

7 Complétez les phrases suivantes par une proposition subordonnée COD.

1. Mon grand-père a deviné... – **2.** Malgré les prévisions pessimistes de la météo, je suis certaine... – **3.** Le surveillant a constaté... – **4.** Après la victoire, Barthez a déclaré... – **5.** Mon petit frère veut...

Écrire

8 Imaginez la suite du texte en employant plusieurs COD.

Le jour même de son arrivée à l'Académie, chaque élève se voyait confier un balai qu'il lui fallait apprendre à chevaucher convenablement, ce qui est beaucoup moins facile qu'il n'y paraît et nécessite un long apprentissage. Au milieu du premier trimestre, les élèves recevaient chacune un chaton à qui elles devaient enseigner l'art de se tenir sur un balai. Le chat n'avait aucune utilité particulière dans le travail scolaire, il était simplement là pour préserver la tradition. Dans certaines écoles de sorcellerie, on préfère distribuer des hiboux au lieu de chatons, mais c'est là une simple affaire de goût. Aux yeux de mademoiselle Jollidodue, rien ne pouvait remplacer la tradition. Les méthodes modernes d'éducation lui semblaient ridicules, et elle n'avait d'autre ambition que d'enseigner à ses sorcières en herbe ce qu'elle avait elle-même appris dans sa jeunesse. [...] En dehors de la distribution annuelle des prix, aucun diplôme n'était décerné jusqu'à la fin de la cinquième et dernière année où celles qui le méritaient obtenaient alors le bachatlauréat de Sorcellerie Appliquée. Hélas ! il y avait tout lieu de douter qu'Amandine Malabul puisse jamais arriver jusque-là, si l'on en jugeait par ses débuts. Dès le lendemain de son entrée à l'école, en effet, elle s'était écrasée dans la cour de récréation aux commandes de son balai. Le choc avait cassé le manche en deux et tordu son chapeau.

Jill Murphy, *Amandine Malabul, sorcière maladroite*, © Gallimard, « Folio cadet rouge », 1995.

AUTOÉVALUATION

À la fin de cette leçon, je sais :

- **identifier** les COD dans un texte et donner leur nature ;
- **replacer** les COD dans un texte aux endroits qui conviennent ;
- **remplacer** les groupes nominaux COD par le pronom personnel complément qui convient.

GRAMMAIRE

10. Les compléments d'objet du verbe : le COI et le COS

OBSERVATION

Le lézard vert

Naz, un collégien, fait l'école buissonnière. À l'auberge de la « vieille Nanon », il s'initie au billard.

Mon ami Naz, ce jour-là, donnait un spectacle rare à tous les clients de l'auberge. Il ne cessait de gagner des parties de billard.

Tout à coup, la queue manque la bille. Le tapis craque, se fend, et la queue presque entière disparaît dans le drap vert !

La vieille aubergiste donne l'ordre d'aller chercher monsieur son père.

Le père de Naz arriva. On s'attendait à une explosion de colère. Il se montra glacial.

Il donna soixante francs à l'aubergiste. Puis réclama le vieux drap.

« Emporte-moi ça », dit-il en remettant à Naz le tapis roulé. Le surlendemain tout fut expliqué quand nous vîmes entrer le malheureux Naz vêtu de vert de la tête aux pieds : habit, gilet, pantalon, casquette vert billard.

Six ans durant, cet inépuisable tapis fournit à l'ami Naz des habillements complets de couleur verte.

Ses camarades se moquèrent de lui et le surnommèrent le lézard vert !

D'après Paul Arène, *Contes de Paris et de Provence*.

Questions

1. Essayez de détacher par une pause à la lecture, ou par une virgule à l'écrit, les verbes et les groupes de mots en orange qui les suivent. Que constatez-vous ?

2. Pouvez-vous déplacer ces groupes de mots en tête de phrase ? Que constatez-vous ?

3. Remplacez les groupes de mots en orange par des pronoms. Ces pronoms occupent-ils la même place dans les phrases ?

4. Observez les phrases contenant les groupes de mots en orange. Lesquelles contiennent un COD ? À quelle place les COD sont-ils situés par rapport aux groupes de mots en orange ?

LEÇON

1. Définitions

Le COI

- Comme le COD, le COI est un **complément essentiel** du verbe. Il se construit **indirectement**, c'est-à-dire **avec une préposition**. Le verbe qui l'introduit est appelé **transitif indirect**.

→ *On s'attendait **à une explosion de colère**.*
*Ses camarades se moquèrent **de lui**.*

- Le COI est relié au verbe par les **prépositions *à* ou *de***.

Attention : vérifiez dans le dictionnaire la construction des verbes comme *obéir à, se fier à, profiter de, se méfier de.*

- Les prépositions *à* et *de* peuvent se contracter avec les articles définis : *à + le* → ***au*** ; *à + les* → ***aux*** ; *de + le* → ***du*** ; *de + les* → ***des***.

→ *Maman se plaint **du** bruit.*

Le COS

- Certains verbes peuvent avoir **deux compléments d'objet** :

– un **complément direct** et un complément introduit par une préposition. Celui-ci prend le nom de **complément d'objet second** (COS) :

→ *Julien offre une fleur (COD) à son amie (COS).*

– un **COI** et un **COS** :

→ *Julien parle de son amie (COI) à Ludovic (COS).*

- Généralement, le **COS** désigne le **destinataire de l'action** :

→ *Il emprunta soixante francs **à l'aubergiste**. / Il **lui** emprunta soixante francs.*

Attention ! Ne confondez pas le COS et le complément de lieu :

→ *David a envoyé une lettre **à Isabelle**.* (COS)
*David a envoyé une lettre **à Paris**.* (complément de lieu)

2. Pour mieux identifier le COS

Les **verbes** qui peuvent avoir **deux compléments d'objet** sont assez fréquents. Ce sont les **verbes de communication** *(dire quelque chose à quelqu'un)* ou des **verbes d'échange** *(donner quelque chose à quelqu'un / prendre quelque chose à quelqu'un)*.

Leur point commun est de mettre en scène **deux personnes, le sujet** et **le destinataire** (COS), qui entrent en relation par **un objet** ou **un message** (COD).

→ *Elle a offert **une console de jeux à son neveu**.*

3. Nature du COI et du COS

- Le COI et le COS peuvent être :

– un groupe nominal :

→ *Ce jeu appartient* ***à mon frère****.* (COI)

– un pronom :

→ *Ses camarades se moquèrent* ***de lui****.* (COI)
Le tapis ***lui*** *fournit un habit complet.* (COS)

- Le COI peut être un verbe à l'infinitif :

→ *Gérard a cessé* ***de fumer*** *: quel miracle !*

Les pronoms personnels COI et COS						
	1re personne	2e personne	3e personne			
	Masculin et féminin	Masculin et féminin	Masc. et fém. animé	Non animé	Réfléchi
SINGULIER						
COI sans préposition	*Il* ***me*** *parle.*	*Il* ***te*** *parle.*	*Il* ***lui*** *parle.*	*Il* ***en*** *parle.* *J'****y*** *arrive.*	*Il* ***se*** *le répète.*
C. introduit par une préposition (à, de)	*Il parle de* ***moi****.*	*Il parle de* ***toi****.*	*Je parle de* ***lui****.* *Je parle d'****elle****.*		*Parler de* ***soi****.*
PLURIEL						
COI sans préposition	*Parlez-****nous****.*	*Parlez-****vous****.*	*Parlez-****leur****.*	*Parlez-****en****.* *J'****y*** *pense.*	***Se*** *parler.*
C. introduit par une préposition (à, de)	*Il parle de* ***nous****.*	*Il parle de* ***vous****.*	*Je pense à* ***eux****.* *Je pense à* ***elles****.*		

4. Place du COI et du COS

- Le plus souvent, le COI et le COS se placent à **droite du verbe.**
- Lorsque le COD, le COI et le COS sont des **pronoms**, ils se placent tous **devant le verbe.** Cependant leur **ordre varie** selon les modes du verbe, la présence d'une négation, les registres de langue :

– mode :

→ *Ce livre, donne-****le-moi*** (impératif). / *Je* ***te le*** *donne* (indicatif).

– présence d'une négation :

→ *Ne me donne pas* ***cette cassette****.* / *Ne me* ***la*** *donne pas.*
Ne lui dites pas ***que je suis venue****.* / *Ne* ***le*** *lui dites pas.*

– registre de langue :

→ *Donne-moi* ***de la mousse au chocolat****.* / *Donne-m'****en****.* (registre soutenu)

Pour l'expression écrite

- Les groupes nominaux COI et COS peuvent être remplacés par des pronoms.

Attention à l'emploi des **pronoms** qui remplacent un **COI** ou un **COS**. ***En*** et ***y*** représentent toujours des **compléments inanimés**.
Les pronoms personnels **compléments animés** sont ***le, la, l', les, eux, elles***.

→ *Elle pense **à Marc**. / Elle pense **à lui**.*
*Elle pense **à son travail**. / Elle **y** pense.*

- Le COI et le COS ne peuvent pas devenir sujets du verbe au passif.

Retenons

1. Le **complément d'objet indirect (COI)** complète un verbe **transitif indirect** auquel il est relié par les **prépositions *à* ou *de***.

2. Le **complément d'objet second (COS)** complète un **verbe déjà accompagné d'un COD ou d'un COI**.

3. Le **COS** désigne souvent le **destinataire** de l'action exprimée par le verbe. C'est pourquoi il s'emploie surtout avec les **verbes d'échange et de communication**.

EXERCICES

Identifier

1 L'élément souligné est-il un COD ou un COI ?

1. Avec le chevalier Du Plessis, le marquis de Beauvisage parlait de son nouveau château. – **2.** Après trois jours de jeûne, l'ogre engloutit des tonnes de viande fraîche. – **3.** La vieille femme ne répondit pas aux questions de Marie. – **4.** Près du grand chêne, le lutin avait caché la clef d'or du coffre jaune. – **5.** Ce jeune boxeur triomphait de tous ses adversaires sans aucune difficulté.

2 L'élément souligné est-il un COI ou un COS ?

1. Jérémie a livré un secret à sa sœur. – **2.** À douze ans, j'écrivais encore au Père Noël. – **3.** Le candidat a encore parlé de son programme économique à la télévision. – **4.** Malgré ses nombreux épis, Lucas se soucie peu de sa coiffure. – **5.** La météo a annoncé les risques d'intempéries à tous les marins hier soir.

3 Donnez la fonction des mots ou groupes de mots soulignés.

1. Je n'ai pas répondu aux questions des journalistes. – **2.** Nicolas donne de la nourriture aux poissons. – **3.** Je rêve d'une Ferrari rouge et d'un voyage aux Seychelles. – **4.** Tu devrais écrire à ta grand-mère. – **5.** Mon frère lui a prêté la cassette d'un film d'horreur.

4 Retrouvez les COD et les COS dans le texte suivant.

Judas, fils de Simon, dit l'Iscariote parce qu'il était né à Scarioth, fut l'un des douze apôtres. Il trahit Jésus-Christ à prix d'argent[1] et son nom est passé dans la langue pour désigner un traître. Il promit aux princes des prêtres de leur livrer Jésus moyennant trente deniers[2] d'argent. Le soir du jeudi saint, il vint saluer Jésus dans le jardin des Oliviers et lui donna un baiser. C'était le signal convenu pour l'arrestation du Christ. Après la condamnation, Judas alla jeter au Temple les trente deniers qu'il avait reçus et, pris de remords, se pendit.

Albert Algoud, *Le Haddock illustré*, © Casterman, 1991.

1. **À prix d'argent :** pour de l'argent.
2. **Denier :** dans l'Antiquité, monnaie romaine, en argent.

5 Donnez la fonction des mots et groupes de mots soulignés.

La grand-mère de Georges est malade.
« Oh ! oh ! pensa soudain Georges. Ah ! ah ! Eh ! eh ! je sais exactement ce que je vais faire. Je

[...] préparer une nouvelle potion, une [...] forte, si violente et si fantastique [...] guérira complètement ou lui fera sauter la cervelle ! Je fabriquerai une potion magique, un médicament qu'aucun médecin n'a inventé jusqu'à présent. »
Georges regarda l'horloge de la cuisine. Il était dix heures cinq. Il avait presque une heure devant lui, puisque Grandma devait prendre son médicament à onze heures.
– Allons-y ! s'écria Georges en se levant d'un bond. Vive la potion magique !

Roald Dahl, *La Potion magique de Georges Bouillon*, trad. Marie-Raymond Farré, © Roald Dahl Nominee Ltd, 1981.

Transformer

6 Complétez avec la préposition *à* ou *de*.

1. Avant de partir en voyage en Asie, Sophie s'est décidée ... apprendre le chinois. – 2. Arthur parle ... un film de science-fiction qu'il n'a pas aimé. – 3. Les garçons jouent souvent très mal ... la marelle. – 4. Le monde appartient ... ceux qui se lèvent tôt. – 5. Alix, qui est malade, a remercié ses camarades ... leur visite.

7 Remplacez les groupes de mots soulignés par des pronoms et placez-les correctement.

« Il ne reste plus de melon pour toi, dit madame Lepic ; d'ailleurs, tu es comme moi, tu ne l'aimes pas.
– Ça se trouve bien », se dit Poil de Carotte.
On lui impose ainsi ses goûts et ses dégoûts. [...]
Au dessert, madame Lepic lui dit :
« Va porter ces tranches de melon à tes lapins. »
Poil de Carotte fait la commission au petit pas, en tenant l'assiette bien horizontale afin de ne rien renverser. [...]
« Oh ! attendez, dit Poil de Carotte ; un moment, s'il vous plaît, partageons. »
S'étant assis d'abord sur un tas de crottes, de séneçon[1] rongé jusqu'à la racine, de trognons de choux, de feuilles de mauves[2], il leur donne les graines de melon et boit le jus lui-même : c'est doux comme du vin doux.
Puis il racle avec les dents ce que sa famille a laissé aux tranches de jaune sucré, tout ce qui peut fondre encore, et il passe le vert aux lapins en rond sur leur derrière.

Jules Renard, *Poil de Carotte*.

1. **Séneçon** : plante à fleurs jaunes.
2. **Mauve** : plante à fleurs roses ou violet pâle.

Écrire

8 Complétez les phrases suivantes par un ou deux compléments essentiels que vous inventerez. Donnez la nature de ces compléments.

1. Tout l'immeuble appartient ... – **2.** Mes cousins ont vendu ... – **3.** Marguerite et Jeanne se moquent ... – **4.** Mon grand frère s'intéresse ... – **5.** Je me suis informée ... – **6.** Marie rêve ... – **7.** Les cambrioleurs se sont emparés ...

9 Inspirez-vous de ce très ancien poème. Remplacez les prénoms et les verbes soulignés. Inventez un autre complément en respectant la rime avec le prénom.
Variez les constructions en choisissant le plus possible des verbes transitifs, pris dans la liste suivante : *annoncer – consentir – douter – nuire – obéir – parler – plaire – profiter – réfléchir – ressembler – s'intéresser – se moquer – se souvenir – sourire – téléphoner*.

Exemple : *Est venu Laurent, qui a parlé au serpent*.

Les litanies de la perche

Est venu Ignace, a posé les nasses,
Est venu Agrippa qui a mis les appâts,
Est venu Serge, a pêché la perche,
Est venu Julot et l'a tirée de l'eau,
Est venue Suzon, l'a portée à la maison,
Est venu Dédé et l'a vidée,
Est venu Hervé et l'a lavée,
Est venu Mathieu allumer le feu,
Est venu Léon préparer le court-bouillon,
Est venu Anatole, a mis la perche dans la casserole.
[...]

Finale du *Conte de la perche*, d'après un très ancien texte russe.

AUTOÉVALUATION

À la fin de cette leçon, je sais :
- **identifier** les COI et donner leur nature ;
- **replacer** les COI dans un texte aux endroits qui conviennent ;
- **repérer** les COS associés à un autre complément d'objet ;
- **remplacer** les COI et les COS dans des phrases par les pronoms qui conviennent ;
- **employer** des COI et des COS avec les prépositions qui conviennent.

11. La transformation passive et le complément d'agent

OBSERVATION

Le héron et le crabe

Le héron propose au crabe de le transporter dans un étang poissonneux. Par cette ruse, il espère bien le manger…

Le pauvre crabe ne manqua pas de remarquer que le héron évitait soigneusement tous les étangs. Alors que ce dernier allait se poser sur le grand rocher plat chauffé par le soleil, le crabe murmura :

– Oncle, où se trouve donc cet étang dont tu parlais ?

Le héron sourit et dit :

– Vois-tu ce rocher là-bas ? C'est là que j'ai emporté tous les poissons. Ils y sont en sécurité. Et dans quelques instants, tu vas les rejoindre.

Le crabe jeta un coup d'œil sur le rocher et vit, à sa grande horreur, qu'il était jonché d'arêtes de poissons. Il comprit trop tard qu'il avait été trompé par l'oiseau.

« Hélas ! gémit-il, ce soi-disant ami est en réalité un cruel ennemi. Tous les poissons qu'il a emportés ont été mangés par ce traître, je peux voir leurs squelettes. Ce sera bientôt mon tour. Que puis-je faire ? Il n'y a pas de temps à perdre. J'ai trouvé ! Avant que je ne m'écrase sur ce rocher, je vais lui couper le cou avec mes pinces. »

Lorsque le héron comprit l'intention du crabe, il essaya de s'en débarrasser. Mais il n'était pas très malin et, malgré tous ses efforts, il ne parvint pas à se libérer de son étreinte. Bientôt la chair fut entamée par les pinces, puis, soudain, la tête du héron se sépara de son corps.

D'après Leonard Clark, *Contes du Panchatantra*,

Questions

1. Relisez le texte en supprimant les groupes de mots en vert. Est-ce toujours possible ?

2. Pouvez-vous déplacer les groupes de mots en vert avant le sujet du verbe ?

3. Pouvez-vous remplacer la préposition qui introduit ces groupes par une autre préposition ?

4. Transformez les phrases en plaçant les groupes de mots en vert en position de sujet. Que devient le sujet de la phrase de départ ?

LEÇON

1. Définition

- La phrase passive se définit par opposition à la phrase active.
Dans la **phrase active**, le **sujet fait** l'action exprimée par le verbe.
Dans la **phrase passive**, le **sujet subit** l'action exprimée par le verbe.
- Le verbe est conjugué à la **forme passive**.

Phrase active : *Ce traître a mangé tous les poissons.*
sujet — verbe — COD

Phrase passive : *Tous les poissons ont été mangés par ce traître.*
sujet — verbe — complément d'agent

– Le sujet de la phrase active passe de la gauche à la droite du verbe. Il devient le **complément d'agent**. Il est alors **précédé d'une préposition** : ***par*** ou, plus rarement, ***de***.

– Le **COD** passe à la **gauche du verbe** dont il devient le **sujet**.

– Le **verbe** passe de la forme active à la **forme passive**. Il ne change pas de place.

2. Conjugaison du verbe passif

À la forme passive :
– le verbe est conjugué avec l'**auxiliaire *être*** au même mode et au même temps qu'à la forme active ;
– le **participe passé** du verbe **s'accorde** en genre et en nombre **avec le sujet**.

Temps de l'indicatif	Construction active	Construction passive
Présent	*Frédéric écrit son roman.*	*Son roman est écrit.*
Passé composé	*Il a écrit.*	*Il a été écrit.*
Futur	*Il écrira.*	*Il sera écrit.*
Passé simple	*Il écrivit.*	*Il fut écrit.*
Imparfait	*Il écrivait.*	*Il était écrit.*
Plus-que-parfait	*Il avait écrit.*	*Il avait été écrit.*

3. Emploi

- La transformation passive :

– ne s'effectue qu'avec les verbes qui ont un COD (**transitifs directs**) :
→ *Le héron a trompé* ***le crabe****. /* ***Le crabe*** *a été trompé par le héron.*

– s'emploie le plus souvent quand le sujet est humain :
→ ***Notre voisine*** *a été renversée par une voiture.*

- La phrase passive ne comporte pas toujours de complément d'agent. Dans ce cas, la forme active correspondante a pour sujet *on* :

→ ***La cantine*** *a été rénovée. /* ***On*** *a rénové la cantine.*

Ne confondez pas :

- Le **complément d'agent** et les **autres compléments** introduits par *par* :

→ *Je suis allé à Marseille* ***par le TGV****.* (complément de moyen)
Le crabe a été trouvé ***par le héron****.* (complément d'agent)

- Le **passé composé actif** des verbes conjugués avec l'auxiliaire *être* et la **construction passive** :

→ *Je* ***suis*** *très* ***fatiguée*** *par ce travail urgent.* (présent passif)
Mon ami ***est allé*** *au cinéma.* (passé composé actif)

Pour reconnaître le temps d'une forme passive, il suffit d'identifier le temps de l'auxiliaire *être*.

Pour l'expression écrite

La construction passive permet parfois de mieux enchaîner deux phrases :

Les habits neufs de l'Empereur

– Maintenant, dirent les tisserands, il est l'heure d'**habiller Votre Majesté** pour la cérémonie. Qu'on apporte ici une grande glace afin que Votre Majesté puisse se rendre compte de la façon dont lui vont ses vêtements.
L'Empereur fut déshabillé par ses gentilshommes, et les tisserands lui passèrent ses nouveaux habits.

Hans-Christian Andersen, *Contes*,
© Nathan, « Bibliothèque des grands classiques », 1988.

Retenons

1. Seules les **phrases actives ayant un COD** peuvent être **transformées au passif.**

2. Dans la **transformation passive, le COD** de la **phrase active devient** le **sujet** de la **phrase passive.**

3. Le **complément d'agent** représente **l'agent de l'action.** Il n'est **pas toujours exprimé.**

...XERCICES

Identifier

1 Quelles sont les phrases construites à la forme passive ?

1. Les voleurs sont entrés dans la maison par la fenêtre du salon. – **2.** En visitant le musée du Louvre, l'inspecteur a découvert par hasard la solution du mystère de la chambre verte. – **3.** La façade de la vieille demeure était couverte de lierre et de salpêtre. – **4.** Le premier coureur, en tête du peloton, a été rattrapé par ses poursuivants. – **5.** Les bisons ont été pourchassés par les Indiens sur plusieurs dizaines de kilomètres. – **6.** Le vieux chêne du jardin fut abattu par un coup de vent violent.

2 Dans les phrases suivantes, le verbe est-il au passé composé de la forme active ou au présent de la forme passive ?

1. Après avoir salué son frère, le cow-boy solitaire est reparti vers l'Ouest. – **2.** À soixante-seize ans, Mme Dubellay est encore admirée pour ses talents de danseuse. – **3.** Mike Bronson, braqueur de banques, est recherché par toutes les polices du Sud. – **4.** Bercée par la musique du ruisseau tout proche, la bergère s'est endormie à l'ombre d'un olivier. – **5.** Appelé à la dernière minute par l'entraîneur, l'attaquant de Marseille est venu aider son équipe en déroute. – **6.** Ma sœur est née la nuit dernière pendant que je dormais comme un loir. – **7.** *La Lettre à Élise* est souvent très mal jouée par les pianistes débutants.

3 Dans le texte suivant, recopiez les phrases passives et soulignez les compléments d'agent. Attention : les verbes à la forme passive n'ont pas tous un complément d'agent et l'auxiliaire *être* n'est pas toujours exprimé.

Sylvester Stallone

Il est né le 6 juillet 1946, à New York, dans une famille d'immigrants siciliens.

Adolescent, Sylvester était considéré par tous comme un enfant à problèmes : il fut expulsé de plusieurs écoles et aucun encouragement ne lui fut jamais adressé.

Pourtant, il était congratulé par tous les amateurs de sport et ses prouesses en escrime étaient mondialement connues.

En 1967, il s'inscrivit au cours d'art dramatique de Miami : une nouvelle carrière commençait.

Au départ, il n'avait décroché que de petits rôles. Insatisfait, il décida d'écrire *Rocky*. En 1976, ce film fut un immense succès. Ensuite, d'autres films furent tournés : *La Taverne de l'enfer* et *Rambo* en 1982. En 1986, il tourna *Cobra* et *Over the Top*.

De nombreux personnages furent créés par ce géant du cinéma américain : un petit boxeur inconnu révélé au monde entier, un soldat terrifiant trompé par les services secrets américains, un homme solitaire poursuivi par les policiers, un père tranquille séparé de son fils.

Aujourd'hui, Stallone est respecté par les plus grands critiques du cinéma. Dans les années futures, de nombreux films seront encore tournés par Stallone. Peut-être un jour sera-t-il récompensé par l'Oscar du meilleur acteur américain ?

Transformer

4 Repérez les phrases passives et mettez-les à la construction active.

Une star virtuelle

Lancé en 1996, *Tomb Raider* s'est rapidement imposé comme le jeu vidéo le plus populaire de la planète. Les aficionados de la sculpturale Lara Croft avaient été déçus par le 3e épisode de la saga, mais le 4e épisode devait combler les plus difficiles. À chaque nouveau jeu, la silhouette de la pulpeuse aventurière est légèrement modifiée par le dessinateur. Baroudeuse, mais néanmoins aristocrate, Lara est la fille de Lord Henshingly Croft et de Lady Angeline Lodge-Croft. Ses études supérieures se sont déroulées dans une école suisse huppée. Mais sa vie a été bouleversée par un accident d'avion dans les montagnes himalayennes. Elle abandonne alors la jet-set pour parcourir les ruines des civilisations disparues. Elle est alors déshéritée par ses parents indignés au profit de leur… yorkshire !

Cet Indiana Jones au féminin a été créé par le dessinateur Toby Guard. Elle est devenue une star de la publicité, et elle est maintenant habillée par les plus grands créateurs de mode.

D'après un article de la revue *Move*, n° 17, décembre 99-janvier 2000.

5 Mettez les phrases suivantes à la forme passive.

1. Les pompiers sauvent chaque année plusieurs personnes de la noyade. – **2.** Le roi a applaudi les troubadours pour leur spectacle magnifique. – **3.** Au cours du spectacle, les clowns ont interrompu les numéros à plusieurs reprises. – **4.** Chaque matin, les lutins nettoient la forêt de fond en comble. – **5.** Au détour d'un sentier, les chasseurs aperçurent des fées en pleine discussion. – **6.** Le voleur prit le sac rempli de billets de banque pendant la minute d'inattention du gardien. – **7.** Alexis a encore cassé ma console de jeux. – **8.** Deux inconnus ont remis un colis à la gardienne. – **9.** Les Dalton ont cambriolé la banque de Nothing Gulch.

6 Mettez les phrases suivantes à la forme passive.

1. L'équipe de hockey de Tours a été battue par Chamonix. – **2.** Ce tableau n'a pas été peint par Cézanne. – **3.** Le nouveau projet de loi sera présenté par le Premier ministre. – **4.** En raison de la manifestation, la circulation a été déviée par la police. – **5.** Les illuminations de Noël ont été décrochées par sécurité. – **6.** Cette photo a été prise par mon neveu le jour du mariage de grand-mère.

7 Mettez les phrases contenant des mots soulignés au passif, sans exprimer le complément d'agent.

Les fils de Bor s'en prirent alors au corps du vieil Ymir. Ils le noyèrent, déchirèrent, tailladèrent, pétrirent le monstrueux cadavre. Quand ils eurent terminé leur macabre besogne, ils avaient dressé le plan, véritable canevas de la terre, roulant les collines, nivelant les plaines, formant le lit des rivières, creusant les lacs et le fond des mers. Ils versèrent ensuite le sang d'Ymir dans tous les creux, si bien que la terre ferme fut entièrement entourée d'océans et parcourue de fleuves qui se jetaient dans la mer. Ils hachèrent ses os en menus morceaux pour en faire les rochers à pic des montagnes. Des orteils, des molaires et des éclats d'os, ils firent les petits cailloux du littoral. Ils utilisèrent les cheveux d'Ymir pour faire les arbres et les buissons. Du sol fait de sa chair surgit spontanément, tels des champignons, la race des nains. Les fils de Bor avaient ainsi créé la terre, les plages et la mer…

Les plus belles légendes des Vikings,
© Nathan, Eurobook Limited, 1978.

Écrire

8 Complétez les phrases suivantes par un complément d'agent de votre choix.

1. Mes enfants sont trop gâtés **…** – **2.** Le dernier film de Gérard Depardieu a été apprécié **…** – **3.** La nouvelle Ferrari sera pilotée **…** – **4.** Cette superbe exposition a été réalisée **…** – **5.** Cet affreux bibelot nous a été rapporté de voyage **…**

9 Imaginez la suite du texte suivant en employant trois constructions passives pour faciliter l'enchaînement des phrases.

Depuis quelques années, la Compagnie Troll produit des spectacles Jeune Public qui nous plongent dans un monde merveilleux de légendes et de lutins. *Justin et l'horloge*, spectacle créé en 1991 et représenté plus d'une centaine de fois, a été adapté dans une version discographique où le texte, interprété par deux comédiens, est accompagné de musiques et de bruitages. Autant d'éléments qui nous font croire à l'histoire, merveilleuse et inquiétante, du petit village de Bilzeim.

En cette veille de Noël, un événement dramatique s'est produit : les aiguilles de l'horloge ont disparu, elles ont été dérobées par le Church Grim, le démon des églises. Le temps s'est arrêté, la panique et la folie s'emparent des habitants. Le Grand Conseil des Sages du Petit Peuple confie à Justin, le lutin ramoneur, la périlleuse mission de sauver ce Noël et de faire le bonheur des enfants…

Compagnie Troll, *Régionales*, n° 18, été 1995,
(spectacle théatral).

AUTOÉVALUATION

À la fin de cette leçon, je sais :

- **transformer** une phrase active en phrase passive et l'inverse ;
- **identifier** les constructions passives ;
- **repérer** une construction passive sans complément d'agent ;
- **compléter** des phrases avec des compléments d'agent ;
- **distinguer** un présent passif d'un passé composé actif ;
- **utiliser** la construction passive pour favoriser l'enchaînement de deux phrases.

GRAMMAIRE

12. Les circonstances de l'action

OBSERVATION

Paysage de cauchemar

La petite fille décida de s'enfoncer davantage dans ce royaume féerique. Elle écarta les feuillages et marcha sur un tapis de fleurs immaculées, respirant avec extase des senteurs enivrantes. Peu à peu, cependant, l'espace se rétrécit autour d'elle et des branches griffues lacérèrent son visage et ses bras, déchirant ses vêtements, les mettant en lambeaux. Elle commença à s'inquiéter : l'obscurité tombait. Mille yeux clignotèrent alors dans la nuit. Les cris des rapaces nocturnes chassant les souris s'élevaient de part et d'autre.

La clameur des fauves retentit et la petite se mit à pleurer. À cet instant éclata un formidable orage. L'enfant fut trempée par la pluie ; les grands arbres tendaient leurs bras crochus vers elle pour l'étouffer. Elle ferma les yeux, leva les bras au ciel et perçut alors une immense détonation… La foudre s'était abattue sur un arbre gigantesque qui, sous le choc, s'était déraciné et effondré.

Kama Kamanda, *Les Contes du griot*, © Présence africaine, 1999.

Questions

1. Lisez le texte en supprimant les groupes de mots en vert. Est-ce toujours possible ?

2. Déplacez les groupes de mots en vert dans les phrases. Lesquels peuvent être déplacés ? Lesquels ne le peuvent pas ?

3. Quelles informations donne chacun des groupes de mots en vert ?

LEÇON

1. Définitions

- Certains **compléments** précisent les **circonstances dans lesquelles se déroule un fait, une action.**
- Ces circonstances sont principalement le **temps**, le **lieu**, la **manière**, le **moyen**, le **but**, la **cause.**

→ *La petite fille s'enfonça davantage* ***dans la forêt****.* (lieu)
À cet instant *éclata un formidable orage.* (temps)
Elle respirait ***avec extase*** *des senteurs enivrantes.* (manière)
Ils tendaient leurs bras crochus vers elle ***pour l'étouffer****.* (but)
L'arbre, ***sous le choc****, s'était déraciné et effondré.* (cause)

2. Comment identifier les circonstances ?

On identifie les circonstances en posant les questions suivantes :

– le temps : **quand ?**
– le lieu : **où ?**
– la manière : **comment ?**
– le but : **dans quel but / quelle intention ?**
– la cause : **pourquoi ?**
– le moyen : **comment ? par quel moyen ?**

3. Fonctions

Les circonstances d'une action ou d'un fait sont exprimées par des **compléments essentiels ou circonstanciels.**

Le complément essentiel

- Il est lié au verbe. On ne peut ni le supprimer ni le déplacer sans changer le sens de la phrase. C'est un **complément de verbe.**

→ *Elle marcha* ***sur un tapis de fleurs immaculées****.*
La foudre s'était abattue ***sur un arbre gigantesque****.*

- Le complément essentiel peut être :

– un **groupe nominal** avec ou sans préposition :

→ *Un animal nocturne sort* ***la nuit*** *et dort* ***le jour****.*
Ils vont ***à la piscine****.*

– les **pronoms *y* et *en*** :

→ *J'****en*** *viens et j'****y*** *retourne.* (compléments de lieu)

– un **adverbe** :

→ *Je travaille* ***encore****.*

- Les compléments de lieu employés **après des verbes de déplacement** sont essentiels : ils ne peuvent être ni déplacés ni supprimés.

→ *Ils montèrent* ***sur la colline****.*

Le complément circonstanciel

- Le complément circonstanciel complète l'ensemble de la phrase : c'est un **complément de phrase**.

– On peut le déplacer, car il n'est **pas lié au verbe** :

→ *Un arbre gigantesque, **sous le choc**, s'était déraciné et effondré.*
*Un arbre gigantesque s'était déraciné et effondré **sous le choc**.*

– On peut l'effacer, car il n'est **pas indispensable à la phrase** :

→ *Un arbre gigantesque s'était déraciné et effondré.*

- Le complément circonstanciel peut être :

– un **groupe nominal** avec ou sans préposition :

→ ***La nuit**, je travaille à mon bureau.* (complément circonstanciel de temps, introduit sans préposition)
***Dans ce royaume féerique**, les arbres parlent.* (complément circonstanciel de lieu, introduit par la préposition *dans*)

– un **adverbe** :

→ ***Hier**, j'ai consulté le site Internet de la Maison Blanche.* (complément circonstanciel de temps)

– une **proposition subordonnée** :

→ ***Quand j'aurai fini mon travail**, je t'emmènerai au cinéma.* (complément circonstanciel de temps)

4. Rôle des compléments

Dans un récit, les circonstances peuvent être exprimées par des compléments **essentiels** ou **circonstanciels**.

- Les **compléments de temps**

– datent les faits :

→ *Le 1er janvier 2000.*

– situent les faits les uns par rapport aux autres :

→ *Le matin… À midi… L'après-midi… Le soir… Le lendemain…*

– indiquent la durée, la fréquence :

→ *Pendant trois jours… Tous les jours…*

- Les **compléments de lieu** indiquent :

– le lieu où l'on est :

→ *Dans les rues… Sur le bateau…*

– le lieu d'origine :

→ *Ils viennent **de toute la ville.***

– la direction :

→ *Ils allèrent **jusqu'à la Seine**.*

– le lieu par où l'on passe :

➜ *Ils marchèrent* ***par les champs et par les prés.***

- Les **compléments de cause**

– indiquent ce qui provoque une action :

➜ *J'ai aidé mon frère en maths* ***parce qu'il ne comprend rien.***

– donnent une explication :

➜ ***En raison des travaux à la cantine****, l'emploi du temps avait été modifié.*

- Les **compléments de manière** indiquent une certaine façon d'accomplir une action :

➜ *Il lui parla* ***avec rudesse.***

- Les **compléments de but** indiquent l'intention dans laquelle est accomplie une action :

➜ *Les arbres tendaient leurs bras crochus* ***pour l'étouffer.***

Pour l'expression écrite

- La position du complément circonstanciel en tête de phrase s'explique souvent par le besoin d'**enchaîner** la phrase à la phrase précédente :

➜ *Maigret souleva le couvercle, retira d'abord un complet gris sombre, moins usé que celui du mort.* ***Sous le complet****, il y avait deux chemises sales.*

Georges Simenon, *Le Pendu de Saint-Pholien.*

- On peut placer plusieurs compléments circonstanciels en tête de phrase, **pour ménager une progression** du plus vague au plus précis :

➜ *Tout à coup,* ***là-bas, derrière le château, sur la route,*** *elle entendit marcher dans la nuit.*

Guy de Maupassant.

Retenons

1. Les **principales circonstances** d'une action sont **le temps, le lieu, la manière, le moyen, le but, la cause.**

2. Les circonstances d'une action ou d'un fait sont exprimées par des **compléments essentiels ou circonstanciels.**

3. Le complément **essentiel** ne peut être **ni déplacé ni supprimé, sans changer le sens de la phrase.** C'est un **complément de verbe.**

4. Le complément **circonstanciel** du verbe est **mobile** dans la phrase et il **peut être supprimé.** C'est un **complément de phrase.**

EXERCICES

Identifier

1 Dites combien de groupes compléments sont contenus dans chaque phrase et si ces compléments sont essentiels ou non.

1. Depuis trois mois, Nora va à la piscine le mardi soir. – **2.** Pour épater les filles de sa classe, Christophe est arrivé en rollers au collège. – **3.** Le 3 juillet 1752, au château de Versailles, le chevalier de Maupuis fut nommé espion personnel du roi. – **4.** À Paris, Guillaume a reçu par le train, aujourd'hui, vers midi, un colis bien mystérieux. – **5.** Pauline a été obligée de plonger dans la Loire pour sauver son amie Béatrice. – **6.** Souvent les acteurs de cinéma portent des lunettes de soleil sur les plateaux de tournage pour se protéger de la lumière des projecteurs. – **7.** Le charlatan a vendu trois fioles de son élixir pendant la matinée.

2 Dans le texte suivant, dites si on peut déplacer ou supprimer les compléments de lieu soulignés. Pourquoi ?

Les jardins du château

En arrivant <u>à Chenonceaux</u>, une allée de platanes bordée de fossés conduit au château. <u>Dans le parc</u> apparaissent les quatre statues d'Hercule, Pallas, Apollon et Cybèle, placées par Catherine de Médicis entre les baies transformées de la façade et démontées lors des restaurations du XIXe siècle.
<u>Au débouché de l'allée</u>, des sphinx marquent l'entrée des jardins et de l'avant-cour.
<u>À gauche</u>, c'est le jardin de Diane, accompagné de terrasses, et <u>à droite</u>, le jardin vert avec le bâtiment des Dômes.

Roger-Armand Weigert, *Chenonceaux*, Vincent Fréal et Cie.

3 Pour chaque complément souligné, indiquez la circonstance exprimée (temps, lieu, cause...).

Le temps <u>aujourd'hui</u> avec Météo France.

Les hautes pressions persistent <u>près de l'Atlantique</u> et assurent des conditions anticycloniques <u>sur le pays</u>. <u>Au sud</u>, les températures seront en hausse. <u>Le matin</u>, les nappes de brouillard seront fréquentes et localement denses <u>des Flandres à l'Alsace-Lorraine</u>, <u>en passant par l'Aisne, le nord-est de l'Île-de-France et la Champagne-Ardenne</u>. Elles se dissiperont <u>en cours de journée</u>. <u>L'après-midi</u>, le vent d'est soufflera jusqu'à 90 km/h <u>le long des côtes varoises</u>, et l'autan[1] <u>sur le Languedoc-Roussillon</u>. <u>Sur les autres régions</u>, aucun phénomène dangereux n'est prévu. Les températures, en hausse, seront légèrement supérieures aux normales saisonnières.

Info Matin, 10-11 novembre 95.

1. **Autan :** nom que l'on donne dans le midi de la France au vent orageux qui souffle du sud ou du sud-est.

4 Repérez les compléments de temps ; distinguez les compléments essentiels et les compléments circonstanciels.

1. Ivan n'est rentré qu'hier de Moscou. – **2.** Pour diminuer la pollution, les voitures devraient être électriques à l'avenir. – **3.** Maintenant tu vas rester assis sans bouger ! – **4.** Pendant que les troubadours répétaient leur spectacle, les écuyers nettoyaient les chevaux. – **5.** À midi pile, les ventres gargouillent à l'appel de M. l'Appétit. – **6.** Avant qu'il ne devienne une grande vedette de cinéma, Harrison Ford était charpentier.

5 Même exercice avec les compléments de lieu des phrases suivantes.

1. « Plus personne n'habite ici depuis dix ans, Monsieur l'inspecteur. » – **2.** Le vieux comédien trouva un chapeau troué pour son costume de clochard dans la malle aux accessoires. – **3.** Je suis pourtant bien sûr d'avoir posé mes clefs sur la table de la cuisine ! – **4.** Sous un tas de vieux vêtements, au grenier, se cachait toute une famille de mulots. – **5.** Ma grand-mère m'a appelé de Toulouse pour mon anniversaire. – **6.** En Australie, les kangourous sont habitués aux humains et vivent près des villes.

6 Identifiez les circonstances exprimées par les groupes soulignés.

Alice, assise <u>sur le talus</u> <u>à côté de sa sœur</u>, commençait à se sentir fatiguée de ne rien faire. <u>Une</u>

fois ou deux, elle avait jeté un coup d'œil sur le livre de sa sœur, mais il n'y avait pas d'images, pas de dialogues, et « à quoi bon un livre sans images ni dialogues », pensait Alice.
Elle était en train de se demander (dans un demi-songe, car elle se sentait tout engourdie par la chaleur de cet après-midi d'été) si le plaisir de tresser une guirlande de pâquerettes valait la peine de se lever pour les cueillir, quand, tout à coup, un lapin blanc aux yeux rouges passa près d'elle en courant.

Lewis Carroll, *Alice au pays des merveilles*, © Hachette, « Livre de poche jeunesse », 1980.

Transformer

7 Transformez la proposition subordonnée soulignée en une autre construction de même sens : groupe nominal, groupe à l'infinitif, « *en* » suivi d'un participe présent.

1. Avant qu'il ne pleuve et qu'il ne tonne, le berger rentra ses bêtes dans la grange. – **2.** Les louveteaux se serrent les uns contre les autres au fond de leur tanière, parce qu'il fait très froid. – **3.** Après qu'il a vendu sa maison, le père Maurice est parti faire le tour du monde en bateau. – **4.** Les compagnons du prince marchaient à pas feutrés, afin que les brigands soient surpris. – **5.** Pendant qu'il jouait contre Pete Sampras, André Agassi a appris la naissance de son fils. – **6.** Comme il cherchait des champignons, l'enchanteur rencontra les lutins de la mare voisine.

8 Transformez l'élément souligné en proposition subordonnée de même sens.

1. Le seigneur de Miratour a été détroussé par des voleurs pendant sa sieste. – **2.** En cas de malaise en voiture, demandez des cachets spéciaux à votre pharmacien. – **3.** David, qui a peur des dragons, regarde toujours sous son lit au moment de se coucher. – **4.** Effrayé par les vagues hautes, le plongeur a préféré poursuivre sa traversée cinq mètres sous la surface. – **5.** Pédalant tête baissée, le coureur cycliste a manqué son virage. – **6.** Intrigué par des bruits étranges en sous-sol, Vincent est descendu dans les caves du château.

9 Reconstituez le texte suivant, présenté en désordre, en vous servant des compléments de temps.

L'ami des loups

a. Ensuite, à la nuit noire, il revenait vers sa cabane ; et bien souvent il avait rencontré dans les sentiers étroits quelque troupeau de loups.
b. Pendant la journée, alors que les fourneaux à charbon fumaient, sa hache s'entendait à travers la sapinière,
c. En leur parlant et en leur donnant quelque chose pour les apprivoiser, il était devenu l'ami des loups.
d. et le soir, avant de rentrer pour dormir, il s'en allait placer des collets pour attraper un peu de gibier : lièvres, lapins, grives, coqs de bruyère…
e. Il y a peut-être quatre ou cinq cents ans, il y avait à Lalibert un charbonnier qui s'était construit une cabane dans la forêt et il y vivait tout le long de l'année.

Adelin Moulis, in *Le grand méchant loup, j'adore*, © Hachette Livre, « Le Livre de Poche Jeunesse », 1983.

Écrire

10 a. Relevez les circonstances dans le texte suivant.

Perdu en vol

Un homme de 70 ans, qui avait refusé de retirer sa jambe artificielle lors d'un baptême en saut de parachute, a perdu sa prothèse à 1 500 m d'altitude. L'apprenti para va bien. Sa prothèse, quant à elle, n'a pas été retrouvée.

b. À votre tour, rédigez un fait divers amusant qui développerait un des titres suivants :

Vol de bijoux au casino – Une voiturette dans la pharmacie – Le livreur de pizzas aimait trop la choucroute.

AUTOÉVALUATION

À la fin de cette leçon, je sais :

- **distinguer** complément essentiel et complément circonstanciel par déplacement ou suppression ;
- **distinguer** les circonstances de temps, de lieu, de manière, de cause, de but, de moyen ;
- **compléter** des phrases au moyen de compléments circonstanciels donnés ;
- **améliorer** un texte en ajoutant des compléments circonstanciels ;
- **organiser** un texte à partir des circonstances de temps ou de lieu.

ORTHOGRAPHE
L'accord du verbe avec le sujet

LEÇON

Le sujet commande toujours l'accord du verbe.

Mode d'emploi

Le verbe **s'accorde** avec le sujet :
– en **personne** (1re, 2e ou 3e)
– et en **nombre** (singulier ou pluriel).

→ ***Les enfants** march**ent**. **Elle** cour**t**.*

Quelques particularités

1. La place du sujet

● **Généralement**, le sujet est placé **à gauche du verbe**.
Lorsqu'il est **à droite** du verbe, on l'appelle **sujet inversé**. C'est le cas, par exemple, dans les phrases interrogatives :

→ *Pourquoi cour**s**-**tu** si vite ?*

● **Des mots ou des groupes de mots sont parfois placés entre le sujet et le verbe.** Cela ne change rien à l'accord du verbe avec son sujet.

→ ***Je** les voi**s**.*

*Les **coureurs**, essoufflés, franchiss**ent** la ligne d'arrivée.*

2. La nature du sujet

● Lorsque le sujet est un **groupe nominal**, l'accord se fait avec **le nom qui en est le noyau** :

→ *Les **championnats** de gymnastique se déroul**ent** aujourd'hui.*

● Lorsque le sujet est le **pronom relatif *qui***, l'accord du verbe se fait avec le **noyau du groupe nominal repris (l'antécédent)** :

→ ***Les élèves** [**qui** assist**ent** au match] soutiennent leurs camarades.*

● Lorsque le sujet est ***aucun, nul, rien, personne, chaque* suivi d'un nom, *chacun***, le verbe est au singulier :

→ ***Chaque élève** li**t** un roman écrit à la première personne.*

● Lorsque le sujet est ***plusieurs, quelques* suivis d'un nom, *quelques-uns, tous les, la plupart, peu de***, le verbe est au pluriel :

→ ***Peu d'élèves** arriv**ent** en retard.*

3. Le nombre de sujets

Lorsqu'un verbe a **plusieurs sujets**, il s'accorde au **pluriel** :

→ ***Théo, Matthieu et David** form**ent** une bonne équipe.*

EXERCICES

1 Trouvez les sujets des verbes soulignés et justifiez votre choix.

Ainsi, autour du *Nautilus*, au-dessus, au-dessous, un impénétrable mur de glace. (Nous/Ils) étions prisonniers de la banquise ! (Les Canadiens/Le Canadien) avait frappé une table de son formidable poing. (Conseil/Conseil et moi) se taisait. (Il/Je) regardai le capitaine. (Sa figure/Ses yeux) avait repris son impassibilité habituelle. Il s'était croisé les bras. (Tous/Il) réfléchissait. Le *Nautilus* ne bougeait plus.
(Il/Ils) était inutile de s'attaquer à la surface plafonnante, puisque c'était (les glaces/la banquise) qui mesurait plus de quatre cents mètres de hauteur. Le capitaine Nemo fit alors sonder la surface inférieure. Là, (dix mètres/un mètre) de paroi nous séparaient de l'eau.

Jules Verne, *Vingt Mille Lieues sous les mers.*

2 Replacez les sujets suivants en vous aidant des terminaisons des verbes.
j' - Des tuiles - Cela - tout le moulin - je - les pins serrés dont la colline est couverte - Le mistral - On - les éclats de sa grande voix.

Cette nuit **(1)** n'ai pas pu dormir. **(2)** était en colère, et **(3)** m'ont tenu éveillé jusqu'au matin. Balançant lourdement ses ailes mutilées qui sifflaient à la bise comme les agrès d'un navire, **(4)** craquait. **(5)** s'envolaient de sa toiture en déroute. Au loin, **(6)** s'agitaient et bruissaient dans l'ombre **(7)** se serait cru en pleine mer...
(8) m'a rappelé tout à fait mes belles insomnies d'il y a trois ans, quand **(9)** habitais le phare des Sanguinaires, là-bas, sur la côte corse, à l'entrée du golfe d'Ajaccio.

Alphonse Daudet, *Les Lettres de mon moulin.*

3 Accordez les verbes entre parenthèses avec leurs sujets en employant le présent de l'indicatif.

1. Ce n'est pas toi qui (aller) dire le contraire. – **2.** Les tableaux du musée de Rouen me (plaire) beaucoup. – **3.** Chacun (pouvoir) prendre des photographies et la plupart le (faire). – **4.** Les automobilistes conscients du brouillard qui s'est levé (ralentir). – **5.** Peu de livres l'(intéresser). – **6.** L'un et l'autre (regarder) la même direction. – **7.** Les coureurs du Paris-Dakar traversent des villages que n'(indiquer) aucune carte routière. – **8.** Il existe des cliniques pour les chevaux qui (se blesser). – **9.** Personne ne (comprendre) mais tous (rester) muets. – **10.** Je regardais cette petite maison qu'(ombrager) des marronniers.

4 Même exercice.

Il y (avoir) une cabane pas très loin de la mienne et une bande de hors-la-loi y (vivre). Je leur (cuisiner) des tas de choses. Ils me (payer) bien pour tout. Ce qu'ils (faire) ne me regarde pas. Je ne les (déranger) pas du tout. Laisser tranquilles les chiens qui (dormir), c'(être) ma devise. Certains (dire) que ce (être) des voleurs de chevaux. Si c'(être) vrai, je ne (prendre) pas le risque de fouiner. Je leur (cuire) 2 douzaines de pains cette semaine, 8 gâteaux, 15 tartes. Ils me (payer) 50 *cents*[1] la tarte, 20 *cents* le pain, et 1 dollar le gâteau. Je (aller) t'écrire mes recettes.

Calamity Jane, *Lettres à ma fille*, trad. de M. Sully,

1. *Cent* : pièce de monnaie valant le centième du dollar américain.

5 Accordez les verbes avec leurs sujets en les mettant au temps indiqué en italique.

Il (embrasser – *passé simple*) le compartiment d'un regard fébrile, (poser – *passé simple*) ses yeux sur la jeune femme que je (essayer – *plus-que-parfait*) d'aborder. Une similitude de goût qui ne m'(étonner – *passé simple*) guère. Il (sourire – *passé simple*). De ce furtif sourire crispé que je lui (connaître – *imparfait*) bien et qui (révéler – *imparfait*) cependant la noblesse de son visage.
Il (s'asseoir – *passé simple*) à côté d'elle. Les sièges, au centre de la voiture, (être disposé – *imparfait*) de telle sorte que je ne (voir – *imparfait*) de lui que son bras gauche, sa main notamment : large, massive, l'auriculaire orné d'une chevalière. La jeune femme, elle, (se trouver – *imparfait*) dans mon champ de vision et me (faire – *imparfait*) face.

Sarah Cohen-Scali, *L'Inconnue de la Seine*,

ORTHOGRAPHE
Le passé composé

LEÇON

Le passé composé d'un verbe se forme avec :
- l'auxiliaire *être* ou *avoir* conjugué au présent de l'indicatif
- le participe passé du verbe.

Courir		
Pronom	**Auxiliaire**	**Participe passé**
j'	ai	couru
tu	as	couru
il/elle/on	a	couru
nous	avons	couru
vous	avez	couru
ils/elles	ont	couru

Tomber		
Pronom	**Auxiliaire**	**Participe passé**
je	suis	tombé(e)
tu	es	tombé(e)
il/elle/on	est	tombé(e)
nous	sommes	tombé(e)s
vous	êtes	tombé(e)s
ils/elles	sont	tombé(e)s

▶ Mode d'emploi

Les auxiliaires

- La majorité des verbes se conjuguent avec l'auxiliaire ***avoir***.
- Les verbes les plus courants qui se conjuguent avec l'auxiliaire ***être*** sont : *aller, venir, arriver, partir, sortir, rester, tomber, naître* et *mourir*.

Les terminaisons des participes passés

– Verbes du premier groupe, **-é** :

→ *penser / pens**é***

– Verbes du deuxième groupe, **-i** :

→ *finir / fin**i***

–Verbes du troisième groupe, **-i, -u, -s, -t** :

→ *sortir / sort**i** – boire / b**u***
*prendre / pri**s** – peindre / pein**t***

- Lorsque vous hésitez sur la terminaison d'un participe passé, mettez-le au féminin.

→ *assis**e*** donc *assis*
*fini**e*** donc *fini*

- Apprenez à conjuguer les auxiliaires *être* et *avoir* (voir tableaux de conjugaison, p. 208 à 211).

EXERCICES

1 Relevez les verbes conjugués au passé composé et donnez leur infinitif.

Un dimanche après la messe, j'avais douze ans, avec mon père, j'ai monté le grand escalier de la mairie. On a cherché la porte de la bibliothèque municipale. Jamais nous n'y étions allés. Je m'en faisais une fête. On n'entendait aucun bruit derrière la porte. Mon père l'a poussée toutefois. C'était silencieux, plus encore qu'à l'église, le parquet craquait et surtout cette odeur étrange, vieille. Deux hommes nous regardaient venir depuis un comptoir très haut, barrant l'accès aux rayons. Mon père m'a laissé demander : « On voudrait emprunter des livres. » L'un des hommes aussitôt : « Qu'est-ce que vous voulez comme livres ? » À la maison, on n'avait pas pensé qu'il fallait savoir d'avance ce qu'on voulait, être capable de citer des titres aussi facilement que des marques de biscuits. On a choisi à notre place, *Colomba* pour moi, un roman léger de Maupassant pour mon père. Nous ne sommes pas retournés à la bibliothèque. C'est ma mère qui a dû rendre les livres en retard.

Annie Ernaux, *La Place*, © Gallimard, Folio, 1993.

2 Mettez les verbes entre parenthèses au passé composé.
Attention : le narrateur est *un* adolescent.

C'(arriver). Je l'(revoir). Ou plutôt, c'est elle qui m'(apercevoir).

Je me trouvais sur un banc, en train de rédiger mon journal. Et puis tout à coup, j'(ressentir) une présence. [...]

Nos regards se sont croisés. J'(comprendre) qu'elle m'avait reconnu, enfin reconnu l'élève du lycée.

Je ne sais plus qui (dire) bonjour à l'autre le premier. J'(croire) qu'elle n'allait pas s'arrêter. Pourtant, le miracle (se produire) : elle (ralentir), m'(sourire) et m'(dire) :

« Tu sais, j'(aimer) bien ton exposé sur Schubert. »

Christian Grenier, *Le Pianiste sans visage*, © Rageot, « Cascade Pluriel », 1995.

3 Mettez au passé composé les verbes conjugués au passé simple dans le texte suivant. Vous commencerez par : « Grand-père a déclaré ... ».

Grand-père déclara un soir, au dîner, que mon éducation ne serait jamais complète si je ne jouais pas d'un instrument de musique. Le lendemain, il rentra à la maison avec un superbe violon. Il fit venir un professeur particulier et assista à tous les cours. J'avais beau y mettre tout mon cœur, j'étais incapable de sortir le moindre son harmonieu[x de] cet instrument. Lorsque mon professeur lui ex[pli]qua qu'il valait mieux abandonner parce que je n'avais aucun talent, il le congédia en hurlant qu'il ne connaissait rien à la virtuosité.

Opiniâtre, il vendit le violon et le remplaça par un piano. J'eus droit à un autre prof de musique qui, patiemment, passa des heures à tenter de m'apprendre la différence entre un *do* et un *la*. Au bout de quelques mois, Grand-père dut se rendre à l'évidence. Sa petite-fille ne serait jamais une grande pianiste.

Yack Hassan, *Un grand-père tombé du ciel*, © Casterman, « Dix & Plus », 1997.

4 Récrivez ce texte en commençant par : « Un coup violent frappé à sa porte l'a éveillé ... ». Attention : certains verbes restent à l'imparfait.

Un coup violent frappé à sa porte l'éveilla, et Honorine introduisit un monsieur très grave que suivaient deux agents de la sûreté. Un peu derrière eux se dissimulait le médecin de la Préfecture. Le monsieur grave se fit reconnaître pour le commissaire de police et invita courtoisement Héraclius à le suivre ; celui-ci obéit fort ému. Une voiture attendait à la porte, on le fit monter dedans. Puis, assis à côté du commissaire, ayant en face de lui le médecin et un agent, l'autre s'étant placé sur le siège près du cocher, Héraclius vit qu'on suivait la rue des Juifs, la place de l'Hôtel-de-Ville, le boulevard de la Pucelle et qu'on s'arrêtait enfin devant un grand bâtiment d'aspect sombre sur la porte duquel étaient écrits ces mots : « Asile des Aliénés ». Il eut soudain la révélation du piège terrible où il était tombé ; il comprit l'effroyable habileté de ses ennemis et, réunissant toutes ses forces, il essaya de se précipiter dans la rue.

Guy de Maupassant, *Le Docteur Heraclius Gloss*.

5 Récrivez l'extrait suivant en commençant par : « Sa maman lui a dit ... »

Maman m'a dit de ramasser mes crayons de couleur, parce que j'allais être en retard pour l'école. Alors, moi je me suis dépêché de remettre les crayons dans la boîte et j'ai demandé à Maman si je pouvais les emmener à l'école. Maman m'a dit que oui, et elle m'a dit de faire attention et de ne pas avoir d'histoires avec mes crayons de couleur. J'ai promis, j'ai mis ma boîte dans mon cartable et je suis parti. Je ne comprends pas Maman et Papa ; chaque fois que je reçois un cadeau, ils sont sûrs que je vais faire des bêtises.

Sempé-Goscinny, *Le Petit Nicolas et les copains*, © Denoël, 1994.

ORTHOGRAPHE
L'accord du participe passé

LEÇON

Le participe passé peut s'employer seul ou avec les auxiliaires *être* ou *avoir*.

Participe passé employé :	Accord	Exemples
seul	avec le nom ou le pronom auquel il se rapporte	***Les endives cuites***. (fém. plur.) ***Désorientés***, *ils demandent leur chemin.* (masc. plur.)
avec l'auxiliaire *être*	avec le sujet du verbe	***Elles sont allées*** *au cinéma.* (fém. plur).
avec l'auxiliaire *avoir*	– pas d'accord (pas de COD, ou COD placé après le verbe) – avec le COD lorsqu'il est placé avant le verbe	*Les enfants ont joué.* *Ils ont disputé une partie de football.* *Ils* ***l'ont perdue****.* (accord avec ***l'***, mis pour *partie*, COD placé avant le verbe)

▶ Mode d'emploi

Employé seul

Le participe passé **s'accorde comme un adjectif qualificatif.**
Il faut donc chercher le nom ou le pronom auquel il se rapporte.

Avec l'auxiliaire *être*

- Le participe passé **s'accorde toujours** avec le sujet.
Dès que vous voyez l'auxiliaire *être*, cherchez le sujet du verbe.

- **Attention à l'accord avec le pronom personnel *vous*.**
– Si le pronom personnel ***vous*** **représente une seule personne,** le **participe passé** s'accorde au **singulier**. C'est le *vous* de politesse :

→ ***Sophie***, ***vous*** *êtes priée de vous taire !*

– Si le pronom personnel ***vous*** **représente un groupe de personnes,** le **participe passé** s'accorde au **pluriel** :

→ ***Les élèves*** *de 6ᵉA,* ***vous*** *êtes priés de vous taire !*

- **Attention aux temps composés de la forme passive.**
Au passif, les verbes se conjuguent tous avec l'auxiliaire *être* :

→ *L'herbe* ***a été piétinée*** *par les passants.*

L'auxiliaire employé est l'auxiliaire *être* au passé composé. L'accord du participe passé se fait donc avec le sujet du verbe, *l'herbe*.

Avec l'auxiliaire *avoir*

- Le participe passé **ne s'accorde jamais avec le sujet.**

- Le plus souvent, le COD est placé après le verbe ou le verbe de COD. Le participe passé **ne s'accorde pas.**
- Le participe passé employé avec l'auxiliaire *avoir* s'accorde :
– avec les pronoms personnels compléments ***le, la, l', les***, s'ils sont placés **avant le verbe**, car ces **pronoms sont COD** :
→ *J'adore cette **émission**. Je **l'**ai enregistrée.*
– dans une proposition relative introduite par ***que*, pronom relatif,** car *que* est **COD**. L'accord se fait avec **l'antécédent de *que*** :
→ *J'ai regardé l'**émission** [**que** j'avais enregistrée].*

EXERCICES

1 Relevez les participes passés dans le texte suivant. Justifiez les accords. Attention : certains d'entre eux ne sont pas exacts !

Momo n'a pas bien compris. Puis Vincent s'est redressé sur ses jambes fines et il a donné le signal du départ. À part lui, personne ne savait rien du plan, alors nous l'avons suivi comme des soldats disciplinés. Nous avons contourné le bâtiment de la bibliothèque pour arriver du côté d'une petite fenêtre entrouverte.
– C'est la fenêtre des cabinets. Je l'ai ouvert c't' aprème ! a fait Vincent.
Alors là j'ai corrigé.
– Je l'ai OUVER... TE !... quand le COD est placé avant le participe passé, on accorde. Quand le COD est placé après, on n'accorde pas. C'est moi qui l'ai ouvert... Ouvert quoi ? La fenêtre ! Elle est placée devant le participe...
– Elle est placée là, en face de tes yeux ! a dit Vincent, agacé.

Azouz Begag, *Les Voleurs d'écriture*, © Le Seuil, 1990.

2 Trouvez les participes passés des verbes entre parenthèses et faites les accords nécessaires.

Dans le ciel, un gros bloc de glace sale (suspendre) à un hélicoptère. Deux longues défenses qui en sortent et quelques touffes de poils gris et brun-roux. En quelques jours, la petite ville de Khatanga, (situer) sur la presqu'île de Taïmir au nord de la Sibérie, est (devenir) célèbre grâce à « Jarkov », un mammouth de quatre tonnes. Le vieux mâle, âgé de vingt mille ans, trône désormais sur le sol (geler) de la ville dans l'attente d'un abri souterrain encore à creuser. Tout autour, la foule des scientifiques russes, hollandais, français et américains qui l'a (mettre) au jour. [...]
À plusieurs reprises, des squelettes complets de cet animal ont été (découvrir) ainsi que des corps entiers assez bien (conserver). Mais trop souvent, les animaux, (préserver) pendant des millénaires par le permafrost, ce sol perpétuellement (geler) du Grand Nord sibérien, ont été (abîmer) par l'alternance gel-dégel des saisons et par les pratiques (muscler) – à la lance à incendie – de ceux qui les ont (dégager) de leur gangue de glace.

Christiane Galus, *Le Monde*, 22 octobre 1999.

3 Remettez les participes passés suivants aux endroits qui conviennent et faites les accords nécessaires : *maquillé – coiffé – intéressé – cessé – vêtu – fasciné – laissé – restauré – vu.*

OHYA (Masuko). Milliardaire japonaise qui, depuis la mort de son mari, n'a **(1)** d'accroître l'immense fortune qu'il lui a **(2)**. On l'a **(3)** très souvent à la télévision, toujours **(4)** d'extravagantes tenues roses et **(5)** d'un de ses 888 chapeaux – également tous roses. [...]
Très **(6)** par le golf, la danse classique, propriétaire de plusieurs châteaux historiques en France, bâtisseuse d'hôpitaux (payants) au Japon, cette femme possède, à plus de soixante-dix ans, une très étonnante vitalité. Son visage, toujours très soigneusement **(7)** même quand elle dort, a été chirurgicalement **(8)** de nombreuses fois. [...] Cette femme est avant tout **(9)** par l'image d'elle-même. Elle se fait perpétuellement accompagner par des photographes et des cameramen qui doivent enregistrer tous les instants de sa vie.

Guy Bechtel et Jean-Claude Carrière, *Le Livre des Bizarres*, © Robert Laffont, 1991.

EXPRESSION ORALE

Dire qu'on aime ou qu'on n'aime pas

OBSERVATION

Questions

1. Quels mots expriment le contentement ? le mécontentement ?

2. Trouvez une expression équivalente de : *je ne peux pas voir – n'est pas si mal – me passionnent.*

3. Trouvez un mot de sens contraire de :
– *affreux* ;
– *intéressant* ;
– *délice.*

LEÇON

Dire que l'on aime ou que l'on n'aime pas, c'est s'exprimer :
– avec un **vocabulaire adapté** : on n'emploie pas les mêmes mots pour apprécier ou non une situation, un objet, ou une personne ;
– dans un **registre de langue** adapté au **récepteur**.

UNE SITUATION, UN ÉVÉNEMENT, UN FAIT	
J'aime	**Je n'aime pas**
Bravo ! Je suis content(e). – Je suis heureux(se). – Je suis enchanté(e). – Je suis ravi(e). –Je suis satisfait(e). – Je suis fou (folle) de joie. Ça me plaît. – C'est très bien. – C'est parfait. – C'est formidable. – C'est épatant. – C'est extraordinaire. – C'est fantastique. – C'est stupéfiant. – C'est remarquable. – C'est fabuleux. – *(familier)* Chouette ! Super ! Génial !	Je suis agacé(e). – Je suis ennuyé(e). – Je suis fâché(e). – Je suis en colère. – Je suis furieux(se). – Je suis furibond(e). – Je ne suis pas content(e) du tout. – Je ne peux pas voir ça. – *(familier)* Je suis furibard(e). Ça m'ennuie. – Ça m'agace. – Ça m'énerve. *(familier)* Ça me casse les pieds.
UN OBJET	
J'aime	**Je n'aime pas**
• **Un film, un livre, un spectacle** J'ai beaucoup aimé. –J'ai trouvé ça agréable, intéressant, beau, extraordinaire. Ça m'a beaucoup plu. C'est magnifique, formidable, superbe. – *(familier)* Je suis fou (folle), fana, dingue de… • **La nourriture** Ça me plaît. – C'est délicieux, très bon, succulent.	• **Un film, un livre, un spectacle** Je n'ai pas aimé. – Je n'ai pas trouvé ça agréable, intéressant. – J'ai trouvé ça (assez) ennuyeux. Ça ne m'a pas (tellement) plu. – Ce n'était pas extraordinaire. – Ça me déplaît. – *(familier)* Je n'ai pas trouvé ça terrible. – J'ai trouvé ça plutôt moche, nul, sans intérêt. – C'était rasoir, barbant, casse-pieds. • **La nourriture** Je déteste. – Ce n'est pas très bon. — C'est mauvais, dégoûtant.
UNE PERSONNE	
J'aime	**Je n'aime pas**
Je l'aime bien, je l'adore. – *(familier)* Je suis fou (folle) de… Il (Elle) me plaît énormément. – Il (Elle) est très bien, sensationnel(le), merveilleux(se), formidable. Il (Elle) a beaucoup de charme, il (elle) a un charme fou. – *(familier)* Il (Elle) est très sympa.	Je le (la) déteste. – Je ne peux pas le (la) voir, le (la) sentir. Il (Elle) n'est pas sympa, pas très chouette, assez désagréable, ennuyeux(se), très désagréable, méchant(e), *(familier)* barbant(e), rasoir, casse-pieds, Il (Elle) ne me plaît pas du tout.

PRENONS LA PAROLE

Dites ce que vous aimez ou non :
– à un camarade de classe,
– à votre tante Hélène, qui est professeur de français,
– à votre correspondant étranger.

1. Dans le domaine de la nourriture.
2. À propos du caractère d'une personne de votre connaissance.
3. Au sujet d'un film, d'une émission de télévision ou d'un concert.

Adaptez votre registre de langue à votre récepteur.

BILAN

1 16 points

Indiquez la catégorie grammaticales des mots soulignés.

Devant la vitrine du magasin, Louise et son frère regardaient les automates s'animer dans leur décor multicolore. La scène représentait une salle de bal, où tous les gens tournoyaient et souriaient. Louise savait que son petit frère trouvait ce spectacle féerique, alors elle lui promit de revenir les jours suivants, toujours en sortant de l'école, et ainsi jusqu'à Noël.

2 12 points

a. Relevez le groupe sujet de chacun des verbes conjugués. (10)
b. Combien y a-t-il de sujets inversés ? (2)

Dans l'unique pièce d'une misérable cabane, au plafond bas et aux murs couverts de suie, se trouvait David, un pauvre garçon au visage pâle et aux yeux noirs. Il était seul avec son petit frère, cette première nuit de Hanoukka[1]. Son père était parti au village pour acheter du grain, mais trois jours étaient passés et il n'était pas rentré à la maison. La mère de David était partie à son tour pour chercher son mari, et elle non plus n'était pas revenue. Le bébé dormait dans son berceau. Dans le chandelier de Hannoukka, vacillait la première bougie, que David avait allumée lui-même.

Isaac Bashevis Singer, « La ruse du démon », in *Zlateh la chèvre et autres contes*, © Livre de Poche Jeunesse.

1. **Hanoukka** : fête juive des Lumières, célébrée fin décembre.

3 12 points

Relevez les attributs du sujet et précisez leur nature.

Il était une fois, quelque part dans le monde, un homme riche qui s'appelait Kadish. Il avait un fils unique du nom d'Atzel. Au foyer de Kadish vivait une parente lointaine, une orpheline, appelée Aksah. Atzel était un garçon de grande taille, aux cheveux noirs et aux yeux sombres. Aksah était un peu plus petite qu'Atzel, et elle avait les yeux bleus et les cheveux dorés. Tous deux avaient environ le même âge. Enfants, ils prenaient leurs repas en même temps, étudiaient de concert et jouaient ensemble. Atzel était le mari ; Aksah, son épouse. Il était entendu qu'ils s'aimeraient pour de bon, quand ils auraient atteint l'âge voulu.
Mais quand ils furent devenus grands, Atzel tomba soudain malade. C'était une maladie dont personne n'avait encore jamais entendu parler : Atzel s'imaginait qu'il était mort.

Isaac Bashevis Singer, « Une histoire de paradis », in *Zlateh la chèvre et autres contes*, © Livre de poche Jeunesse.

4 20 points

Précisez la nature grammaticale et la fonction des éléments soulignés.

Durant ces premiers mois du siège consacrés à l'organisation intérieure de la vie de Cléricourt, Faber n'avait guère eu le loisir de se soucier de son fils. Il le voyait rarement – à peine une fois par jour – sans cesse courant à de mystérieux rendez-vous et absorbé par des tâches énigmatiques. L'adolescent devait en principe se rendre quotidiennement au prieuré pour y recevoir des moines de l'abbé Porcaro – avec une vingtaine d'autres garnements – des leçons de latin, de théologie, d'histoire et de français. Faber feignait de croire que tout allait bien de ce côté-là, quand un incident assez grave l'obligea à s'occuper d'un peu plus près de Lucio. On vint le prévenir un matin qu'il avait été arrêté par les archers de garde, alors qu'il revenait d'une escapade hors les murs avec deux camarades de son âge. […]

Michel Tournier, *La Couleuvrine*, © Galimard-Jeunesse, Folio Junior.

5 10 points

Chaque élément souligné est-il un complément essentiel ou non ?

Un jour donc, on est venu en France.
De 1956 à 1962 on a vécu rue Truffaut, à Paris.
Là, une bonne partie de la famille s'est installée à Champigny, autour d'Hanna et Salomon. Une autre à Versailles et d'autres encore à Marseille, Montpellier ou Avignon.
Mes parents ont alors décidé d'aller à Champigny.
Mémé, qui venait juste d'arriver d'Algérie, était chez nous. On a déménagé.
Le plus compliqué, c'était pour Mémé. Pour emmener Mémé à Champigny. Elle ne pouvait prendre ni voiture, ni taxi, ni bus, ni métro, ni rien. Elle pouvait marcher, c'est tout. Dès qu'elle voyait un véhicule, elle était malade. À pied toujours : « Viens on marche mon fils… viens on marche… »

Gil Ben Aych, *Le Voyage de Mémé*, © Pocket Jeunesse, 1996.

4 Le groupe nominal

OBJECTIFS

Savoirs

- Identifier les constituants du groupe nominal
- Distinguer les catégories de noms
- Indiquer la nature des déterminants
- Distinguer un complément déterminatif et un complément du verbe

Savoir-faire

- Faire les accords dans le groupe nominal
- Compléter un texte par les déterminants pertinents
- Accorder les adjectifs épithètes aux noms qu'ils caractérisent
- Compléter un groupe nominal par une épithète, une apposition, un complément déterminatif, une proposition relative
- Employer les pronoms relatifs pertinents dans une phrase et dans un texte

GRAMMAIRE

13. Le groupe nominal

OBSERVATION

Amour, médecine et argent

Argan, « le malade imaginaire », seul dans [1] vérifie [2]. Il se querelle avec Toinette, [3], puis s'absente un instant. Angélique, la fille d'Argan, confie alors à Toinette [4]. À son retour, Argan informe sa fille qu'il a décidé de la marier. À la joie d'Angélique succède [5] quand elle comprend que le prétendant n'est pas Cléante mais Thomas Diafoirus. Toinette prend la défense d'Angélique. Survient Béline qui console Argan et lui annonce [6] qu'il a convoqué pour rédiger son testament.

Seule avec les deux hommes, Béline, aidée du notaire, se fait léguer la plus grande partie de [7], dépossédant ainsi ses deux belles-filles. Toinette a surpris [8]. Elle assure Angélique de son soutien.

Molière, *Le Malade imaginaire.*

Questions

1. Dans le texte précédent, replacez les groupes de mots suivants aux endroits qui conviennent :
l'arrivée du notaire – la facture mensuelle de son apothicaire – la fortune d'Argan – la servante – le complot – le désarroi – les tendres sentiments qu'elle éprouve pour Cléante – sa chambre.

2. Quel est le noyau des groupes que vous venez de replacer ?

3. Parmi ces mots, quels sont ceux qui sont au masculin ? au féminin ?

4. Relevez dans le texte quatre noms au singulier ; quatre noms au pluriel.

5. Quels noms désignent des animés ? des non animés ?

6. Relevez quatre noms propres : désignent-ils des animés ou des non animés ?

7. Relevez deux noms qui désignent des sentiments.

LEÇON

1. Définitions

- Le **groupe nominal** est un **groupe de mots** qui nomme des êtres, des idées, des objets. Il s'organise autour d'un **noyau** : le **nom**, précédé d'un **déterminant**, et qui peut avoir **une ou plusieurs expansions**.
- Le **nom commun** s'applique à tous les êtres, à toutes les choses d'une même espèce :

  → *ma **fille** ; un **médicament** ; le **complot**.*

- Le **nom propre** désigne un individu, un lieu, un objet unique. Il commence par une majuscule. Le plus souvent, il est employé sans déterminant, sauf pour certains noms géographiques (villes, pays, fleuves, etc.).

  → *Thomas, Chamonix, Noël ; Le Havre, la Chine, la Loire.*

- Le nom a toujours un **genre**. Il est nécessairement **masculin** ou **féminin**. Le genre du nom est toujours précisé dans le dictionnaire.

  → *FORTUNE, **n. f.** ; NOTAIRE, **n. m.***

- Le nom a un **nombre**. Le nom commun est nécessairement **singulier** ou **pluriel**. (Pour la formation du pluriel, voir la leçon d'orthographe, p. 130-131.)

  → *le testament ; les deux hommes.*

- Le **nom commun** est le plus souvent précédé d'un **déterminant** qui porte la marque du genre et du nombre du nom :

  → ***sa** chambre ; **ce** malade ; **ses** deux belles-filles.*

- Le nom peut recevoir des **expansions**, qui le précisent : adjectif épithète, complément du nom, proposition relative…

  → *la fille **d'Argan** ; les tendres sentiments **qu'elle éprouve**.*

  d'Argan : complément du nom ; qu'elle éprouve : proposition relative

2. Les catégories du nom

Nom animé et nom non animé

– Le **nom animé** désigne un être humain ou un animal : *la servante, le chat.*

– Le **nom non animé** désigne un objet, un lieu, un moment, un fait : *la facture ; la chambre ; le matin ; le complot.*

Nom concret et nom abstrait

– Le nom **concret** désigne ce qui appartient à la **réalité**, ce que l'on peut percevoir par les sens (goût, odorat, ouïe, toucher, vue) : *le médicament ; le bruit ; la lumière.*

– Le nom **abstrait** désigne des idées, des sentiments, tout ce que l'on ne peut pas percevoir par les sens :

→ *l'amour ; le désarroi ; l'intelligence.*

Pour l'expression écrite

Le nom peut être repris dans le courant du message par des mots qui se substituent à lui en le rappelant : pronoms, autres noms, groupe nominal.

→ ***Angélique** confie à Toinette les tendres sentiments qu'**elle** éprouve pour Cléante.*

Retenons

1. Le **groupe nominal** est un groupe de mots qui nomme des êtres, des idées, des objets, des faits, des sentiments.

2. Le **nom** est le **noyau du groupe nominal**. Il sert à désigner des êtres, des objets et des idées.

3. Le **nom** a un **genre** et un **nombre** qui lui sont propres.

4. On distingue : les noms **communs** et les noms **propres**, les noms **animés** et les noms **non animés** ; les noms **concrets** et les noms **abstraits**.

EXERCICES

Identifier

1 Délimitez le groupe nominal (préposition + déterminant + expansions) dont le nom souligné est le noyau.

1. Le chaton de mon nouveau voisin a disparu depuis trois jours. – **2.** Sous le chêne tordu de l'abbaye, on entend parfois des bruits étranges, des voix mystérieuses. – **3.** Souvent à l'heure où les fauves vont boire, la savane devient soudain silencieuse et étrange. – **4.** Après cinq heures de répétition, la troupe des danseurs était complètement épuisée. – **5.** La pizza que Kofi avait commandée arriva froide un quart d'heure après celles des autres.

2 Repérez le noyau du groupe nominal souligné.

1. Le prochain film que Steven Spielberg va tourner pourrait bien être un nouvel *Indiana Jones*. – **2.** Derrière les vieux murs du manoir du comte Ravaloff se cachent des personnages monstrueux. – **3.** Suspendu au balcon du trente-huitième étage d'un building de Tokyo, James Bond est en bien mauvaise posture. – **4.** Le fier et beau chevalier que la princesse attendait arriva avec trois jours de retard. – **5.** À côté du puits de la fée Viviane, on entend souvent des crapauds qui chantent.

3 Dans les phrases suivantes, repérez les noms et précisez s'il s'agit de noms propres ou de noms communs.

1. Aussitôt, en moins de dix secondes, Superman se changea dans une cabine téléphonique. – **2.** Perdu dans l'immense forêt de Nothingam, le petit page courait en pleurant. – **3.** Les cyclistes arrivaient à soixante-dix km/h dans la vallée, Mario en tête. – **4.** Shanghai avait émerveillé Tintin lors de son périple en Chine. – **5.** Vivement encouragé par sa famille, André Agassi gagna la finale du tournoi en 1999. – **6.** Molière travailla longtemps en province avec sa troupe avant de revenir jouer à Paris.

4 Classez en deux colonnes les noms communs et les noms propres.

Le dieu Apis

À Memphis, la capitale du Nord, on adore le dieu Apis, taureau ou homme à tête de taureau. Il symbolise la fécondité et, depuis la nuit des temps, garantit avec Pharaon la fertilité du pays. Pour cela, une curieuse cérémonie se déroule tous les ans : le dieu et le roi participent à une longue course avant de piétiner consciencieusement un champ ! Le dieu communique ainsi son pouvoir procréateur au roi et à son royaume.

À Memphis, Apis s'associe à Ptah, le grand créateur, et devient son « âme magnifique », son incarnation. À Héliopolis, il prend à Rê le disque solaire qu'il porte entre ses cornes.

Ailleurs, il fusionne avec Osiris, devenant une divinité funéraire dont l'enterrement revêt une importance considérable.

Viviane Koenig, *Dictionnaire de la mythologie égyptienne*, © Hachette, « Le Livre de Poche Jeunesse », 1996.

5 Dans les phrases suivantes, précisez le genre et le nombre des noms soulignés.

1. Les skieuses ont fait la fête à la suite de leur performance éclatante. – **2.** Le congrès des sorciers de la forêt des Carnutes avait toujours lieu en été. – **3.** Le chevalier entra dans l'église son épée à la main, prêt à défendre son honneur. – **4.** Avec son langage à elle, l'abeille sait indiquer à ses compagnes où trouver du pollen. – **5.** Sur le chemin qui menait au château de l'ogre, les gamins avançaient très prudemment.

6 Dans le texte suivant, classez en deux colonnes les noms masculins et les noms féminins.

La sorcière Gringalette

Il était une fois une sorcière maigre comme un clou. Dans la forêt où elle habitait, il n'y avait que des sorcières boulottes, joufflues, ventrues, qui la surnommaient méchamment Gringalette.

Une nuit de pleine lune, les sorcières donnèrent une fête. Elles dansèrent sous les lampions, taquinèrent un brave fantôme qui vivait une paisible retraite dans un seau à charbon, et tirèrent le diable, qu'elles avaient invité, par la queue.

Ensuite, elles firent un festin. Elles mangèrent un ragoût d'amanites tue-mouches au coulis d'araignées, des brochettes de cafards, des mues de cigales en beignets, un gâteau à la gelée de couleuvres, et elles burent de l'huile de coude. [...]

Ayant décidé de ressembler aux autres sorcières, Gringalette suivit un régime pour grossir. Elle avala un rôti de baleine, douze dindons bardés, une pleine marmitée de fonds d'artichauts à la vinaigrette, huit douzaines de bananes et une pyramide de choux à la crème. [...]

Quand elle mit ses vêtements le lendemain, les coutures se déchirèrent. Elle les attacha avec des épingles, et alla se regarder dans l'étang. Juste ciel ! Elle ressemblait à une montgolfière.

Dolorès Mora, *Trois histoires de sorcières*, © Lito, 1989.

7 Dans le texte suivant, relevez en deux colonnes les groupes nominaux au singulier et les groupes nominaux au pluriel.

La chèvre de monsieur Seguin

Là-dessus, M. Seguin emporta la chèvre dans une étable toute noire, dont il ferma la porte à double tour. Malheureusement, il avait oublié la fenêtre, et à peine eut-il le dos tourné que la petite s'en alla...

Tu ris, Gringoire ? Parbleu ! Je crois bien ; tu es du parti des chèvres, toi, contre ce bon M. Seguin... Nous allons voir si tu riras tout à l'heure.

Quand la chèvre blanche arriva dans la montagne, ce fut un ravissement général. Jamais les vieux sapins n'avaient rien vu d'aussi joli. On la reçut comme une petite reine. Les châtaigniers se baissaient jusqu'à terre pour la caresser du bout de leurs branches. Les genêts d'or s'ouvraient sur son passage et sentaient bon tant qu'ils pouvaient. Toute la montagne lui fit fête.

Tu penses, Gringoire, si notre chèvre était heureuse !

Alphonse Daudet, *Les Lettres de mon moulin.*

8 Relevez les noms animés et les noms non animés.

Durant les quelques jours suivants, Jonathan s'efforça de se comporter à l'instar des autres goélands. Il s'y efforça vraiment, criant et se battant avec ses congénères autour des quais et des bateaux de pêche, plongeant pour attraper des déchets de poisson et des croûtons de pain. Mais le cœur n'y était pas.

« Cela ne rime à rien, se disait-il, abandonnant délibérément un anchois durement gagné à un vieux goéland affamé qui lui donnait la chasse. Dire que je pourrais consacrer toutes ces heures à apprendre à voler. Il y a tant et tant à apprendre ! »

Il ne fallut donc pas longtemps à Jonathan le Goéland pour se retrouver à nouveau seul en pleine mer, occupé à apprendre, affamé mais heureux.

L'objet de son étude était maintenant la vitesse et, en une semaine d'entraînement, il apprit plus sur la vitesse que n'en savait le plus rapide des goélands vivants. Battant des ailes de toutes ses forces, à une hauteur de trois cents mètres, il se retournait pour piquer à tombeau ouvert vers les vagues.

Richard Bach, *Jonathan Livingstone le goéland*, © Flammarion 1973 et Librio EJL.

9 Précisez si les noms soulignés désignent un élément concret ou abstrait.

1. La curiosité est un vilain défaut. – **2.** Le camion arriva à toute vitesse dans la ligne droite, mais réussit heureusement à freiner à temps. – **3.** Les dessins de Marie décorent la chambre de ses parents. – **4.** New York brillait de mille feux pour la dernière journée de 1999. – **5.** Les souvenirs du magicien, âgé de 520 ans, se perdaient dans la nuit des temps. – **6.** Le silence pesait sur les soldats gaulois avant l'attaque décisive contre les Romains.

Transformer

10 Complétez les groupes nominaux soulignés par une ou deux expansions.

Si elles avaient jeté un coup d'œil par la fenêtre, à ce moment précis, elles auraient vu Amandine, son panier à chat sous le bras, descendre l'escalier qui menait jusqu'à la baie. Une bruine enserrait ses habits et ses cheveux dans un filet de gouttelettes. Le vent s'était calmé, ce qui rendait la descente moins terrifiante, mais la rampe était pourrie par endroits et les semelles de la fillette glissaient sur les marches. Elle fut bien soulagée d'arriver entière sur la plage de galets. Son cœur battit plus fort en voyant les lames se fracasser en écume bouillonnante sur la rive. Au-delà de la baie, que les falaises abritaient du vent, la mer bouillonnait, déchaînée, comme si un monstre sous-marin s'amusait à souffler dans l'eau.

D'après Jill Murphy, *Amandine Malabul, la sorcière a peur de l'eau*, © Gallimard Jeunesse, « Folio cadet », 1998.

Écrire

11 Replacez les noms suivants de manière à rendre le texte cohérent :
allumette – aspirateur – bombe – bureau – carton – chaussures – dessert – four à micro-ondes – grille-pain – lave-vaisselle – métro – sèche-cheveux – soupe – vaisselle – viande.

Le mardi soir, le **(1)** tomba en panne, au grand désarroi de Mme Warden qui n'avait pas fait la **(2)** depuis 1963 – et encore, elle l'avait seulement rincée. Le lendemain, elle acheta une cinquantaine d'assiettes en **(3)**, parfaites pour la **(4)** et le **(5)**, mais d'usage difficile pour la **(6)**. Le mercredi, M. Warden tenta de faire sécher ses **(7)** dans le **(8)**. Ses pieds luisaient littéralement lorsqu'il prit le **(9)** pour se rendre à son **(10)**, à tel point qu'il déclencha les détecteurs et provoqua une alerte à la **(11)**. Le jeudi, le **(12)** explosa : M. Warden avait essayé de l'allumer avec une **(13)**. Le vendredi, c'est l'**(14)** qui rendit l'âme : Mme Warden avait voulu s'en servir comme **(15)**, et c'est de justesse qu'elle évita de terribles blessures.

Anthony Horowitz, *Satanée grand-mère*, © Hachette Livre, « Le Livre de Poche Jeunesse ».

12 Inventez une histoire qui comportera six noms pris dans la liste suivante.

Agent – billet – cheval – cigare – crocodile – écran – garçon – hôpital – moteur – oncle – parapluie – parfum – paupière – pelouse – portière – sourire – touriste – veste.

13 Écrivez un paragraphe en vous inspirant librement du texte suivant. Après avoir écrit et corrigé votre texte, soulignez en rouge les groupes nominaux que vous aurez employés.

Miss Virginia E. Otis était une petite demoiselle de quinze ans, svelte et ravissante comme une biche, avec de grands yeux bleus où se lisait un fort penchant pour la liberté. C'était une merveilleuse amazone et elle avait défié un jour le vieux lord Bilton à la course sur son poney. Après deux tours de parc, elle avait gagné d'une longueur et demie juste devant la statue d'Achille, aux suprêmes délices du jeune duc de Cheshire qui lui avait demandé sa main sur-le-champ et avait été renvoyé par ses tuteurs le soir même à Eton dans un déluge de larmes. Après Virginia, venaient les jumeaux, généralement appelés *Stars and Stripes*[1] en raison des corrections répétées qu'ils ne cessaient de recevoir.

Oscar Wilde, *Le Fantôme de Canterville*, © Gallimard Jeunesse, « Folio Junior », 1994.

1. **Stars and Stripes :** bannières étoilées. Nom donné au drapeau américain.

AUTOÉVALUATION

À la fin de cette leçon, je sais :

- **identifier** le noyau des groupes nominaux ;
- **distinguer** nom propre et nom commun ; nom animé et nom non animé ; nom concret et nom abstrait ;
- **préciser** le genre et le nombre des noms ;
- **enrichir** un groupe nominal avec une ou deux expansions ;
- **réaliser** un portrait en utilisant des groupes nominaux variés.

14. Les déterminants

OBSERVATION

Une fausse consultation

M. Ratinois vient consulter le docteur Malingear. En réalité, il vient observer celui qui pourrait devenir le beau-père de son fils.

MALINGEAR, *à part.* – Il a l'air d'un brave homme ! (*Haut, se levant.*) Et qu'éprouvez-vous ?

RATINOIS, *embarrassé.* – Mon Dieu ! Bien des petites choses… tantôt d'un côté… Tantôt de l'autre.

MALINGEAR – Pas de douleurs de tête ?

RATINOIS – Non.

MALINGEAR – L'estomac ?

RATINOIS – Excellent.

MALINGEAR – **1** ventre ?…

RATINOIS – Très bien.

MALINGEAR – Voyons le pouls ? (*Il lui prend la main.*)

RATINOIS, *à part.* – Oh ! A-t-il **2** belle chaîne ! Je n'en ai jamais vu de si grosse !…

MALINGEAR, *à part, avec satisfaction.* – Il regarde **3** chaîne !…

RATINOIS, *à part.* – On voit tout de suite que ce n'est pas **4** petit roquet de médecin courant après **5** pratique[1] !

MALINGEAR, *appliquant son oreille contre le dos de Ratinois.* – Respirez… fort ! très fort !…

RATINOIS, *à part, se levant.* – Je suis curieux de savoir quelle maladie il va me trouver !

MALINGEAR – Cela suffit ; je vois très clairement **6** affaire.

RATINOIS – Ah ! (*À part.*) Il va me couvrir de sangsues.

MALINGEAR – Mon cher monsieur, vous n'avez absolument rien !

RATINOIS – Hein ?… (*À part.*) Il est très fort !…. Ah ! mais, très fort !…

MALINGEAR, *se mettant à* **7** *bureau et écrivant.* – Je vais vous prescrire un petit régime !

Eugène Labiche, *La Poudre aux yeux.*

1. **Pratique** : ici, clientèle.

Questions

1. Lisez le texte tel qu'il se présente. Que constatez-vous ?

2. Replacez les mots suivants aux endroits qui conviennent :
la – le – ma – son – un – une – votre.

3. Devant quels noms avez-vous placé *un* ? Pourquoi ?

4. Devant quels noms avez-vous placé *le, la* ?

5. Où avez-vous utilisé *son, votre* ?

LEÇON

1. Définition

- Le **déterminant** est un mot qui **fait partie du groupe nominal**. Il précède le nom :
  → ***Le*** *docteur porte* ***une*** *chaîne de montre.*
- Le déterminant porte les marques du genre et du nombre du nom qu'il précède :
  → ***Le*** *patient ressent* ***une*** *douleur à* ***l'****estomac.*
- Généralement, le déterminant ne peut pas être supprimé dans le groupe nominal.

Cependant, on n'emploie pas de déterminant :

– devant les noms propres de personnes :
  → ***Marc*** *est venu me voir.*

– devant les noms communs attributs :
  → *Malingear est* ***médecin.***

– dans les énumérations :
  → *Il prescrit un petit régime :* ***eau minérale, potages, légumes frais, fruits, viande grillée.***

– dans certaines expressions figées :
  → *avoir peur, prendre patience, avoir soin, par hasard.*

– dans certains proverbes :
  → ***Patience*** *est mère de sûreté.*

– après certaines prépositions :
  → *Ce médecin ne reçoit que* ***sur rendez-vous****. Un café* ***sans sucre****. Une terrasse* ***avec vue*** *sur la mer. La tempête se déchaînait* ***avec force et fureur****. L'enfant trottait dans l'appartement* ***sans pantoufles.***

2. Les principaux déterminants

L'article

- **L'article indéfini** s'emploie devant le nom d'un **être** ou d'une **chose** qui n'ont **pas encore** été **désignés.**
  → *Il consulte* ***un*** *médecin.*
- **L'article défini** s'emploie devant le nom qui désigne **un être ou une chose connus** de l'émetteur et du destinataire :
  → *Il ne court pas après* ***la*** *clientèle.*

Il peut ainsi reprendre un nom précédé d'un article indéfini :
  → *Dans son rêve, elle longeait* ***un*** *couloir interminable.* ***Le*** *couloir aboutissait à une terrasse vide.*

● **L'article partitif *du/de la*** s'emploie devant un nom désignant une réalité non dénombrable (c'est-à-dire qu'on ne peut pas diviser en unités) :

➜ *Veux-tu **du** sel ? **de la** moutarde ?*

Les formes de l'article			
	Singulier		Pluriel
	Masculin	Féminin	Masculin OU féminin
Article défini	*le*	*la*	*les*
Article défini élidé	*l'*	*l'*	
Article défini contracté	*au* (*à* + *le*) *du* (*de* + *le*)		*aux* (*à* + *les*) *des* (*de* + *les*)
Article indéfini	*un*	*une*	*des/de* (devant consonne : *des enfants/de jeunes enfants*)
Article partitif	*du*	*de la*	
Article partitif élidé	*de l'*	*de l'*	

Ne confondez pas *des*, pluriel de *un*, **article indéfini** pluriel, et *des*, **article défini contracté** pluriel (*de* + *les*) :

➜ *Il fait signe de lui apporter **des** vêtements.* (article indéfini pluriel). *Il fouille les poches **des** vêtements qu'on lui a apportés.* (article défini contracté pluriel).

Le déterminant possessif

Le **déterminant possessif** marque une relation d'appartenance, de possession. Il signifie « le [...] de moi », « le [...] de toi », « le [...] de lui ».

➜ *Le médecin écrit à **son** bureau.* (***Son** bureau* = ****le** bureau **de lui**.*)

Les formes du déterminant possessif									
Le possesseur	Singulier						Pluriel		
	Masculin			Féminin			Masculin OU féminin		
personne du possesseur	1re	2e	3e	1re	2e	3e	1re	2e	3e
un seul possesseur	*mon*	*ton*	*son*	*ma*	*ta*	*sa*	*mes*	*tes*	*ses*
plusieurs possesseurs	*notre*	*votre*	*leur*	*notre*	*votre*	*leur*	*nos*	*vos*	*leurs*

Remarque
Votre peut renvoyer à un seul possesseur quand on emploie le *vous* de politesse.

Le déterminant démonstratif

● **Le déterminant démonstratif** détermine le nom qu'on désigne par **un geste**, dans la situation de communication :

➜ *Mets **ces** chaussures.*

● Il peut aussi renvoyer à un **mot déjà cité** précédemment, dans l'énoncé :

➜ *Il acheta une maison en 1852. **Cette** maison était située au bord de la Loire.*

Le déterminant démonstratif composé

Ce...-ci désigne ce qui est **proche** dans l'espace et dans le temps.
Ce...-là désigne ce qui est **éloigné** dans l'espace et dans le temps.

Les formes du déterminant démonstratif			
	Singulier		Pluriel
	Masculin	Féminin	Masculin OU féminin
Formes simples	ce (devant une consonne) cet (devant une voyelle)	cette	ces
Formes composées	*ce(t) …-ci* *ce(t) …-là*	*cette …-ci* *cette …-là*	*ces …-ci* *ces …-là*

Pour l'expression écrite

- On n'emploie pas le déterminant possessif, mais l'article défini, pour désigner une partie du corps : *J'ai* ***les*** *yeux verts,* ***les*** *cheveux blonds,* ***le*** *nez trop long.*
- L'emploi du déterminant possessif permet d'éviter la répétition du nom du possesseur : *Je suis passée voir Gaëlle.* ***Son*** *appartement est situé rue de Paris.*

Il faut veiller à éviter les confusions : *Je suis allé prévenir le père de Matthieu.* *****Son*** *vélo a été volé.* S'agit-il du vélo du père ou du fils ?

- L'emploi du déterminant démonstratif permet :

– de rappeler un élément de la phrase qui précède : *Il m'avait raconté une blague idiote.* ***Cette*** *histoire se passait dans un asile de fous.*

– d'annoncer ce qui va suivre : *Ma chère maman, je t'écris* ***cette*** *lettre pour prendre de tes nouvelles et te raconter…*

– de varier le nom, noyau du groupe nominal : *Il m'avait raconté une* ***blague*** *idiote.* ***Cette histoire*** *se passait dans un asile de fous.*

Retenons

1. Le **déterminant précède** le **nom.**
2. Il s'accorde en **genre** et en **nombre** avec le nom qu'il détermine.
3. Il peut être **article défini, indéfini, partitif, déterminant possessif, déterminant démonstratif.**

EXERCICES

Identifier

1 Dans les phrases suivantes, repérez les déterminants et précisez leur nature.

1. Le louveteau avança avec prudence pour sa première sortie hors de la tanière. – **2.** Le père de Camille l'envoya chercher du champagne pour fêter la naissance de son petit-fils. – **3.** Des brigands ont attaqué le château du prince Geignard de Bleufrousse. – **4.** Tu vois, mon fils, ce mur au loin marque la limite du domaine de tes ancêtres.– **5.** Le renard et le bouc s'en allaient sur ce chemin de campagne.

2 Indiquez la nature des mots soulignés : articles indéfinis, articles définis ou articles définis contractés.

Ce genre de détail intéressait toujours Rouletabosse. Le nez au ras du goudron, il se faufila entre les jambes des badauds, esquiva celles des gendarmes et réussit à suivre la trace d'un des pneus jusqu'à la roue arrière gauche. Comme il la contournait furtivement, les yeux au sol, il tomba dans les jambes d'un homme qui avait l'air de se cacher lui aussi. C'était un grand garçon maigre, avec des cheveux mal peignés et une longue moustache triste. Tout comme Rouletabosse, il fourrait son nez partout et griffonnait sans cesse dans un carnet. De temps en temps, il tirait un appareil photographique de la sacoche qu'il portait en bandoulière et faisait marcher le flash. Ébloui par les éclairs, Rouletabosse restait devant lui, bouche bée, à la fois admiratif et perplexe, car cet homme faisait exactement ce qu'il aimait faire, mais il le faisait beaucoup mieux que lui.

Robert Escarpit, *Les Reportages de Rouletabosse*, © Hachette Livre, « Le Livre de Poche Jeunesse ».

3 Indiquez la nature des mots soulignés.

Ces arrivages mensuels étaient, pour Paul et pour moi, une véritable fête. Ma mère ne partageait pas notre enthousiasme. Elle regardait, stupéfaite, l'arc des îles Fidji, ou l'altimètre de précision, dont l'aiguille montée un jour à 4 000 mètres (à la suite d'une ascension du mont Blanc, ou d'une chute dans un escalier) n'en voulut jamais redescendre.
Alors, elle disait avec force : « Surtout, que les enfants ne touchent pas à ça. »
Elle courait à la cuisine, et revenait avec de l'alcool, de l'eau de Javel, des cristaux de soude, et elle frottait longuement ces épaves.
Il faut dire qu'à cette époque, les microbes étaient tout neufs, puisque le grand Pasteur venait à peine de les inventer, et elle les imaginait comme de très petits tigres, prêts à nous dévorer par l'intérieur.
Tout en secouant le cor de chasse, qu'elle avait rempli d'eau de Javel, elle disait, d'un air navré :
« Je me demande, mon pauvre Joseph, ce que tu veux faire de cette saleté ! »

Marcel Pagnol, *La Gloire de mon père*, éd. de Fallois.

4 Justifiez l'emploi des mots soulignés après avoir précisé leur nature.

La passante avait de longues jambes fines, répandait une bonne odeur de violette, et ses talons faisaient tip-tap, comme plus tard ceux de La Poivrée. La passante mit un certain temps à se rendre compte qu'elle était suivie. Elle s'arrêtait devant un magasin, Le Chien s'arrêtait à ses pieds. Elle collait son nez à la vitrine, il y collait aussi le sien. Tout en bas. Elle regardait les marchandises avec envie, il flairait certaines odeurs avec sympathie. « Ça devrait marcher, entre nous, pensait Le Chien, on a les mêmes habitudes. » La passante repartait, il repartait aussitôt, frétillant de la queue, le museau à deux centimètres de ses talons. Et ainsi de suite, jusqu'au moment où la passante s'arrêta devant la devanture d'un marchand de fruits. Les fruits, ce n'était pas son fort, au Chien, mais les odeurs, au pied du magasin, étaient intéressantes, des odeurs vertes déposées là par des chiens de la campagne. La passante choisit une certaine espèce de pêches, particulièrement duveteuses, Le Chien se décida pour une certaine odeur, particulièrement délicate. La passante sortit son porte-monnaie pour payer, Le Chien leva la patte pour sympathiser. Et ce fut le commencement de la fin.

Daniel Pennac, *Cabot Caboche*, © Pocket Junior.

Transformer

5 Complétez par le déterminant possessif correspondant à la personne du sujet.

1. Je ne prête jamais ... affaires à des inconnus. – **2.** Mes parents sont partis en week-end avec ... nouvelle voiture. – **3.** Ludovic et Sophie, vous êtes insupportables avec ... jeux de mots ridicules. – **4.** Samuel, embrasse ... grand-mère et ... grand-père ! – **5.** Demain à la même heure, nous serons arrivés dans ... chalet à la montagne. – **6.** Ma sœur est une vraie commère : elle raconte la vie de ... copines à qui veut l'entendre. – **7.** Nora et Malik sont sortis avec ... scooters. – **8.** Je ne laisse jamais dans la même pièce ... chatte et ... poisson rouge. – **9.** Assis près du puits, le chevalier triste pensait à ... belle.

6 Mettez au singulier les mots soulignés et faites les transformations nécessaires.

Et, en effet, quelques instants plus tard, Mme Umney revint à elle. Elle n'en était pas moins extrêmement perturbée et elle avertit avec gravité M. Otis qu'il devait se méfier des malheurs éventuels qui pourraient s'abattre sur la maison.
– J'ai vu [...], monsieur, dit-elle, des choses qui feraient dresser les cheveux sur la tête de n'importe quel chrétien. Et pendant bien des nuits, je n'ai pas pu dormir à cause des événements terribles qui ont eu lieu ici.
Cependant, M. Otis et sa femme assurèrent avec conviction à cette âme pure qu'ils n'avaient pas peur des fantômes et, après avoir invoqué l'intercession de la Providence en faveur de ses nouveaux maîtres et négocié une augmentation de salaire, la vieille gouvernante repartit à petits pas vers sa chambre.

Oscar Wilde, *Le Fantôme de Canterville*, © Gallimard Jeunesse, « Folio Junior », 1994.

7 Même exercice.

Tout était par terre : les fioles d'expériences, les alambics, les tubes à essai et tous les trucs en verre,

pulvérisés, en miettes sur le sol. Les vitrines de collection de M. Maillot, elles aussi, avaient subi le passage d'un cyclone.
– Mes fossiles ! Mes squelettes de rongeurs ! Mes bocaux ! bégayait-il en découvrant peu à peu l'ampleur du carnage.
Une odeur épouvantable montait des flacons brisés où il conservait, comme des poires dans la liqueur, d'horribles machins morts. Un flacon d'encre s'était répandu sur les planches d'anatomie, des livres jonchaient l'estrade, c'était un vrai désastre !

Jean-Paul Arrou-Vignod, *Enquête au collège*, © Gallimard, « Folio Junior ».

Écrire

8 Replacez les articles manquants dans le texte suivant en respectant sa cohérence. Articles : *le* (6 fois), *la* (6 fois), *un* (1 fois).

Le jour et la nuit

En fait, nous savons depuis le XVIe siècle que ce n'est pas **(1)** Soleil qui se déplace autour de la Terre, mais **(2)** Terre qui tourne sur elle-même en face du Soleil. Quand **(3)** point de la Terre se trouve face au Soleil, il est éclairé par lui : c'est le jour. Au même moment, les points situés de l'autre côté de **(4)** planète ne sont pas éclairés par le Soleil : c'est la nuit.
Comme la Terre tourne sur elle-même, chacun des points de sa surface arrive tour à tour à **(5)** limite de la zone éclairée par **(6)** Soleil, qui apparaît alors juste au-dessus de l'horizon c'est **(7)** matin. Puis chaque point passe face au Soleil, qui semble alors très haut au-dessus de l'horizon c'est **(8)** milieu de **(9)** journée, midi. Le point avance ensuite vers **(10)** limite opposée de la zone éclairée, et les rayons du Soleil deviennent très obliques par rapport au sol, c'est **(11)** soir. Puis **(12)** point passe dans l'ombre, c'est **(13)** nuit.

Histoire-Géographie, © Nathan, 1986.

9 Même exercice avec les articles suivants : *un* (2 fois), *une* (2 fois), *le* (2 fois), *la* (2 fois).

Lorsque tout fut prêt, on apporta **(1)** premier mets : des sardines grillées aux herbes parfumées, sur un grand plat d'écorce couvert de feuilles. Puis, dans l'énorme bol en bois d'olivier, que se transmettait **(2)** famille de génération en génération, vint **(3)** célèbre soupe d'amandes pilées avec de l'ail, glacée, comme il se doit, dans **(4)** source d'eau fraîche. Mais on attendait surtout les plats de résistance : **(5)** cuissot de cerf et **(6)** cuissot de sanglier aux herbes, rôtis à la broche, que l'on consommait avec des galettes d'avoine grillées. Les légumes vinrent ensuite ; lentilles et vesces aux lardons fumés ; **(7)** repas était agrémenté d'**(8)** boisson légèrement fermentée aux baies de genièvre, dont l'effet euphorisant ajoutait au plaisir général.

Catherine Perlès, revue « L'Histoire », in *Histoire-Géographie*, © Nathan, 1986.

10 Décrivez la couverture de cet album de BD en utilisant des déterminants variés;

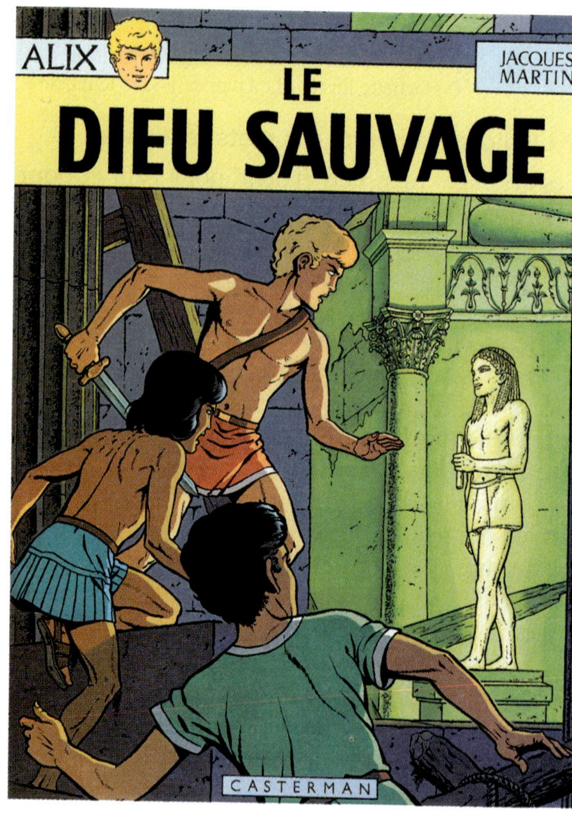

© Casterman.

AUTOÉVALUATION

À la fin de cette leçon, je sais :
- **indiquer** la nature des déterminants ;
- **compléter** des phrases avec des déterminants ;
- **compléter** un texte par des déterminants (démonstratifs, possessifs) qui rappellent un élément de la phrase précédente ;
- **écrire** un texte en utilisant des déterminants variés.

15. L'adjectif épithète et l'apposition

OBSERVATION

Les étrennes

On distribue les étrennes. Sœur Ernestine a une poupée aussi haute qu'elle, plus haute, et grand frère Félix une boîte de soldats en plomb prêts à se battre.

– Je t'ai réservé une surprise, dit madame Lepic à Poil de Carotte. [...]

Il lève la main en l'air, grave, sûr de lui. Madame Lepic ouvre le buffet. Poil de Carotte halète. Elle enfonce son bras jusqu'à l'épaule et, lente, mystérieuse, ramène sur un papier jaune une pipe en sucre rouge.

Poil de Carotte, sans hésitation, rayonne de joie. Il sait ce qu'il lui reste à faire. Bien vite, il veut fumer en présence de ses parents, sous les regards envieux (mais on ne peut pas tout avoir !) de grand frère Félix et de sœur Ernestine. Sa pipe de sucre rouge entre deux doigts seulement, il se cambre, incline la tête du côté gauche. Il arrondit la bouche, rentre les joues et aspire avec force et bruit.

Puis, quand il a lancé jusqu'au ciel une énorme bouffée :

– Elle est bonne, dit-il, elle tire bien.

Jules Renard, *Poil de Carotte*.

Questions

1. Lisez le texte précédent en supprimant les mots en rose. Est-ce toujours possible ? Le texte est-il compréhensible ?

2. Parmi les mots en rose, quels sont ceux qui pourraient être changés de place ? Où pourrait-on les placer ?

3. Dans les groupes nominaux en bleu, quel(s) mot(s) pourrai(en)t être supprimé(s) ? S'il existe deux possibilités, citez-les toutes les deux.

4. Les mots en bleu peuvent-ils être remplacés ? Si oui, par quel autre mot ?

LEÇON

1. Définition

- Les **mots** qui apportent une **précision de sens** à un nom s'appellent des **adjectifs qualificatifs**.
- L'adjectif qualificatif s'accorde en **genre** et en **nombre** avec le nom qu'il caractérise.
- C'est une **expansion du groupe nominal** qui peut **souvent** être **supprimée** :

  → *Une **magnifique** pipe de sucre **rouge**.*
- Il peut avoir **plusieurs fonctions** dans le groupe nominal (épithète liée ou détachée).

2. L'adjectif épithète

- Quand l'adjectif qualificatif se place avant ou après le nom qu'il caractérise et après le déterminant, il est **épithète liée du nom** :

  → *Elle ramène sur un <u>papier</u> **jaune** une pipe en <u>sucre</u> **rouge**.*
- Quand il est détaché du nom par une virgule, il est **épithète détachée** :

  → *Poil de Carotte lève la main, **grave, sûr** de lui.*
  ***Grave, sûr** de lui, Poil de Carotte lève la main.*
- **La place de l'adjectif qualificatif épithète**

Le changement de place de l'adjectif qualificatif épithète dans le groupe nominal modifie parfois le sens du groupe nominal.

→ *Un **grand** homme ≠ Un homme **grand**.*
*Une **seule** dame ≠ Une dame **seule**.*
*Son **propre** pantalon ≠ Son pantalon **propre**.*

3. Le nom ou le groupe nominal en apposition

- L'apposition est une **fonction du nom ou du groupe nominal**. Le nom ou le groupe nominal en apposition **désigne le même être** que le nom qu'il complète :

  → *Mon frère **Félix**. Ma sœur **Ernestine**. Le docteur **Malingear**.*
- Le groupe nominal en apposition peut être **séparé du nom** qu'il complète par une virgule. Il peut ou non être précédé d'un **déterminant** :

  → *Fabien Barthez, **champion du monde**. Aimé Jacquet, **l'entraîneur de l'équipe**.*
- Le groupe nominal en apposition peut être **lié au nom qu'il complète par une préposition** :

  → *Le mois **de** février. La ville **de** Tours. Ce grand menteur **de** Jean.*

Dans ce cas, les deux noms désignent la même réalité (personne, objet, lieu).
Attention : ne confondez pas **l'apposition** et **le complément du nom.**

→ *la ville de Tours ≠ les musées de Tours.*
(*de Tours* : apposition ; *de Tours* : complément du nom)

Pour l'expression écrite

- Dans les **descriptions** et les **portraits**, l'**adjectif qualificatif** sert à caractériser un personnage, à apporter des précisions sur un lieu, un objet. Il est donc **indispensable** pour construire un texte descriptif.

→ *La porte* → *La **lourde** porte **vert foncé aux cuivres bien astiqués.***
*Monique aux **cheveux châtains*** → *Monique, **aux lourds cheveux châtains balayés d'un reflet roux…***

- Le groupe nominal en **apposition** apporte une **précision** importante sur un personnage, un objet, un lieu, qu'il met en valeur.

→ *Fabien Barthez, **l'une des plus grandes stars du football, gardien de but de l'équipe des Bleus, champion du monde en 1998…***

Retenons

1. Les **expansions du nom** s'ajoutent au groupe nominal pour le caractériser et le préciser.

2. L'adjectif qualificatif **épithète liée** ou **épithète détachée** est une expansion du nom qui **s'accorde** en **genre** et en **nombre** avec le **nom qu'il qualifie.**

3. L'**apposition** est une **fonction du nom ou du groupe nominal.**

4. Le groupe nominal en apposition **complète un nom** en se référant à la **même réalité** que ce nom.

EXERCICES

Identifier

1 **Relevez les adjectifs épithètes des phrases suivantes.**

1. Le jeune page entra par la grande porte du château sous les ovations du public. – **2.** Caché par les hautes herbes, le lapereau craintif se sentait à l'abri. – **3.** Comme ses parents étaient sortis au restaurant, Julien regarda à la télévision ses séries préférées jusqu'à une heure tardive. – **4.** De blancs cailloux étaient déposés sur les dalles sombres du palais endormi. – **5.** La forêt immense et obscure étouffait tous les pas feutrés des voyageurs imprudents qui venaient s'égarer dans cette immensité verte.

2 **Relevez les groupes nominaux complétés par des adjectifs épithètes. Soulignez le nom qualifié.**

Le soleil descendait lentement vers les nuages lointains et, de la surface de la mer, la brume montait comme de la fumée. Blanche et grise, elle formait tour à tour des ronds, des anneaux, puis s'épaississait en lourdes masses, ensuite elle s'effilochait comme une souple chevelure et se répandait sur la surface de la mer qui s'obscurcissait.
Un grand pan de brume vogua jusqu'au rivage et dissimula les petites vagues qui clapotaient sur le sable entre les galets. Là, il s'épaissit encore, se déchira et de la mer surgit silencieusement un

grand cheval gris tout enveloppé des flocons blancs et humides de la brume.
Le cheval secoua sa longue crinière, des lambeaux de brume s'envolèrent ; il fit quelques longs pas sur le rivage et s'arrêta. Puis il se secoua et, toujours sans aucun bruit, prit sa course à travers le talus herbeux. Puis, à grands sauts, il disparut dans les collines vertes et arrondies qui dominaient le rivage.

Conte celte, in *Histoires fantastiques*, © Gründ, 1975.

3 Dans les phrases suivantes, relevez les appositions qui se rapportent aux éléments soulignés.

1. Alain Prost, champion du monde des pilotes, est maintenant directeur d'une écurie de Formule 1. – **2.** Acteur, auteur et metteur en scène, Molière était un artiste très talentueux. – **3.** Le roi Henri IV était un roi très populaire. – **4.** Le hors-la-loi, un homme recherché dans plus de cinq états, se cachait depuis des mois dans un sous-sol enfumé, repaire de plusieurs autres malfrats.

4 Relevez les groupes nominaux en apposition et repérez les noms complétés.

***Un hivernage dans les glaces*, de Jules Verne.**

Dans les glaces du Pôle, un classique de l'aventure qui célèbre le triomphe de l'amitié. Après de longs mois de navigation en mer du Nord, « La Jeune Hardie », un grand brick à voile du siècle dernier, s'engage dans le port de Dunkerque. Sur les quais, une joyeuse foule se presse pour accueillir les marins. Hélas, Louis Corbutte, le jeune capitaine du bateau, manque à l'appel : il a disparu. Le brouillard polaire l'a englouti alors qu'il tentait de porter secours à une goélette en perdition. Jean, le père de Louis, et Marie, sa fiancée, décident alors de partir à sa recherche. Solidaire, l'équipage de « La Jeune Hardie » réembarque aussitôt. Une terrible et incroyable aventure commence…

Maryvonne Bernard, *Je Bouquine*, n° 49, mars 1988, © Bayard Jeunesse.

5 Recopiez les groupes nominaux. Soulignez en bleu les adjectifs qualificatifs épithètes et en rouge les groupes nominaux en apposition.

Ces « affreux » Simpson

Chaque samedi, à 19 h 05, Canal Plus diffuse en clair une série à succès relatant les mésaventures d'une famille plus bête que méchante : les Simpson.
« Bart, si vous pouviez changer quelque chose à la télévision, qu'est-ce que ce serait ?
– Je la rapprocherais du canapé, mec ! »
Le ton est donné. Les Simpson ? Un feuilleton de dessins animés qui dénonce les défauts d'une famille d'Américains moyens, plantés à vie devant leur télé, obsédés par leur petit confort.
« Une famille "normale" d'Américains dans toute son horreur », dit le producteur. Homer, le père, chauve, ventru et grincheux ; Marge, la mère, nunuche, avec son énorme choucroute bleue sur la tête ; Bart, 10 ans, insupportable casse-pieds ; Lisa, la sœur teigneuse ; bébé Maggie, qui se contente de sucer sa tétine… C'est féroce, mais c'est drôle.
La série a été créée le 14 janvier 1989 sur une chaîne américaine par le dessinateur Matt Groening. Les épisodes, d'abord fabriqués à Los Angeles, sont peaufinés en Corée du Sud. En France, cette calamiteuse famille connaît un succès croissant. Les Simpson sont internationaux !

Jean-Marc Pourcel, *Je Bouquine*, n° 99, mai 1992, © Bayard Jeunesse.

Transformer

6 Accordez les adjectifs entre parenthèses.

1. Une (jeune) personne (élégant) entra en silence dans le bureau du détective. – **2.** Dans les soirées (hivernal), les jeunes Indiens attendaient le retour du conteur qui leur raconterait encore de (nouveau) histoires. – **3.** Au fond de la grotte (sombre), les aventurières (peureux) s'arrêtent net en entendant d'(horrible) bruits (infernal). – **4.** Un (beau) écuyer traversa la cour en jetant des regards (foudroyant) aux rivaux de son maître. – **5.** Les chevaux (roux) du baron de Mortsoif se reconnaissaient à leur (insolent) et (fier) allure.

7 Accordez les adjectifs qualificatifs entre parenthèses.

Je revois une enfant (silencieux) que le printemps enchantait déjà d'un bonheur (sauvage), d'une (triste) et (mystérieux) joie… Une enfant (prisonnier), le jour, dans une école, et qui échangeait des jouets, des images, contre les (premier) bouquets de violettes des bois, (noué) d'un fil de coton (rouge), (rapporté) par les (petit) bergères des fermes (environnant)… Violettes à courte tige, violettes (blanc) et violettes (bleu), et violettes d'un blanc bleu veiné de nacre mauve. Violettes de coucou (anémique[1]) et (large), qui haussent sur de (long) tiges leurs (pâle) corolles (inodore)… Violettes de février, (fleuri) sous la neige, (déchiqueté), (roussi) de gel, laideronnes, pauvresses (parfumé)… Ô violettes de mon enfance ! Vous montez devant moi, toutes, vous treillagez le ciel (laiteux) d'avril, et la palpitation de vos (petit) visages (innombrable) m'enivre…

Colette, *Les Vrilles de la vigne*, © Hachette.

1. **Anémique** : sans fermeté.

8 Remplacez l'élément souligné par un adjectif épithète.

1. Simon avait toujours rêvé de s'acheter une voiture de luxe. – **2.** Sa nouvelle maison ressemble vraiment à un palais de président. – **3.** En fouinant aux mêmes endroits le détective gênait de plus en plus l'enquête de police en cours. – **4.** Il n'y a pas de meilleur beurre salé que le beurre de Bretagne. – **5.** Le premier jour de l'été 1898, le professeur Nimbus était tout fier de l'engin à moteur qu'il venait d'inventer. – **6.** Pour éviter les accidents de la route, il faudrait favoriser le transport par les fleuves et les canaux.

9 Replacez les adjectifs suivants aux endroits qui conviennent. Comparez le texte de départ et celui que vous avez obtenu.
Blancs – claire – confortables – délicates – douces – fin – humide – lisse – malicieux – mouillées – soyeuses – superbe – tendre – touffue – tristes.

Un chien martyr

Mike est un chien **(1)** : il a un museau **(2)**, des oreilles **(3)**, le poil **(4)** et une queue **(5)**. Il adore les fauteuils **(6)** , les caresses **(7)** et les pâtées **(8)**. Quand il pleut, Mike va essuyer son poil **(9)** sur les coussins **(10)** et laisse les traces de ses pattes **(11)** sur la moquette **(12)** du salon. Et si on le gronde, il vous regarde avec des yeux **(13)** qui semblent dire : « Je suis un chien martyr. »
Alors, il y a toujours une personne **(14)** pour faire place à Mike qui, satisfait, s'endort avec une sorte de sourire **(15)** sur les babines.

Écrire

10 Replacez les adjectifs qualificatifs épithètes suivants aux endroits qui conviennent :
brunes – chères – interminables – perfides – petit – ricaneurs – vraie.

Pour les professeurs, la vie de charançon[1] commence deux jours avant la **(1)** rentrée, celle des élèves. C'est qu'il s'agit de tout bien préparer pour accueillir les **(2)** têtes **(3)**, blondes, rousses, black et beures qu'on va avoir mission d'instruire.
C'est un **(4)** matin de septembre. On se réveille grincheux, on a mal dormi : à la veille de reprendre le boulot, les professeurs ont des cauchemars. Certains rêvent qu'ils hantent d'**(5)** couloirs, à la recherche d'une classe qu'ils n'arrivent pas à trouver. D'autres se voient repassant les oraux des concours – ils sont là, tout tremblants, devant un jury qui les assassine de questions **(6)**. Comme ils s'avèrent incapables de répondre, le jury se transforme en un parterre d'élèves **(7)** scandant : « Il est nul ! Il est nul ! – On se réveille en sueur, et c'est seulement quand l'épouse – qui, n'étant pas professeur, a bien dormi
« Eh ben, qu'est-ce qui t'arrive, chouc
reprend contact avec la réalité. Ce n'
soit drôle : il faut, misère de malheur, aller a
pour la journée de « pré-rentrée ».

Corinne Bouchard, *La vie des charançons est assez monotone*,
© Syros jeunesse, 1998 (Calmann Lévy, 1992).

1. Charençon : insecte nuisible aux récoltes.
Ici, surnom donné aux professeurs.

11 Lisez le poème suivant, puis écrivez de la même manière un petit poème de gourmandise dont le titre sera : *Chez la pâtissière*. Vous utiliserez des adjectifs qualificatifs et des noms en apposition.

Chez la boulangère

Le pain blanc et le pain noir,
le parisien, le bâtard,
la ficelle, la baguette,
la couronne, la galette,
le pain bis, le pain de mie,
pain complet et pain épi,
flûte, miche, saucisson,
pain au levain, pain au son,
pain de campagne, pain viennois,
pain au cumin, pain aux noix
pain d'épice et aux raisins,
gros pain et les petits pains,
pain de seigle et de froment,
la brioche, le croissant,
chausson, cramique, pistolet,
tarte, tourte, pain au lait,
biscottes, pain à la grecque,
la tartine et le pain sec,
pain polka qui est tout plat,
petit pain au chocolat,
craquelin, pompe, fougasse…
Et j'en passe, et j'en passe !

Luda, *365 contes de gourmandises, la Nuit des Rois*,
© Gallimard, « Giboulées », 1999.

AUTOÉVALUATION

À la fin de cette leçon, je sais :

- **repérer** les adjectifs épithètes et les relier aux noms qu'ils caractérisent ;
- **accorder** les adjectifs épithètes aux noms qu'ils caractérisent ;
- **compléter** un texte avec des adjectifs ;
- **repérer** les groupes nominaux en apposition et les relier aux noms qu'ils caractérisent ;
- **préciser** un groupe nominal par un adjectif épithète ou une apposition.

16. Le complément déterminatif

OBSERVATION

Une ordonnance radicale

KNOCK, *tandis qu'il rédige l'ordonnance, assis à sa table.* – Il faudra tâcher de trouver une voiture. Vous vous coucherez en arrivant. Une chambre où vous serez seule, autant que possible. Faites fermer les volets et les rideaux pour que la lumière ne vous gêne pas. Défendez qu'on vous parle. Aucune alimentation solide pendant une semaine. Un verre d'eau de Vichy toutes les deux heures, et, à la rigueur, une moitié de biscuit, matin et soir, trempée dans un doigt de lait. Mais j'aimerais autant que vous vous passiez de biscuit. Vous ne direz pas que je vous ordonne des remèdes coûteux ! À la fin de la semaine, nous verrons comment vous vous sentez. Si vous êtes gaillarde, si vos forces et votre gaieté sont revenues, c'est que le mal est moins sérieux qu'on ne pouvait croire, et je serai le premier à vous rassurer. Si, au contraire, vous éprouvez une faiblesse générale, des lourdeurs de tête, et une certaine paresse à vous lever, l'hésitation ne sera plus permise, et nous commencerons le traitement. C'est convenu ?

LA DAME, *soupirant.* – Comme vous voudrez.

KNOCK, *désignant l'ordonnance.* – Je rappelle mes prescriptions sur ce bout de papier.

Et j'irai vous voir bientôt. (*Il lui remet l'ordonnance et la reconduit. À la cantonade.*)

Mariette, aidez madame à descendre l'escalier et à trouver une voiture.

On aperçoit quelques visages de consultants que la sortie de la dame en noir frappe de crainte et de respect.

Jules Romains, *Knock*, © Gallimard.

Questions

1. Supprimez les groupes de mots en bleu. Le texte reste-t-il toujours compréhensible ? Quels mots sont complétés ainsi ? Qu'apportent ces groupes de mots en bleu ?

2. Pouvez-vous mettre en relief le groupe en vert avec l'expression *c'est… qui, c'est… que* ?

3. Pouvez-vous détacher le groupe en vert en tête de phrase (exemple : « Le biscuit, j'aimerais autant… ») ?

4. Essayez ces deux transformations avec les groupes de mots en bleu. Que constatez-vous ?

LEÇON

1. Définitions

- Certaines **expansions** du nom sont composées d'une **préposition** suivie d'un **groupe nominal.** On appelle ces expansions des **compléments du nom.**

  → *Un verre **d'eau**.*

- Certains **adjectifs qualificatifs** peuvent également être **caractérisés** par un **groupe nominal** introduit par une **préposition**. On appelle ce groupe de mots **complément de l'adjectif.**

  → *Rouge **de honte**.*

- Le **complément du nom** et le **complément de l'adjectif** sont des **compléments déterminatifs**.

- Le complément déterminatif fait partie du groupe nominal ou du groupe de l'adjectif. Il peut **souvent** être **supprimé**.

  → *Des lourdeurs **de tête**. / Des lourdeurs.*

2. Comment reconnaître le complément déterminatif ?

- Le complément déterminatif est **toujours** placé **après** le nom ou l'adjectif qu'il complète. Il ne peut pas être déplacé.

  → *La fin **de la semaine**. * De la semaine la fin.*

- Contrairement à un complément du verbe, un complément déterminatif **ne peut pas être mis en relief** par un détachement en tête de phrase, ni par l'expression *c'est… qui, c'est… que.*

  → *J'ai rédigé l'ordonnance **de la dame**. * C'est de la dame que j'ai rédigé l'ordonnance.*

Ne confondez pas les compléments déterminatifs introduits par les prépositions *à* et *de* et **les compléments du verbe** introduits par ces mêmes prépositions :

→ *Elle va chercher une pizza **au jambon*** (complément déterminatif de *pizza*).
*Elle va chercher une pizza **au supermarché*** (complément de lieu de *chercher*).

3. Nature

Le complément déterminatif peut être :
– un **groupe nominal** : *Le bébé **de ma cousine**. Je suis amoureux **de ma cousine**.*
– un **pronom** : *Je n'ai aucun souvenir **de lui**. Je suis amoureux **d'elle**.*

– un **verbe à l'infinitif** : *Pendant tout le cours, l'envie* ***de rire*** *ne m'a pas quitté.*
– un **adverbe** : *Je redoute le rendez-vous* ***de demain.***

4. Construction

- Le complément déterminatif se construit **le plus souvent** avec une **préposition** : *à, de, en, sans.*
  → *Un verre* ***à moutarde****. Un verre* ***d'eau****. Être rouge* ***de colère****. Un dessert* ***sans crème Chantilly****.*
- Le complément déterminatif est **parfois** construit sans préposition.
  → *L'assurance* ***maladie****. Un pull* ***mohair****. Du saucisson* ***pur porc****.*

5. Accord

L'accord du complément déterminatif **sans article** peut se faire au singulier ou au pluriel, selon le sens.
→ *Rapporte une brique* ***de lait*** (non dénombrable) *et un filet* ***de clémentines*** (dénombrable).

Pour l'expression écrite

- Les compléments de nom peuvent se substituer à certains adjectifs.
  → *Une émission* ***télévisée****. Une émission* ***de télévision****.*
  Le trafic ***autoroutier****. Le trafic* ***des autoroutes****.*
- Le nom suivi d'un complément de nom peut se substituer à une phrase. Cette transformation s'appelle la **nominalisation**.
  → *Alice est gourmande.* ***La gourmandise*** *d'Alice.*
  David arrive. ***L'arrivée*** *de David.*

Cette propriété est très utile pour trouver des **titres de récit**, d'**articles de journaux**.

Retenons

1. Le **complément déterminatif** est une **expansion** qui complète un nom ou un adjectif. Il peut **parfois** être **supprimé** mais jamais être **déplacé**.
2. Le complément déterminatif peut être un **nom**, un **pronom**, un **verbe** à l'infinitif, un **adverbe**.
3. Le complément déterminatif est généralement rattaché au nom ou à l'adjectif qu'il complète par une **préposition** (*à, de, en, sans*).

EXERCICES

Identifier

1 Dans les phrases suivantes, relevez les compléments déterminatifs des mots soulignés.

1. Aziz rêvait depuis si longtemps de sa raquette de tennis qu'il n'en crut pas ses yeux en découvrant son cadeau. – 2. Le lendemain de la naissance de son petit frère, Timothée alla acheter un bouquet de fleurs bleues pour sa maman. – 3. À l'arrivée du train, Myriam bondit sur le quai. – 4. Avec sa valise en cuir vert, Kim fit sensation. – 5. Avant de choisir la trompette, Louis s'était essayé à d'autres instruments à vent. – 6. Le chat est content de lui : il a renversé trois pots de peinture sur la moquette neuve.

2 Même exercice.

– Viens voir.
Kamo a écarté le rideau qui masque la fenêtre. La fenêtre donne sur une cour d'école, ou de couvent, quelque chose comme ça. Vue de si haut, cernée par ces murs sombres, on dirait le fond d'une cuve. Au centre de ce puits, se dresse la silhouette voilée d'une statue. Au fond, la façade immense d'un édifice plus haut que notre immeuble. Les fenêtres y font de grands trous noirs.

Daniel Pennac, *La Vie à l'envers*, in *Je bouquine*, n° 12, février 1985.

3 Dans les phrases suivantes, dites si les éléments soulignés sont des compléments déterminatifs ou des compléments du verbe.

1. Pierre était tout fier d'avoir construit tout seul sa première bombe à eau. – 2. Les cousins de Julie s'envoient beaucoup de messages par ordinateur. – 3. Mamie décrocha enfin son permis de conduire après douze tentatives. – 4. Dans le coffre du capitaine Roock, on retrouva une dent en or. – 5. Vers seize heures, après le cinéma, les deux garçons retrouvèrent leur grand-mère en ville. – 6. En arrivant à Toulouse, la famille Dupois chercha une maison à louer. – 7. Après cinq jours d'attente, toute la ville vit arriver la diligence de loin. – 8. Mes frères n'aiment pas les cakes sans fruits confits.

4 Dans le texte suivant, relevez les compléments déterminatifs et indiquez le nom ou l'adjectif qu'ils complètent.

Le dragon est un animal caractéristique de la mythologie chinoise. [...]. Il ne crachait pas du feu, mais des nuages ; on l'a décrit avec une tête de chameau, des cornes de cerf, des yeux de démon, des oreilles de vache, un cou de serpent, un ventre de mollusque, des écailles de carpe, des serres d'aigle et des pattes de tigre. Cependant, très souvent, il prenait une apparence humaine. Son élément était l'eau, et il avait un pouvoir sur la pluie, l'eau des rivières, des lacs et des torrents. À la différence du dragon de la mythologie européenne, c'était une créature bien intentionnée, même si parfois il était sujet à des accès de rage, causant des dégâts par les tempêtes et les déluges qu'il pouvait déclencher.

Tao Tao Liu Sanders, *Les plus belles légendes chinoises*, © Nathan, 1981.

5 Identifiez les groupes nominaux comprenant des compléments déterminatifs. Relevez les prépositions qui relient le complément au nom ou à l'adjectif complété.

Blasé sur les joies du collège, fatigué de fumer toujours des feuilles sèches de noyer dans des pipes en roseau, et d'élever des serpents avec des cochons d'Inde au fond d'un pupitre, mon ami Naz résolut un jour de s'offrir des émotions plus viriles.
Et, le képi sur l'œil, le cœur battant à faire éclater sa tunique, il entra, mon ami Naz, au cabaret de la mère Nanon.
Tous les collégiens un peu avancés en âge le connaissaient, ce cabaret : une porte basse sur la rue, un petit escalier à descendre, un corridor à suivre, et l'on se trouvait dans la salle ! avec son plafond à solives, sa fenêtre qui regarde la Durance, et la bataille d'Isly accrochée au mur.

Paul Arène, *Contes de Paris et de province.*

6 Même exercice.

Très maniable, la guitare est l'instrument du voyage.
Cet instrument à cordes pincées appartient à la famille des luths. Elle est munie d'un long manche et d'une caisse harmonique à fond plat en sapin en forme de 8 et dotée d'un trou de résonance circulaire. Les cordes sont pincées avec les doigts sur la touche entre de fines barres d'ébène, d'ivoire ou de métal fixées transversalement qu'on appelle sillets. L'étendue de son registre est de trois octaves et une quinte.
La guitare a su s'adapter aux nouvelles formes musicales du blues et du jazz puis du folk et du rock : la guitare acoustique à cordes métalliques, la guitare à douze cordes et surtout la guitare électrique dotée d'un amplificateur. Cette dernière est adoptée par les guitaristes Barney Kessel, Charlie Byrd, Wes Montgomery. Jimmy Hendrix révolutionne le jeu de la guitare et réintroduit le système des doubles cordes avec la guitare folk.

T. Bernardeau, M. Pineau, *La Musique*, © Nathan, « Repères », 1995.

Transformer

7 Complétez par la préposition qui convient.

1. Bientôt plus de porte-monnaie, on paiera partout avec des cartes ... puce. – 2. Le facteur n'a pas pu glisser cet énorme paquet dans la boîte ... lettres. – 3. Jean de La Fontaine a écrit une fable qui raconte la lutte d'un pot ... terre et d'un pot ... fer. – 4. Il est très facile ... construire un petit bateau avec des bouteilles ... plastique. – 5. Un planeur, ce n'est rien d'autre qu'un avion ... moteur.

8 Dans les phrases suivantes, transformez l'adjectif souligné en complément déterminatif. La phrase obtenue a-t-elle exactement le même sens ?

1. Je sais analyser le groupe <u>nominal</u>. – 2. Mon grand-père reconstitue l'histoire <u>familiale</u>. – 3. Mes parents m'emmènent visiter un château <u>médiéval</u> pour développer mes connaissances <u>historiques</u>. – 4. Il ne se produit plus d'éruption <u>volcanique</u> à la surface <u>lunaire</u>. – 5. L'industrie <u>touristique</u> se plaint des décisions <u>ministérielles</u>. – 6. Au programme télévisé, ce soir, il y a une représentation <u>théâtrale</u>.

9 Dans les phrases suivantes, relevez et transformez les compléments déterminatifs en adjectifs.

1. Je ne souhaite pas qu'un médecin sans expérience soigne ma maladie de cœur. – 2. L'administration de la région va créer à cet endroit une zone d'industrie. – 3. Étudier l'écorce de la Terre permet de comprendre les variations de climat. – 4. Les expériences sur l'atome peuvent mettre en danger la vie de l'homme. – 5. L'initiation à la musique fait partie du projet d'école.

Écrire

10 Inventez un menu de fête très copieux. Les plats seront constitués de noms et de compléments déterminatifs.
Variez les prépositions qui introduisent ces compléments de nom : *canard à l'orange, tagine au miel, bûche de Noël*, et utilisez également des compléments sans préposition : *pommes boulangère*...

11 Voici un poème de Jacques Prévert. Observez sa composition et décrivez, à votre tour, un cortège fantaisiste en reprenant le même procédé.

Cortège

Un vieillard en or avec une montre en deuil
Une reine de peine avec un homme d'Angleterre
Et des travailleurs de la paix avec des gardiens de la mer
Un hussard de la farce avec un dindon de la mort
Un serpent à café avec un moulin à lunettes
Un chasseur de corde avec un danseur de têtes
Un maréchal d'écume avec une pipe en retraite
Un chiard en habit noir avec un gentleman en maillot
Un compositeur de potence avec un gibier de musique [...]

Jacques Prévert, « Cortège », *Paroles*, © Gallimard, 1949.

AUTOÉVALUATION

À la fin de cette leçon, je sais :

- **repérer** les compléments déterminatifs et les relier aux noms ou aux adjectifs qu'ils complètent ;
- **distinguer** un complément déterminatif et un complément du verbe ;
- **remplacer** un complément déterminatif par un adjectif ;
- **remplacer** un adjectif par un complément déterminatif ;
- **enrichir** un texte en complétant les noms et certains adjectifs par des compléments déterminatifs.

17. La proposition relative

OBSERVATION

Personnages de la commedia dell'arte

ARLEQUIN

Il appartient, comme Scapin et Polichinelle, à la famille des Zanni, c'est-à-dire des valets, les plus populaires des personnages comiques de la commedia dell'arte[1]. De tempérament dynamique, Arlequin est un meneur de l'intrigue, rusé, spirituel et railleur, qui ne cesse de brouiller les cartes. Son costume – initialement la tenue de travail des paysans méditerranéens en cotte de toile grossière – est le symbole de la pauvreté. Mais il se couvre progressivement de pièces colorées. On prêtait à cet habit bariolé le pouvoir magique de faire éclore les fleurs et de mûrir les fruits : Arlequin hérite ainsi des pouvoirs de Dionysos, dont le nom est associé aux débuts du théâtre antique.

Mais, avec son masque noir, aux traits grossiers, qui à l'origine était hérissé de poils et orné d'une protubérance rouge au front, avec sa voix de fausset, ses pétarades émises parfois à l'aide d'une poire spéciale, avec son pas trépidant dérivé de la danse macabre, Arlequin n'est pas seulement un personnage primaire et obscène, c'est un être diabolique qui a rapport avec l'outre-tombe.

Extrait du CD-Rom, *Encyclopédie Hachette Multimédia 99*,
© Hachette multimédia / Hachette Livre, 1999.

1. **Commedia dell'arte :** genre théâtral italien, pratiqué du milieu du XVIe siècle à la fin du XVIIIe siècle.

Questions

1. Lisez le texte en supprimant tous les groupes de mots en bleu. Le texte est-il compréhensible ? Peut-on déplacer les groupes de mots en bleu ?

2. Repérez les mots complétés par les groupes de mots en bleu. Quelle est leur nature ?

3. Quels mots de liaison permettent de relier le mot complété et le groupe de mots en bleu ?

LEÇON

1. Définitions

- La proposition subordonnée relative est une **expansion du nom** : elle **complète un nom ou un pronom**. Elle comporte un verbe conjugué et commence par un mot qui reprend le nom précédent.
- Ce **mot** est appelé **pronom relatif.**
- Le nom repris par le pronom relatif s'appelle l'**antécédent** du pronom relatif.

pronom relatif

→ *Arlequin est un meneur* [***qui ne cesse de brouiller les cartes.***]

antécédent — proposition relative

Cette proposition peut souvent être **supprimée**, mais **jamais déplacée.**

2. Rôle

La subordonnée relative permet de réunir deux phrases pour ajouter une **précision** ou une **explication à un nom.**

→ *Arlequin hérite des pouvoirs de Dionysos.* ***Le nom de Dionysos est associé aux débuts du théâtre antique.***
Arlequin hérite des pouvoirs de Dionysos ***dont le nom est associé aux débuts du théâtre antique.***

3. Fonctions

Fonction de la proposition relative

La proposition subordonnée relative fait partie du groupe nominal. Sa fonction est **complément de l'antécédent.**

→ ***Un costume*** [*dont la toile est grossière*].

antécédent — complément de l'antécédent

Fonctions de l'ensemble [GN + proposition relative]

L'ensemble du groupe nominal et de la subordonnée relative a une **fonction dans la phrase** : sujet, attribut, COD, complément circonstanciel.

→ ***Le personnage*** [*que je préfère*] *est le Pierrot un peu triste.*

sujet du verbe *être*

Pantalon est ***un personnage*** [*qui fait rire par sa balourdise*].

attribut du sujet *Pantalon*

Arlequin porte ***un costume*** *[qui symbolise la pauvreté].*
COD du verbe *porter*

Dans toutes les pièces *[où il apparaît], c'est un être diabolique.*
complément circonstanciel de lieu

4. Le pronom relatif

- On distingue des pronoms relatifs **simples** et des pronoms relatifs **composés**.
- Les **pronoms relatifs simples** ne donnent pas de renseignement de genre et de nombre sur leur **antécédent.**
- Les **pronoms relatifs composés** portent la marque du genre et du nombre de leur **antécédent**.
- Le pronom relatif a une **fonction dans la proposition relative** : *qui* est toujours sujet, *que* toujours COD.

Tableau des différents pronoms relatifs

Relatifs simples	Relatifs composés			
	Singulier		Pluriel	
	Masculin	Féminin	Masculin	Féminin
qui	*lequel*	*laquelle*	*lesquels*	*lesquelles*
que	*auquel*	*à laquelle*	*auxquels*	*auxquelles*
quoi	*duquel*	*de laquelle*	*desquels*	*desquelles*
dont				
où				

Pour l'expression écrite

- La proposition subordonnée relative est très employée pour compléter un nom avec précision. Elle est donc souvent utilisée dans les **textes explicatifs** et dans les **définitions de dictionnaires**.

→ *« Marin d'eau douce » est une insulte* ***qu'on adresse à un marin inexpérimenté****.*

- Il arrive qu'un nom soit complété par plusieurs expansions : adjectifs, nom en apposition, compléments du nom, proposition subordonnée relative. Il est important de savoir placer ces expansions par rapport au nom et d'éviter les confusions.

→ *Le chat de ma grand-mère…*
Félix, le chat noir de ma grand-mère…
Félix, le vieux chat noir de ma grand-mère, qui dort toute la journée sur le radiateur…

Dans cette dernière expression, il peut y avoir une ambiguïté sur l'antécédent du pronom relatif, et il est important de ne pas oublier la virgule.

Retenons

1. La proposition subordonnée relative **complète un nom ou un pronom.**

2. Elle commence par un **pronom relatif** *(qui, que, quoi, dont, où, lequel)* qui représente l'**antécédent**.

3. Généralement, la subordonnée relative **suit** l'antécédent. Elle forme avec l'antécédent un **groupe nominal** qui a la fonction d'un nom dans l'ensemble de la phrase.

EXERCICES

Identifier

1 Dans les phrases suivantes, repérez l'antécédent de la proposition relative soulignée.

1. Assise sur le rebord de la fenêtre qui donne vers l'ouest, Ariane attendait le retour de Solal. – **2.** J'ai laissé chez mon grand-père le scooter que nous avons réparé le week-end dernier. – **3.** Sur la table du salon, sur laquelle les trois amis faisaient de longues parties de cartes, le détective trouva un as de trèfle qu'une balle avait transpercé. – **4.** Effrayés par les hordes d'extraterrestres dont pas une armée terrienne ne venait à bout, les colons de Mars et de Vénus s'enfuirent sur Jupiter. – **5.** Les gnomes ne s'aventurent que rarement à l'orée du bois, où les arbres n'étouffent pas encore la lumière. – **6.** Les enfants de Martin, auquel nous avons envoyé un télégramme, seront ici demain.

2 Dans les phrases suivantes, relevez les propositions relatives et leur antécédent.

1. Au fond du puits que mon grand-père a construit, on voit la lune se refléter. – **2.** Les animaux qui vivent au fond de l'océan, où la lumière n'arrive pas, sont aveugles. – **3.** Enfermé dans un labyrinthe dont personne n'était jamais ressorti, le Minotaure attendait un adversaire à sa taille. – **4.** Le garçon avec lequel je parlais s'appelle Olivier. – **5.** Le train par lequel mon cousin est arrivé avait dix minutes d'avance.

3 Même exercice.

La fugue de Rasmus

À Vasterhaga, la solitude était un luxe dont on rêvait souvent. Cette nuit pourtant, seul sous les étoiles pâles de l'été et au milieu de la campagne calme et silencieuse, où rien ne bougeait, Rasmus n'était pas rassuré. Le silence lui faisait peur, et aussi l'étrange crépuscule gris qui rendait tout irréel. Il avait déjà vu un paysage comme celui-ci, baigné dans une lumière diffuse, mais c'était en rêve. Il n'avait jamais été dehors au milieu de la nuit, l'été.
Rasmus avait peur et il courait le plus vite qu'il pouvait. Il avait froid. Ses pieds nus claquaient sur la route. Il avait hâte de s'éloigner. C'est dangereux de rester sur la route quand on s'enfuit. On peut y rencontrer des gens. Heureusement, Rasmus connaissait un raccourci à travers les prés et les bois qui pouvait sûrement le conduire à travers le vaste monde aussi bien que la grande route.

Astrid Lindgren, *Rasmus et le Vagabond*, © Nathan.

4 Même exercice. Précisez le type de texte dont il s'agit.

PARASITE *n. m.* et *adj.* (grec *parasitos*, de *para* : à côté, et *sitos* : nourriture). Plante, animal qui vit aux dépens d'une autre plante, d'un autre animal. En biologie, le parasite est un être vivant qui prélève sa nourriture sur ou dans un autre être vivant appelé « l'hôte ». *Ex. : la gale de la peau, le ténia de l'homme, le mildiou de la vigne.* Personne qui fait métier de manger chez autrui, ou qui vit dans l'oisiveté aux dépens des autres et de la société. *Ainsi en est-il de Séraphin Lampion qui s'installe à Moulinsart avec toute sa famille.*

Albert Algoud, *Le Haddock illustré*, © Casterman, 1991.

5 Dans les phrases suivantes, dites si les propositions soulignées sont des propositions relatives.

1. Martin se demandait qui avait bien pu lui envoyer cette étrange carte postale. – **2.** Comme sa sœur que l'on surnommait Boucle d'Or, Romuald était d'un blond presque roux. – **3.** Hyde, à qui personne ne voulait apporter à manger, savait que sa cicatrice effrayait tout le monde. – **4.** Julien voulait savoir à quoi servait le voyant rouge au-dessus de la porte d'entrée, celui dont les lumières clignotaient tout le temps.

Transformer

6 Complétez les phrases suivantes avec le pronom relatif qui convient.

1. Enfermée dans le placard ... contenait toutes les potions de la sorcière, la petite Ludivine trouvait que la punition n'était pas si féroce. – **2.** Les bijoux ... vous réclamez un prix exorbitant, Madame la Comtesse, sont des faux ! – **3.** Après avoir survécu au soleil du désert et aux pluies de la mousson, l'aventurier ... plus rien n'effrayait attrapa un rhume en sortant du métro. – **4.** Ces vacances ... vous vous souvenez si peu étaient pluvieuses, cher Stéphane. – **5.** Le petit kangourou ... Zoé a adopté n'aime pas la cuisine exotique. – **6.** Dans les régions polaires, ... vivent les Esquimaux, le froid est redoutable. – **7.** L'acteur ... a incarné le premier Tarzan était un champion de natation. – **8.** L'adresse ... tu as envoyé ta lettre d'amour, Chloé, est celle d'un vieux célibataire endurci !

7 Transformez les deux phrases simples en une phrase complexe. Deux solutions sont possibles.

1. Les louveteaux restèrent une demi-journée sans leur mère. La mère était partie chasser. – **2.** Dans le coffre, on trouva de nombreux indices pour trouver le trésor. Le capitaine Crook gardait toujours ce coffre sous sa couchette. – **3.** Rachida a retrouvé le grand livre de recettes délicieuses. Dans ce livre sa grand-mère gardait les secrets de ses desserts fabuleux. – **4.** Le dernier tome des *Aventures de Johan et Pirlouit* est de loin le meilleur. François parle du dernier tome des *Aventures de Johan et Pirlouit* à ses copains. – **5.** Ce monsieur est mon ancien professeur de mathématiques. J'ai involontairement écrasé le chapeau de ce monsieur.

8 Dans les expressions suivantes, remplacez les subordonnées relatives par des adjectifs. ***Exemple : la voiture qui est attribuée au président/la voiture présidentielle.***

1. Un ordinateur que l'on peut emporter. – **2.** Un fleuve où l'on peut naviguer. – **3.** Une force à laquelle on ne peut résister. – **4.** Des jouets qui peuvent éduquer. **5.** La page qui précède.– **6.** Un hiver qui n'en finit pas. – **7.** Un acte que tout le monde condamne. – **8.** Un artiste qui fait rire.

Écrire

9 Complétez les définitions suivantes à l'aide d'un dictionnaire, puis rédigez cinq définitions semblables pour les mots difficiles que vous [...] appris récemment en histoire ou en biologi[...]

1. CLONE : individu qui ... – **2.** ÉCLIPSE : phénomène que ... – **3.** INTERNAUTE : personne dont ... – **4.** HOMOPHONES : mots dont ... – **5.** PRISME : instrument par lequel ... – **6.** MYTHE : récit dont . . .

10 Lisez le petit poème suivant, puis imitez librement sa construction : ***Savez-vous ce qui est comique... ?***

Ce qui est comique

Savez-vous ce qui est comique ?
Une oie qui joue de la musique,
Un pou qui parle du Mexique,
Un bœuf retournant l'as de pique,
Un clown qui n'est pas dans un cirque,
Un âne chantant un cantique,
Un loir champion olympique.
Mais ce qui est le plus comique,
C'est d'entendre un petit moustique
Répéter son arithmétique.

Maurice Carême, *La Lanterne magique*,

AUTOÉVALUATION

À la fin de cette leçon, je sais :

- **repérer** la proposition relative et la relier à son antécédent ;
- **réunir** deux phrases simples à l'aide d'une proposition relative ;
- **compléter** des phrases par des propositions relatives ;
- **remplacer** certaines propositions relatives par un adjectif ;
- **utiliser** la proposition relative pour rédiger une définition ;
- **réunir** des phrases simples au moyen d'un pronom relatif en tenant compte de la préposition.

ORTHOGRAPHE
Le pluriel des noms

LEÇON

Le nom est variable en nombre : il est singulier ou pluriel.

▶ Mode d'emploi

On ajoute -s au singulier

Le pluriel des noms se forme généralement en ajoutant **-s** au singulier. Cette marque du pluriel ne s'entend pas souvent à l'oral :

➜ *un verre / des verre**s** ; une copie / des copie**s**.*

On ajoute -x

Nom singulier en	Pluriel en	Exemples	Exceptions
-eau	-eaux	*le château/les châteaux*	**se terminent par -s :** *pneu, bleu, landau*
-au	-aux	*un tuyau /des tuyaux*	
-eu	-eux	*un feu/des feux*	

La finale du mot change à l'oral et à l'écrit

Nom singulier en	Pluriel en	Exemples	Exceptions
-al	-aux	*un journal/des journaux*	**se terminent par -als :** *bal, carnaval, régal, festival, récital, chacal*

On n'ajoute rien

Les noms qui se terminent par -s, -x, -z au singulier ne changent pas au pluriel :

➜ *la souris / les souris ; un choix / des choix ; un gaz / des gaz.*

Quelques exceptions

Nom singulier en	Pluriel en	Exemples	Exceptions
-ou	-ous	*un trou/des trous*	**se terminent par -x :** *bijou, caillou, chou, genou, hibou, joujou, pou*
-ail	-ails	*un portail/des portails*	**se terminent par -aux :** *travail, vitrail, corail, émail, soupirail*

EXERCICES

1 Mettez les noms suivants au singulier.

Des tapis – des abris – des poids – des joies – des puits – des cours – des amiraux – des oiseaux – des fourmis – des chants – des champs – des choix – des emplois – des hiboux – des cous – des coups – des croix – des festivals.

2 Mettez les noms suivants au pluriel.

Un journal – un bal – un nez – une souris – un jeu – un régal – un caillou – un pneu – un manteau – un prix – un tuyau – un général – un travail – un bois – un gâteau – un vitrail – un chacal.

3 Parmi les noms suivants, quels sont ceux qui sont obligatoirement au pluriel ?

Radis – bancs – émaux – flux – épis – soucis – perdrix – clous – fantaisies – yeux – signaux – virus – chefs – clafoutis.

4 Mettez un s ou un *x* à la place des numéros pour former le pluriel des noms.

Le matin des étrennes

– Ah ! quel beau matin que ce matin des étrenne(1) !
Chacun, pendant la nuit, avait rêvé des siennes
Dans quelque songe étrange où l'on voyait [joujou(2),
Bonbon(3) habillés d'or, étincelants bijou(4),
Tourbillonner, danser une danse sonore,
Puis fuir sous les rideau(5), puis reparaître encore !
On s'éveillait matin, on se levait joyeux,
La lèvre affriandée, en se frottant les yeu(6).
On allait, les cheveu(7) emmêlés sur la tête,
Les yeu(8) tout rayonnants, comme aux grands [jour(9) de fête
Et les petits pied(10) nus effleurant le plancher,
Aux porte(11) des parent(12) tout doucement [toucher...
On entrait ! Puis alors les souhait(13) en chemise,
Les baiser(14) répétés, et la gaîté permise !

Arthur Rimbaud, *Œuvres complètes*.

5 Dans ce texte, tous les pluriels des noms ont été oubliés. Rétablissez-les.

Vent-debout écouta en hochant la tête, préoccupé.
– Par l'encre du calamar ! En mer il arrive des chose terribles. Parfois je me demande si quelques humain ne sont pas devenus fous, ils essayent de faire de l'océan une énorme poubelle. Je viens de draguer l'embouchure de l'Elbe et vous ne pouvez pas imaginer la quantité d'ordure que charrient les marée ! Par la carapace de la tortue ! Nous avons sorti des baril d'insecticide, des pneu, des tonne de ces maudites bouteille de plastique que les humain laissent sur les plage, indiqua Vent-debout avec colère.

D'après Luis Sepùlvedà, *Histoire de la mouette et du chat qui lui apprit à voler*, © Métailié/Seuil, 1996.

6 Mettez les groupes entre parenthèses au pluriel.

Il contemplait le paysage. Il admirait les (somptueux oiseau de paradis), les (petit tapir si amusant), les (écureuil blanc) comme neige, les (papillon de toute la couleur et gros) comme le poing, les (scarabée), les (chien volant), les (paon doré) et les (serpent) qui, (lové) sur le chemin, ressemblaient à des (tuyau) d'arrosage (enroulé) sur eux-mêmes. Mais ce qui l'intéressa le plus, ce fut de voir un groupe de (kangourou assis) à l'ombre d'un bananier. Les (mâle) avaient entamé une partie de (carte). (Leur petite femme) tricotaient des (chaussette) et tiraient la laine de (leur poche) où elles avaient enfoui (leur pelote). Elles y avaient mis aussi un peu de nourriture, ainsi que des (biberon) pour (leur bébé kangourou) qui pelaient des (banane), assis dans l'herbe, ou sautaient par-dessus une corde tendue. Soudain les (dame kangourou) saisirent précipitamment (leur enfant), les fourrèrent dans leur poche et s'éloignèrent en bondissant. Les (mâle) abandonnèrent leur jeu de (carte).

D'après Erich Kästner, *Le 35 mai*, trad. de M. Kahn, © Hachette Livre, « Le Livre de Poche Jeunesse », 1970.

7 Guillaume fait de très nombreuses fautes d'orthographe, en particulier sur les pluriels des noms. Récrivez son récit (en italique) en rétablissant une orthographe et une ponctuation correctes.

« Écoute ça, Doudou ; comment tu trouves ? », dit Guillaume, content de lui.
Il lit son œuvre tout haut. Ce qu'il y a de bien, avec la parole, c'est qu'elle n'a ni orthographe, ni ponctuation.
« Super ! », apprécie Doudou [...].
Guillaume s'est pris au jeu. Il n'a plus qu'une envie, maintenant : continuer. Tandis que son compagnon ferme les yeux [...], il ressaute à pieds joints dans son texte.
« Elle conné une petite porte secrète qui donne dans la bibliotèk et kon ne ferme pas, c'est par la qu'elle rentre. Moi je la suit je cour dans les couloir ou il fais si sombre kon ne voie rien du tout sauf des carré clair par terre a cause des fenêtre. j'ai une drole de trouille meme que je me dit que je n'oseré jamais aller au bout de se mistérieux couloir mais ji vais quant même et finalement c'est pas si terrible que sa et j'arrive dans une grande salle plaine de livre. »

Gudule, *La Bibliothécaire*, © Hachette, « Le Livre de Poche Jeunesse »,1995.

ORTHOGRAPHE
Le genre des noms

LEÇON

Il existe deux genres en français : le masculin et le féminin.

▶ Mode d'emploi

Les noms d'êtres animés peuvent changer de genre.

- Le féminin se forme généralement en ajoutant un **-e** au masculin :
  → *un ami* / *une ami**e**.*
  masculin / féminin
- La marque du féminin change souvent la prononciation :
  → *un citadin / une citadine.*

Féminins particuliers

Masculin	Féminin	Exemples
-en **-on** **-ien**	**-enne** **-onne** **-ienne**	*un Méditerranéen/une Méditerranéenne* *un baron/une baronne* *un chien/une chienne*
-er	**-ère**	*un cuisinier/une cuisinière*
-eur	**-euse**	*un ouvreur/une ouvreuse*
-teur	**-teuse** ou **-trice**	*un chanteur/une chanteuse* *un animateur/une animatrice*
-f **-p**	**-ve**	*un veuf/une veuve* *un loup/une louve*
-x	**-se**	*un envieux/une envieuse*
Aucun changement		*un pianiste/une pianiste*
Changement total		*un cheval/une jument*

Les noms qui désignent des choses ou des idées sont soit masculins, soit féminins.

→ *le tabouret / la chaise.*

Les noms qui se terminent en -e sont souvent féminins mais ce n'est pas toujours le cas.

→ *une lecture / un âge.*

EXERCICES

1 Dans la liste suivante, certains noms n'existent qu'au féminin. Lesquels ? Pour les autres, indiquez leur masculin.

La joie – la cliente – la magicienne – la clarté – la table – la chatte – la boutique – la pauvreté.

2 Dans la liste suivante, certains noms n'existent qu'au masculin. Lesquels ? Pour les autres, indiquez leur féminin.

Le livre – le boulanger – le candidat – le musée – le dîner – le confort – le concierge – le citoyen.

3 Tous les noms suivants se terminent par un -*e*. Classez les noms masculins et les noms féminins, en consultant éventuellement le dictionnaire.

Autoroute – hémisphère – omoplate – moustiquaire – épisode – promenade – globule – pétale – dinde – bataille – insigne – automne – mairie.

4 Donnez le féminin des noms suivants.

Un époux – un duc – un cavalier – un neveu – un instituteur – un jardinier – un Breton – un touriste – un âne – un vendeur – un pensionnaire – un canard.

5 Donnez le masculin des noms suivants.

La comtesse – la tante – la louve – la dessinatrice – la dentiste – la châtelaine – la tsarine – la poule – l'ogresse – l'Américaine – la guenon.

6 Voici une liste de paires de mots qui ont un sens différent au masculin et au féminin. Pour chacun d'entre eux, faites une phrase.

Le/la mode – le/la vase – le/la livre – le/la manche – le/la mousse.

7 Observez le genre de tous les noms de ce texte. Que remarquez-vous ? Quelle lettre n'est jamais utilisée ? Écrivez des phrases selon le même principe.

Au son d'un ocarina qui jouait *L'Or du Rhin*, Ali Baba, un pacha nain plus lourd qu'un ours, un gros patapouf, bâfrait riz, pois, macaroni gisant dans un jus de suri, un jus qui aurait trop bouilli, un jus qui aurait acquis un goût ranci ou moisi. Sous son divan, son chat goûtait à son mou. Ali Baba rota, puis avala un rôti. « Bon, dit-il, allons-y ». Hardi, il prit son fusil, son arc, son bazooka, son tambour. Il allait, battant champs, bois, monts, vallons, montant son dada favori […].

Raymond Queneau, extrait de « Lipogramme en E » in Oulipo, *La Littérature potentielle*, © Gallimard, « Idées », 1973.

8 Transposez le début du poème suivant en employant uniquement des noms féminins.

Le désespoir est assis sur un banc

Dans un square sur un banc
Il y a un homme qui vous appelle quand on passe
Il a des binocles un vieux costume gris
Il fume un petit ninas[1] il est assis
Et il vous appelle quand on passe…

Jacques Prévert, in *Paroles*, © Gallimard, 1949.

1. **Ninas :** petit cigare.

9 Relevez tous les noms du texte et donnez leur genre.

Une drôle de petite silhouette longeait en chancelant le cloître, de larges sandales claquant sur ses talons et un bout de queue dépassant des plis d'un habit de novice dix fois trop grand. Mathieu s'arrêta, leva la tête vers le ciel bleu sans nuages… et se prit les pieds dans ses énormes chaussures. Une pluie de noisettes, échappées du panier en osier qu'il transportait, se répandit sur l'herbe. Incapable de se rattraper, il culbuta queue pardessus tête. Bing !
Le souriceau poussa un cri de consternation et frotta tendrement son museau tout mouillé. C'est alors qu'il réalisa où il avait atterri : juste aux pieds de l'abbé Théodore !
Mathieu bondit sur ses pattes et s'empressa de ramasser les noisettes éparpillées, les fourrant tant bien que mal dans le panier, en balbutiant des excuses confuses, sans oser affronter le regard sévère de son aîné.

Brian Jacques, *Le Seigneur de la guerre*, trad. de E. Lavabre, © Mango Poche, 1998.

10 Commencez le texte par : « À l'origine du groupe, il y a Luisa, Pat et Ann… » et tranformez l'article en mettant le plus grand nombre possible de noms féminins. Faites les changements nécessaires.

À l'origine du groupe, il y a Carlos, Ric et Lou, trois frères new-yorkais, dont les origines se perdent entre Panama, la Jamaïque et la Barbade. Grandis dans un environnement musical cosmopolite, les Wilson Brothers commencent par répéter dans le salon de beauté de leur mère.
Très vite, tout le voisinage se presse pour entendre ces garçons prometteurs. « La rue était remplie de monde », se souviennent-ils encore.
Histoire d'étoffer leur son, les Wilson – tous multi-instrumentistes – passent une annonce dans le Village Voice et recrutent un guitariste et une section rythmique.

Olivier Nuc, *Le Monde*, supplément *Aden*, n° 99, 15-21 décembre 1999, p. 4.

ORTHOGRAPHE
L'accord de l'adjectif dans le groupe nominal

LEÇON

Les adjectifs et les déterminants s'accordent avec le nom auquel ils se rapportent.

→ *C'est une **leçon** facile mais importante.*
*Ce sont des **chapitres** faciles mais importants.*

▶ Mode d'emploi

Remarque
Lorsque l'adjectif se termine par un **-e au masculin**, il ne change pas au féminin.
→ *un garçon **aimable** ; une fille **aimable**.*

Le féminin des adjectifs

Le féminin des adjectifs se forme généralement en ajoutant un -e au masculin :

→ *petit / petite ; tordu / tordue.*

Féminins particuliers

Masculin	Féminin	Exemples
-el	**-elle**	*maternel/maternelle*
-et	**-ette**	*net/nette*
-eil	**-eille**	*pareil/pareille*
-en	**-enne**	*brésilien/brésilienne*
-on	**-onne**	*breton/bretonne*
-eur	**-euse**	*rêveur/rêveuse*
-eux		*nerveux/nerveuse*
-er	**-ère**	*léger/légère*
-eau	**-elle**	*beau/belle*
-ou	**-olle**	*fou/folle*
-teur	**-trice**	*fondateur/fondatrice*

Quelques féminins irréguliers :

→ *vieux / vieille ; blanc, sec, frais / blanche, sèche, fraîche ; turc, grec / turque, grecque.*

Remarque
Les adjectifs qui se terminent par **-s** ou -x au **singulier** ne changent pas au pluriel.
→ *un vieux manteau **gris** / des vieux manteaux **gris**.*

Le pluriel des adjectifs

Le pluriel des adjectifs se forme généralement en ajoutant un -s au singulier :

→ *petit / petits ; tordu / tordus.*

Pluriels particuliers

Singulier	Pluriel	Exemples	Exceptions
-au	**-aux**	*beau/beaux*	
-al	**-aux**	*amical/amicaux*	**se terminent par -als :** *banal, bancal, fatal, final, glacial, natal, naval*

Accords particuliers

- Lorsqu'un adjectif se rapporte à **deux noms,** il se met au **pluriel**, même si ces deux noms sont au singulier.
  → *une robe et une veste vertes.*
- Lorsqu'un adjectif se rapporte à **deux noms**, l'un au **masculin**, l'autre au **féminin**, il se met au **masculin pluriel**.
  → *une robe et un manteau verts.*

EXERCICES

1 Mettez les groupes nominaux suivants au féminin.

Un vieux magicien – un automobiliste imprudent – un enfant rieur – un frère peureux – un avocat consciencieux – un dessinateur doué – un chien hargneux.

2 Mettez les groupes nominaux suivants au masculin.

Une bibliothécaire bavarde – une chatte câline – une élève attentive – une collègue rieuse – une cane dodue – une ministre compétente – une lionne affamée.

3 Reliez les adjectifs aux noms qui conviennent. Aidez-vous des accords.

Noms : 1. un cheval – **2.** des bijoux – **3.** la perruque – **4.** des yeux – **5.** des froids – **6.** des chantiers – **7.** un œil – **8.** un froid.
Adjectifs : a. inestimables – **b.** bleus – **c.** navals – **d.** naïf – **e.** fougueux – **f.** glacial – **g.** hivernaux – **h.** bouclée.

4 Recopiez le texte suivant en soulignant les adjectifs qualificatifs et en indiquant par une flèche les noms auxquels ils se rapportent.

Sur sa courte colline plate, dominant les eaux lourdes et fortes du grand fleuve, le village d'Achelacy dormait encore. On entendait seulement le grondement obstiné d'un chien disputant, en rêve, un os à un quelconque adversaire et en haut d'un grand chêne blanc deux geais qui convoitaient la même branche ensoleillée.

Jean-Marc Soyez, *La Princesse iroquoise*, © Hachette.

5 Accordez les mots entre parenthèses avec les noms auxquels ils se rapportent.

Les oreilles (écarlate) et (meurtri) par les brosses, un (immense) nœud de soie (blanc) autour du cou, pantalon (bleu), souliers à rubans (blanc et bleu), je fus introduit dans le salon.

Le visiteur était assis dans un fauteuil, les jambes (allongé). Je fus frappé par son regard (étrange), d'une clarté et d'une fixité légèrement (inquiétant) et comme (animal), sous des sourcils qui donnaient à ses yeux quelque chose d'ailé. Un sourire un peu (ironique) errait sur ses lèvres (serré).

Romain Gary, *La Promesse de l'aube*, © Gallimard.

6 Accordez les mots entre parenthèses avec les noms auxquels ils se rapportent.

Dès le début de la République, Rome étend son territoire en Italie. Ses succès (militaire) sont dus à une armée (nombreux) et bien (organisé) (formé) de citoyens (appelé) en cas de guerre et (réuni) en légions. (Patriote), les Romains acceptent une discipline très (dur) pour défendre leur pays. Au IIIe s. av. J.-C., ils dominent toute l'Italie (actuel) et partent à la conquête du bassin (méditerranéen). Rome entre alors en conflit avec Carthage, une (puissant) cité d'Afrique du Nord. Trois (long) guerres, (appelé) les guerres (punique), opposent les deux cités pendant plus de cent ans.

L'Histoire du monde, © Larousse-Bordas, 1996.

7 Accordez les groupes nominaux entre parenthèses.

Ils atteignirent enfin l'arrière de l'établissement, où ils trouvèrent d'(interminable train de marchandise). Les (produit manufacturé) par la station d'exploitation du bétail tombaient, de l'arrière du bâtiment, dans les (wagon du chemin de fer). Des (valise de cuir) surgissaient de l'une des (nombreuse lucarne pratiquée dans le mur), des (baril de beurre) d'une autre, des (chaussure en vachette) culbutaient d'une troisième, des (conserve de salade de museau de bœuf) d'une quatrième, d'(énorme meule de gruyère) d'une cinquième, des (tonneau de viande congelé) roulaient d'une sixième. Des (peigne de corne), des (paire des saucisse), des (peau tanné), des (bidon de lait), des (corde de violon), des (boîte de crème fouetté), et beaucoup de produits tombaient encore d'(autre lucarne).

Erich Kästner, *Le 35 mai*, trad. de M. Kahn,
© Hachette Livre, « Le Livre de Poche Jeunesse », 1970.

EXPRESSION ORALE
Donner son avis

OBSERVATION

Questions

1. Quelle phrase présente une affirmation ?

2. Quelles phrases expriment un point de vue personnel ?

3. Quelle phrase nuance le point de vue ?

4. Quelle phrase compare deux éléments ?

5. Quelles phrases expriment nettement un accord ?

LEÇON

- **Donner son avis**, c'est **dire ce qu'on pense** de quelque chose, de quelqu'un, d'une situation, d'un événement.
- On peut le faire de façon **positive ou négative**, de façon **nette ou nuancée.**

▶ Exposer son avis, exprimer son accord

Moi, personnellement… – Moi, je pense…
À mon avis,… – En ce qui me concerne, … – D'après moi,… – Pour ma part,… – Pour moi, … – De mon point de vue, …
C'est mon opinion. – Ce qui me paraît important, c'est… – Ce qui compte à mes yeux, c'est… – C'est évident – C'est exactement ce que je pense – Mon idée, mon sentiment, mon opinion, c'est que… – Telle est ma conviction…
Bien sûr ! – Sans aucun doute – Naturellement – Évidemment.

J'approuve… – Je suis d'accord avec *(+ nom)* – Je suis pour *(+ nom ou infinitif)* – Je suis pour que *(+ subjonctif)* – Je suis favorable à… – Je suis partisan de – Je suis convaincu que… – Je suis persuadé/certain/sûr que… – Je suis tout à fait/absolument d'accord. – Je suis entièrement de ton avis. – Vous avez raison. – Je crois… – Je suis d'avis que… – J'estime que… – Je ne vous le fais pas dire.

▶ Exprimer son désaccord

Je ne suis absolument pas d'accord ! – Je ne suis pas d'accord avec vous sur ce point. – Je ne pense pas que vous ayez tout à fait raison – Je regrette, mais il m'est impossible de partager votre avis.
Ce n'est pas mon avis.
Vous faites erreur. – Ce que vous dites est absurde. – Vous avez tort de soutenir ce point de vue.
Absolument pas !

PRENONS LA PAROLE

Par groupes, improvisez les scènes suivantes, et donnez votre avis en employant le vocabulaire adapté au récepteur et à la situation.

1. Vos parents décident qu'on ne regardera plus la télévision pendant les repas.
2. Votre grande sœur essaie les vêtements qu'elle vient de recevoir par colis. Elle vous demande votre avis.
3. Aimez-vous, ou aimeriez-vous porter des vêtements de marque ?
4. Votre frère apporte sur la table le gâteau dont il vient d'improviser la recette.
5. Vous venez d'essayer un nouveau jeu vidéo. Vous donnez votre avis à un camarade.

BILAN

1 20 points

a. Pour chaque nom souligné, dites s'il s'agit d'un nom concret ou abstrait, animé ou non animé. (10)
b. Précisez la nature de son déterminant. (10)

Jusqu'à cette [...] minute, tout avait été parfait pour Vincent. Pourtant, rien n'assurait qu'il aurait pu retrouver aussi vite sa place et son rôle sur le terrain. Un mois sans jouer, c'est long. Surtout quand on est écarté du groupe des onze titulaires pour raison disciplinaire comme avait dit le président du club.
Et puis, dès le début de la partie, quelques dribbles et quelques passes avaient suffi pour constater que Vincent n'avait pas cessé d'être Vincent Robinier : le patron de l'équipe.

Jean-Noël Blanc, « C'est pas ton frère », *Courts toujours*, Hachette.

2 15 points

a. Relevez les adjectifs épithètes qui caractérisent les noms soulignés. (10)
b. Repérez les appositions qui se rapportent aux noms en caractères gras. (5)

Hanna, ma grand-mère maternelle, qu'on appelait Maman chérie, et **Salomon**, mon grand-père maternel, qu'on appelait Papa chéri, étaient restés à Tlemcen. Ils habitaient une grande maison avec une belle terrasse et une grande cour, où j'avais passé une partie de mon enfance.
Étoile, ma grand-mère paternelle, vivait dans une petite rue près de la caserne, sur la route qui mène à **El Khala**, les splendides hauteurs qui dominent Tlemcen. Mon grand-père paternel était mort, je ne l'avais pas connu, sinon en photo. Étoile, qu'on appelait Mémé, était née à **Nédroma**, un tout petit village où l'habitude était de se déplacer à pied ou à dos d'âne, où j'avais été une fois ou deux, en voiture avec mon père : la sœur de Mémé y habitait.

Gil Ben Aych, *Le Voyage de Mémé*, © Pocket Junior.

3 20 points

a. Repérez les propositions relatives. (5)
b. Transformez chaque phrase complexe en deux phrases simples. (15)

Avoir perdu son revolver contrariait beaucoup Wild Bill, qui ne pouvait sortir dans la rue sans son arme. Il ne passait pourtant pas inaperçu, ce revolver, dont la crosse était en nacre blanche. Mais tous les gars du saloon que Bill avait interrogés avaient répondu qu'ils ne l'avaient pas vu. Dans ce saloon, où Wild Bill jouait aux cartes, on savait qu'il n'avait pas beaucoup d'amis. Lorsqu'un coup de feu éclata et que l'on vit le grand Bill s'écrouler, les personnes qui se levèrent pour le secourir furent peu nombreuses.

4 15 points

Replacez les déterminants suivants aux endroits qui conviennent : *au - aux - aux - ce - cette - le - la - la - son - sa - ses - ses - un - une - une.*

Dans la pièce, l'odeur était insupportable. **(1)** mélange de tabac froid et de moisissure. Peut-être aussi d'urine. « On m'a droguée », pensa Zoé en sortant de **(2)** mauvais sommeil. Quand elle se rendit compte que c'était **(3)** vieux matelas sur lequel elle était allongée qui puait **(4)** cocktail abominable, elle trouva **(5)** force de se dresser sur **(6)** jambes. Kidnappée, elle avait été kidnappée !
On allait réclamer **(7)** rançon à **(8)** parents et, en attendant, elle allait moisir ici, dans **(9)** espèce de chambre **(10)** plancher pourri et **(11)** murs lépreux. Elle aurait pu fondre en larmes, se mettre à trembler, appeler, supplier... Zoé ne fit rien de tout cela. Elle, toujours habituée **(12)** hôtels de luxe, toujours poursuivie par **(13)** meute de journalistes, pour **(14)** première fois de **(15)** vie, était vraiment seule, et c'était finalement assez agréable.

Hubert Ben Kemoun, *Méfiez-vous de l'an 2000 !*, © Nathan.

5 10 points

Accordez les éléments entre parenthèses comme il convient.

Des semaines passèrent, des (mois), et puis ce fut l'hiver, avec les (dessin délicat) du gel sur les (fenêtre), les sentiers, qui fumaient tout au long du jour, les gens (emmitouflé), les (moineau décharné trouvé roide) le long des baies et un léger manteau de neige sur les collines.
Une nuit étoilée de grand gel, là-bas vers le nord, en direction de la (vieux chapelle abandonné), on aperçut de (grand lueur blanc) comme on n'en avait jamais vu. Cela provoqua (un certain alarme) à Tis : gens qui sautaient brusquement du lit, fenêtres qui claquaient, appels d'une maison à l'autre, tapage dans les rues. Puis, quand on comprit que ce n'était qu'une des lueurs habituelles de Silvestro, rien d'autre que la lumière de Dieu venue saluer l'ermite, hommes et femmes fermèrent leurs fenêtres, se faufilèrent de nouveau sous leurs (chaud couverture), un peu (déçu), maudissant cette fausse alerte.

Dino Buzzati, *Le chien qui a vu Dieu*, © Robert Laffont.

5 Le verbe

OBJECTIFS

Savoirs
- Analyser un verbe
- Repérer les marques de la situation de communication dans un texte
- Distinguer dans un récit les actions de premier plan et le décor

Savoir-faire
- Faire l'accord sujet-verbe
- Conjuguer les verbes fréquents aux temps de l'indicatif
- Transposer un texte en ajoutant ou en effaçant les marques de la communication
- Maîtriser l'opposition passé simple/imparfait dans un récit

GRAMMAIRE

18. Le groupe verbal

OBSERVATION

La carrière d'un écrivain

C'est à dix-huit ans que le jeune Roald Dahl décide de faire face au monde. Au lieu de continuer ses études à l'université, il entre à la grande compagnie pétrolière, la Shell, et devient un homme d'affaires.

Habillé d'un complet gris foncé, un feutre mou sur la tête, un parapluie roulé en main, il prend le train pour Londres tous les matins à 8 h 15 du village où il habite avec sa mère et ses trois sœurs. Quelques années plus tard, la Shell l'envoie en Afrique orientale. Il est en extase à l'idée de connaître la chaleur brûlante, de voir des éléphants et des lions. Là-bas, il vend le pétrole de la Shell dans les mines de diamant et les plantations de sisal[1]. Il apprend aussi à secouer ses bottes tous les matins au cas où un scorpion s'y serait glissé pendant la nuit. C'est le bonheur.

Mais la Deuxième Guerre mondiale met un terme à sa carrière avec la Shell. Roald entre dans la Royal Air Force et devient pilote de chasse. Gravement blessé en Libye lorsque son avion s'écrase au sol, il guérit et repart au combat, cette fois en Grèce et en Syrie, affrontant les terribles avions Messerschmitt allemands. En 1942, il se retrouve attaché militaire aux États-Unis, à Washington. C'est là qu'il commence à écrire : des nouvelles inspirées par ses expériences de la guerre.

Mais voilà, quelques années plus tard, cet écrivain, célèbre pour ses récits sinistres et inquiétants, se met à écrire pour des enfants ! Et voilà que les enfants en redemandent, enchantés, ravis ! Dahl devient un des plus grands auteurs de livres pour enfants.

Je bouquine, © Bayard Presse, novembre 1990.

1. **Sisal :** plante dont les feuilles fournissent une fibre textile.

Questions

1. Lisez le texte en supprimant les mots en vert. Le texte reste-t-il compréhensible ?

2. Quel type de renseignement nous donnent les mots en vert ?

3. Transposez le deuxième paragraphe au passé. Quels mots varient ?

4. Transposez les troisième et quatrième paragraphes au futur. Quels mots varient ?

5. Mettez le même passage au pluriel en prenant pour sujet « Roald et son frère ». Que constatez-vous ?

LEÇON

1. Définition

- Le **verbe** est un **mot essentiel** de la phrase verbale. Il relie le sujet et les compléments, ou le sujet et son attribut.

→ *Roald habite avec sa mère et ses trois sœurs.*
(Roald : sujet ; habite : verbe ; avec sa mère et ses trois sœurs : complément)

Roald devient écrivain.
(Roald : sujet ; devient : verbe ; écrivain : attribut)

- Le verbe est le mot de la phrase qui **se conjugue**.

→ *Il **prend** le train. / Ils **prennent** le train.*

- Le verbe peut désigner des **actions** ou des **états** situés dans le **temps** : passé, présent, futur.

→ *Il **devient** pilote. – Il **devint** pilote. – Il **deviendra** pilote.*

- Il existe **deux sortes de verbes** :

– des **verbes d'état** ou attributifs : *être, sembler, paraître, devenir, demeurer, rester, avoir l'air, passer pour.*
– des **verbes d'action** : *venir, déjeuner, voyager, écrire, rire, danser…*

→ *Son avion s'**écrase** au sol*

- Le verbe **s'accorde avec son sujet** :

– en personne (1re, 2e, 3e) :

→ ***Je** m'amus**e**/**Tu** t'amus**es**.*

– en nombre (singulier ou pluriel) :

→ ***Le garçon** s'amus**e** /**les garçons** s'amus**ent**.*

2. La conjugaison du verbe

Radical et terminaison

Le verbe est composé d'un **radical** et d'une **terminaison**.

- La **partie commune** à toutes les formes du verbe est le **radical**, qui contient son **sens**.

→ *Elle **souri**t. – Nous **souri**ons. – Il **souri**ait.*

- La **partie variable** s'appelle la **terminaison**, qui donne des renseignements :

– sur la **personne** du sujet :

→ *Je termin**e**, tu termin**es**.*

– sur le **nombre** du sujet :

→ *Je termin**e**, nous termin**ons**.*

– sur le **moment** où se situe l'action (le passé, le présent, l'avenir) :

→ *Il sort.* (présent) – *Il est sorti.* (passé) – *Il sortira.* (futur)

Le mode

Le mode est la manière dont l'émetteur envisage l'état ou l'action. En français, on distingue : l'**indicatif**, l'**impératif**, l'**infinitif**, le **subjonctif**, et le **participe**.

- L'indicatif exprime des faits réels :
  → *Il **sait** tout.*
- L'impératif est le mode de l'ordre et de la défense :
  → ***Sachez** votre leçon.*
- Le subjonctif situe les faits dans le domaine du possible :
  → *Il faut que vous **sachiez** votre leçon.*

Les trois groupes

La conjugaison des verbes se répartit en trois groupes :

- 1er groupe : *manger*.

Infinitif en **-er** ; 1re personne de l'indicatif en **-e**.

- 2e groupe : *finir*.

Infinitif en **-ir** ; participe présent en **-issant**.

- 3e groupe : *dormir, vouloir, craindre*.

Infinitif en **-ir**, **-oir**, **-re** ; participe présent en **-ant**.

Pour l'expression écrite

Souvent, à l'écrit, nous abusons de verbes passe-partout comme *avoir, être, dire, mettre, faire*.

À la relecture du brouillon, il est important de remplacer le plus souvent possible ces verbes par un verbe synonyme dont le sens est plus précis.

→ *Une source **est** au pied de la colline → **jaillit, tourbillonne**.*
*Il **a eu** un grand succès → **a obtenu**.*
*Cette lampe **a** une lumière aveuglante → **projette**.*
*Les ouvriers **font** un tunnel → **forent, creusent**.*
*Le président **fera** un discours → **prononcera**.*
*La documentaliste **met** une affiche → **placarde**.*

Retenons

1. Le verbe exprime une **action** ou un **état**.
2. Il varie avec la **personne** et le **nombre** du sujet.
3. Il est composé d'un **radical** et d'une **terminaison**.
4. La conjugaison du verbe permet de situer les événements dans le **temps** : passé, présent, futur.
5. Pour **analyser** un verbe, il faut savoir identifier son **groupe**, son **mode**, son **temps**, sa **personne**, son **nombre**.

EXERCICES

Identifier

1 Relevez et classez les verbes conjugués selon qu'il s'agit de verbes d'action ou de verbes d'état.

1. Perché au sommet du cerisier, Poly attendait les pompiers qui l'aideraient à descendre. – **2.** Fouillant dans les malles du grenier, Barbara découvrit des trésors. – **3.** Comme il rangeait ses pinceaux, le peintre fit une immense tache jaune sur le tableau qu'il venait d'achever. – **4.** Après sa victoire, le boxeur semblait très heureux de son nouveau titre de champion. – **5.** Dès son premier disque, BigDig est devenu un groupe de rock adoré par tous les adolescents.

2 Les verbes soulignés sont-ils des verbes d'action ou des verbes d'état ? Classez-les en deux colonnes.

Thésée et le Minotaure

Tout à coup, ce fut la nuit absolue. Thésée ne pouvait plus progresser qu'en frôlant du bras la muraille sinueuse, ses deux mains étant occupées l'une par son glaive, l'autre par le fil. À cet instant, il eut besoin de tout son courage, car il se sentait sans défense dans le noir si son ennemi venait à l'attaquer. Heureusement, la tendre Ariane imprimait de temps en temps de petites secousses au fil de soie comme pour lui dire qu'elle l'accompagnait par la pensée, et cela lui réchauffait le cœur.
Il déboucha enfin dans un espace ouvert situé au centre même du labyrinthe, et se trouva en présence du Minotaure.
Quel hideux spectacle ! Sa tête armée de cornes, son poitrail, ses pattes de devant étaient d'un taureau, mais le reste du corps, quoique complètement couvert de poils, était d'un homme. Immense, taillé pour le combat, le monstre, qui se tenait debout sur ses jambes de derrière, tournait en tous sens dans sa solitude en poussant des rugissements de rage. Peut-être demeurait-il tenaillé par la faim.
Dès qu'il aperçut Thésée, il abaissa ses cornes aiguës et fonça sur lui avec un hurlement formidable et, cette fois, presque humain. Le héros ne subit qu'une partie du choc, car il avait sauté de côté, mais peu s'en fallut qu'il ne fût culbuté. Il comprit aussitôt qu'il devait compter sur son agilité plutôt que sur sa force.

Nathaniel Hawthorne, *Le Second Livre des merveilles*, © Bordas, « Aux quatre coins du temps » 1979.

3 Indiquez le temps des verbes soulignés et classez-les en trois colonnes : passé, présent, futur.

À New York, il neige aujourd'hui et je regarde, par la fenêtre de mon appartement de la 59e rue, l'immeuble d'en face où se trouve l'école de danse que je dirige. Derrière la baie vitrée, les élèves en justaucorps ont cessé leurs pointes et leurs entrechats. Ma fille, qui travaille avec moi comme assistante, leur montre, pour les détendre, un pas sur une musique de jazz.
Tout à l'heure, j'irai les rejoindre.
Il y a, parmi ces élèves, une petite fille qui porte des lunettes. Elle les a posées sur une chaise, avant de commencer le cours, comme je le faisais au même âge chez Madame Dismailova. On ne danse pas avec des lunettes. Je me souviens qu'à l'époque de Madame Dismailova, je m'exerçais pendant la journée à ne plus porter mes lunettes. Les contours des gens et des choses perdaient leur acuité, tout devenait flou, les sons eux-mêmes étaient de plus en plus étouffés. Le monde, quand je le voyais sans lunettes, n'avait plus d'aspérités, il était aussi doux et aussi duveteux qu'un gros oreiller contre lequel j'appuyais ma joue, et je finissais par m'endormir.

Modiano, Sempé, *Catherine Certitude*, © Gallimard, 1988.

4 Repérez les différents verbes conjugués, donnez leur infinitif et le groupe auquel ils appartiennent.

1. Comme les fées s'étaient penchées sur son berceau, Pauline n'avait aucun défaut. – **2.** À l'allure où il avance, le vieil homme n'aura pas d'amende pour excès de vitesse. – **3.** Alexis s'était si bien coincé entre son lit et son bureau qu'il n'arrivait plus à sortir de sa cachette. – **4.** Romain offrit un bouquet de fleurs séchées à sa sœur, qui fut agréablement surprise. – **5.** Voyant la tempête qui souffle, Valérie a décidé de rester sous sa couette tout l'après-midi. – **6.** À peine Julien était-il descendu du train qu'il s'aperçut qu'il avait oublié son sac de voyage.

5 Pour chaque verbe souligné, précisez son infinitif, son groupe, la personne et le temps auxquels il est conjugué.

1. Nous sommes arrivés sur l'île de Noirmoutier vers quinze heures, et le brouillard ne se lève toujours pas. – **2.** Pourquoi ne nous accompagnes-tu pas au concert que Sting donnera en mars prochain ? – **3.** Chers amis, je suis très content de vous voir réunis pour cette petite fête, pendant laquelle, j'espère, vous vous amuserez. – **4.** Les enfants se sont jetés dans la piscine. – **5.** La louve a retrouvé ses petits qui l'attendaient dans sa tanière.

Transformer

6 Mettez les éléments soulignés à la personne du singulier ou du pluriel correspondante. Faites toutes les transformations nécessaires.

1. Je pensais à Simon parti faire une randonnée au Pérou. – 2. La cousine de Zora entra dans la cuisine, les bras chargés de légumes bizarres. – 3. Peux-tu nous aider à transporter les cartons de livres dans le grenier, s'il te plaît ? – 4. À quatorze heures précises, je fis entrer les suspects dans mon bureau. – 5. Le cosmonaute a posé le pied sur le sol de Mars avec une extrême prudence. – 6. Les lions sortirent de leur enclos et, en les apercevant, un singe se mit à hurler pour donner l'alerte. – 7. En 2035, avais-tu déjà ton permis de conduire les aéromobiles ?

7 Récrivez le texte suivant en imaginant que le narrateur a un frère jumeau et en transposant au pluriel. Vous commencerez ainsi : « C'est l'anniversaire de notre maman et nous avons décidé… ».

Le chouette bouquet

C'est l'anniversaire de ma maman et j'ai décidé de lui acheter un cadeau comme toutes les années depuis l'année dernière, parce qu'avant j'étais trop petit.
J'ai pris les sous qu'il y avait dans ma tirelire et il y en avait beaucoup, heureusement, parce que, par hasard, maman m'a donné de l'argent hier. Je savais le cadeau que je ferais à maman : des fleurs pour mettre dans le grand vase bleu du salon, un bouquet terrible, gros comme tout.
À l'école, j'étais drôlement impatient que la classe finisse pour pouvoir aller acheter mon cadeau. Pour ne pas perdre mes sous, j'avais ma main dans ma poche, tout le temps, même pour jouer au football à la récréation, mais, comme je ne joue pas gardien de but, ça n'a pas d'importance. Le gardien de but c'était Alceste, un copain qui est très gros et qui aime bien manger. « Qu'est-ce que tu as à courir avec une seule main ? » il m'a demandé. Quand je lui ai expliqué que c'était parce que j'allais acheter des fleurs pour ma maman, il m'a dit que lui, il aurait préféré quelque chose à manger, un gâteau, des bonbons ou du boudin blanc, mais, comme le cadeau n'était pas pour lui, je n'ai pas fait attention et je lui ai mis un but. On a gagné par 44 à 32.

Sempé, Goscinny, *Le Petit Nicolas*, © Denoël.

8 Mettez les verbes soulignés au présent de l'indicatif.

Bonne-Maman arrivait toujours en taxi et ne donnait jamais de pourboire au chauffeur. Elle était petite et paraissait rapetisser un peu plus chaque année. Elle avait des cheveux argentés et raides qui, de loin, faisaient bon effet mais de près laissaient entrevoir la surface rose de son crâne. Même par temps chaud, elle portait des vêtements épais et lourds, aussi épais et lourds que ses lunettes, composées de deux énormes verres de nature différente, cerclés d'une monture dorée. […]
Le véritable nom de Bonne-Maman (qui était la mère de Mme Warden) était Ivy Marmit, mais personne ne l'appelait plus ainsi. Depuis son soixante-dixième anniversaire, on la nommait simplement Bonne-Maman. Non pas Mamie, ni Grand-mère. Bonne-Maman. […]
Bonne-Maman n'avait aucun goût vestimentaire. Par exemple, elle portait le même manteau depuis vingt-sept ans. […] Bonne-Maman était terriblement avare, plus encore pour elle-même que pour les autres. Jamais elle ne s'offrait de nouveaux habits. Jamais elle n'allait au cinéma. Elle préférait, disait-elle, attendre de voir les films en vidéo. Mais elle était bien trop radin pour acheter un magnétoscope.

Anthony Horowitz, *Satanée Grand-mère*, © Hachette Livre, «Le Livre de Poche Jeunesse », 1994.

9 Remplacez l'expression soulignée par une expression synonyme. Attention ! la construction des compléments du verbe peut changer.

1. Hugo fera voir sa collection de bandes dessinées à son nouveau copain. – 2. Le directeur a fait savoir aux élèves, ravis, que la nouvelle salle informatique était ouverte. – 3. Georges Lucas ne fera plus jouer Harrison Ford dans les films de *La Guerre des étoiles*. – 4. Dans la pénombre, les deux frères faisaient peur à leur jeune sœur en secouant de vieux draps poussiéreux. – 5. Lucien a fait de la peine à Tante Agathe en refusant de l'accompagner au musée. – 6. Habib nous fait rire avec ses grimaces.

Écrire

10 Replacez les verbes suivants à l'endroit qui convient :
buvait – descendait – dormait – empoignait – quittait – rallumait – remontait – reprenait – s'éveillait – tiédissait.

L'araignée apprivoisée

Elle (1) ou chassait, le jour, sur sa toile tendue au plafond de la chambre à coucher. La nuit, vers trois heures, au moment où l'insomnie quotidienne (2) la lampe, rouvrait le livre au chevet de ma mère, la grosse araignée **(3)** aussi, prenait ses mesures d'arpenteur et **(4)** le plafond au bout d'un fil, droit au-dessus de la veilleuse à huile où **(5)** toute la nuit un bol de chocolat. Elle **(6)**, lente, balancée mollement comme une grosse perle, **(7)** de ses huit pattes le bord de la tasse, se penchait tête première et **(8)** jusqu'à satiété. Puis elle **(9)**, lourde de chocolat crémeux, avec les haltes, les méditations qu'impose un ventre trop chargé, et **(10)** sa place au centre de son gréement de soie.

Colette, *La Maison de Claudine*, © Hachette.

11 Inventez les verbes qui manquent dans le texte suivant.

Six pèlerins en salade

Il faut maintenant raconter ce qui **(1)** à six pèlerins qui venaient de Saint-Sébastien, près de Nantes. Pour **(2)** cette nuit-là, de peur des ennemis, ils s'étaient cachés au jardin entre les choux et les laitues. Gargantua, se sentant l'estomac un peu creux, **(3)** si l'on pourrait trouver des laitues pour faire une salade et, apprenant qu'il y en avait, des plus belles du pays car elles étaient grandes comme des pruniers ou des noyers, il **(4)** y aller lui-même et prit ce que bon lui sembla. Il **(5)** en même temps les six pèlerins, qui avaient si grand peur qu'ils n'osaient ni **(6)** ni tousser.
Comme il les **(7)** d'abord à la fontaine, les pèlerins se disaient à voix basse : « Que faire ? nous allons nous **(8)** avec ces laitues. Parlerons-nous ? Mais si nous parlons, il nous **(9)** comme espions. »
Cependant, Gargantua les **(10)** avec ses laitues dans un plat de la maison, qui était grand comme la fameuse cuve de Cîteaux, et avec huile, vinaigre et sel, il **(11)** à manger pour se rafraîchir avant le souper. Il avait déjà englouti cinq des pèlerins ; le sixième était encore dans le plat, caché sous une laitue, sauf son bâton qu'on **(12)** au-dessus. Le voyant, Grandgousier dit à Gargantua : « Je crois que c'est là une corne de limaçon ; ne le **(13)** pas. »

François Rabelais, *Gargantua*.

12 Remplacez les verbes soulignés par un verbe dont la signification est plus précise. Utilisez un dictionnaire.

1. Comme d'habitude, Kévin dit en bafouillant le poème que nous devions apprendre pour aujourd'hui. – **2.** Catastrophe ! le poste de télévision ne marche plus. – **3.** Après avoir mis la clef dans la serrure de la porte, il s'aperçut qu'il avait oublié son cartable. – **4.** À la récréation, Solenn doit me dire un secret. – **5.** À chaque contrariété, mon grand-père dit des gros mots.

13 Racontez la scène suivante et imaginez la suite. Quand vous aurez corrigé votre texte, vous soulignerez tous les verbes que vous aurez employés.

Goscinny et Uderzo, *Astérix et Cléopâtre*, © Albert René.

14 Voici un petit poème où les verbes sont nombreux. Inspirez-vous de ce texte pour décrire votre classe pendant un contrôle de mathématiques ou de français.

Déjà l'épicière,
Déjà la fruitière,
Déjà l'écaillère,
Sautent à bas du lit.
L'ouvrier travaille,
L'écrivain rimaille,
Le fainéant bâille,
Et le savant lit.

M.-A.-M. Desaugiers, *Tableau de Paris à cinq heures du matin.*

AUTOÉVALUATION

À la fin de cette leçon, je sais :

- **identifier** le groupe auquel appartient un verbe ;
- **distinguer** verbe d'état et verbe d'action ;
- **accorder** le verbe avec son sujet dans les cas simples ;
- **conjuguer** des verbes aux temps demandés ;
- **compléter** un texte en conjuguant les verbes aux temps qui conviennent ;
- **remplacer** un verbe passe-partout par un verbe précis.

GRAMMAIRE

19. Énoncé ancré, énoncé coupé

OBSERVATION

TEXTE 1

Le chien d'Ulysse

Pendant qu'ils échangeaient ces paroles entre eux, un chien couché leva la tête et les oreilles ; c'était Argos, le chien que le vaillant Ulysse achevait d'élever, quand il fallut partir vers la sainte Ilion, sans en avoir joui. Avec les jeunes gens, Argos avait vécu, courant le cerf, le lièvre et les chèvres sauvages. Négligé maintenant, en l'absence du maître, il gisait, étendu au-devant du portail, sur le tas de fumier des mulets et des bœufs où les servants d'Ulysse venaient prendre de quoi fumer le grand domaine ; c'est là qu'Argos était couché, couvert de poux. Il reconnut Ulysse en l'homme qui venait et, remuant la queue, coucha les deux oreilles : la force lui manqua pour s'approcher du maître. Ulysse l'avait vu : il détourna la tête en essuyant un pleur…

Homère, *L'Odyssée*, Chant XVII, traduit par Victor Bérard, © Les Belles Lettres.

TEXTE 2

Mardi 4 avril 1944

Chère Kitty, il s'agit de travailler pour ne pas rester ignorante, pour avancer, pour devenir journaliste, car c'est ça que je veux. Je suis sûre de pouvoir écrire, d'en être capable. Quelques-unes de mes nouvelles ? ça peut aller ; mes descriptions de l'Annexe ne manquent pas d'humour ; il y a des passages éloquents dans mon Journal, mais… savoir si j'ai du talent ?

À toi.

Anne.

Journal d'Anne Frank, traduit par Caren et Lombard, © Calmann-Lévy.

Questions

Imaginez que vous êtes en train d'écrire successivement ces deux textes.

1. Dans quel texte y a-t-il des indices du moment où vous écrivez ?

2. Dans quel texte, au contraire, avons-nous l'impression que les événements n'ont pas de lien avec le moment où le texte est écrit ?

3. Quel est le temps verbal de base du texte 1 ? du texte 2 ?

4. Dans quel texte l'émetteur et le récepteur sont-ils désignés ?

5. Dans quel texte est-il impossible de désigner le récepteur ?

LEÇON

1. Définition

En général, il existe deux façons de rapporter les événements, qui correspondent à deux systèmes d'énonciation.

On peut choisir de :
– **s'engager directement** dans son texte et **s'adresser à quelqu'un de précis**. Dans ce système, l'énoncé est **ancré** dans la situation de communication ;
– **ou**, au contraire, raconter une histoire **sans intervenir soi-même**, et **sans s'adresser à quelqu'un de présent** dans le texte. Dans ce système, l'énoncé est **coupé** de la situation de communication.

2. L'énoncé ancré dans la situation de communication

- Il situe les événements par rapport au **moment de la communication**.
- Le **temps de base** est le **présent de l'indicatif**, accompagné des repères : *moi – ici – maintenant.*

L'**émetteur** (*je*) et le **récepteur** (*tu*) apparaissent dans le texte. Le texte est écrit à la **1re personne**.

➜ ***Je** veux que **tu** finisses tes devoirs.*

3. L'énoncé coupé de la situation de communication

- Il situe les événements par rapport à un **repère du texte**.
- Le **temps de base** est le **passé simple de l'indicatif**, accompagné de repères : *il – là-bas – à cette époque-là.*
- L'**émetteur** et le **récepteur** n'apparaissent pas dans le texte. Les événements semblent se raconter d'eux-mêmes. On emploie la **3e personne.**

➜ *Argos **reconnut** son maître.*

	ÉNONCÉ ANCRÉ	ÉNONCÉ COUPÉ
	Discours	**Récit**
Point de repère	Moment de la communication	Moment précisé dans le texte
Pronoms personnels	*je* (émetteur) *tu* (récepteur)	*il / elle* (un des personnages)
Temps des verbes	Présent (temps de référence) Passé composé Futur Imparfait / Plus-que-parfait (communs aux deux)	Passé simple (temps de référence) Conditionnel présent Imparfait / Plus-que-parfait (communs aux deux)

L'imparfait et le plus-que-parfait de l'indicatif sont deux temps verbaux qui apparaissent dans les deux systèmes.

Pour l'expression écrite

- C'est **avant de se mettre à écrire** que l'on doit choisir l'un ou l'autre système, selon le type de texte que l'on désire produire.
- Si l'on veut s'engager directement dans son texte, s'adresser à quelqu'un de précis, avec le désir de le distraire, de l'influencer, de le conseiller, on **utilise** des **marques de la communication** (*je, tu, vous*) et on emploie le **présent**.
C'est le cas des lettres, des modes d'emploi, des textes publicitaires, des textes argumentatifs, des dialogues.
- Si l'on veut raconter une histoire qui se situe dans un temps et un espace lointains (« Il était une fois »), sans intervenir soi-même dans sa propre histoire, on **efface** les **marques de la communication** (*je, tu, vous*) et on emploie **le passé simple**. C'est le cas des contes, des récits historiques, des biographies.

Retenons

Il y a deux façons de rapporter des faits, des événements :

1. soit à la manière d'un **reporter** : on donne alors l'impression que l'événement est vécu au moment de la communication. **L'énoncé** est **ancré** dans la communication ;

2. soit à la manière d'un **historien** : on met ainsi le moment passé en évidence, bien distinct du moment de la communication. **L'énoncé** est **coupé** de la communication.

EXERCICES

Identifier

1 Relevez dans les phrases suivantes les indices qui renvoient à la situation de communication : pronoms, déterminants, expressions de temps ou de lieu.

1. Le puits que mon père a creusé descend à plus de vingt mètres sous la surface. – **2.** Aujourd'hui, 10 novembre 1754, les pirates du *Cormoran Blanc* ont attaqué deux navires espagnols. – **3.** Les pièces d'or qui constituaient ma part du butin avaient été cachées au fond d'un coffre à double fond. – **4.** La fusée que vous pouvez voir sur vos écrans devrait décoller d'ici quelques minutes maintenant. – **5.** Votre chien a gratté à votre porte tout l'après-midi.

2 Quel est le temps dominant des courts paragraphes suivants ?

1. Pendant un court instant, le mousse crut qu'il ne pourrait pas récupérer son souffle. Une nouvelle vague passa par-dessus bord et le submergea : c'était la quatrième ! Dès qu'elle fut repartie en sens inverse, le jeune garçon courut se mettre à l'abri dans la cabine d'équipage. Mais là, le second le délogea en lui ordonnant de retourner à la manœuvre.

2. Comme il entrait dans le grand salon, Louis aperçut son ami Lucas en grande discussion avec le commissaire Perdoux. Le vieux commissaire écoutait attentivement son interlocuteur. Il le regardait fixement, et semblait prendre des notes de chaque parole du jeune homme. Louis, masqué par une colonne de la grande salle, ne pouvait détacher son regard du visage de marbre du policier.

3. Je t'envoie ce petit plan pour que tu puisses arriver sans problème à notre auberge. Après la sortie d'autoroute n° 6, tu prends la direction de Gien. Lorsque tu arriveras à un rond-point à l'entrée de la ville, tu prendras la première route à droite ; cinq cents mètres plus loin, il y a un panneau publicitaire qui annonce l'auberge du Ramoneur. Tu ne peux plus te tromper à cet instant, l'auberge est à deux kilomètres et demi sur cette petite route.

4. Dimanche matin, Samuel est allé pêcher avec son grand-père sur les bords de l'Indre. Puis, ensemble ils ont déjeuné dans une auberge. Le vieil homme a ensuite emmené son petit-fils visiter le village où il avait grandi, voir l'école où il avait appris à lire. Le dimanche soir, Samuel a raconté sa journée à ses parents avec émotion : il leur a dit qu'il espérait pouvoir prochainement revivre une aussi belle journée.

3 Dans les textes suivants, repérez les pronoms personnels, les temps verbaux. Dites pour chaque texte s'il porte des marques de la communication (émetteur, récepteur).

1. Quand j'écris, je ne fais pas de réelle différence entre les contes pour adultes et les contes pour enfants. Dans tous, on retrouvera la même atmosphère, le même intérêt pour le surnaturel. J'y parle des mêmes villes et des mêmes villages. À notre époque, où la littérature s'éloigne de son véritable but et où l'art de raconter des histoires est en train de se perdre, les enfants sont les meilleurs lecteurs.
Je dédie ce volume à la mémoire de mon père et de ma mère, qui savaient si bien et avec quel enthousiasme raconter des histoires. Ils avaient une foi profonde et un grand amour de l'homme et surtout de tous les shlemiels[1], jeunes et vieux.

Isaac Bashevis Singer, *Quand Shlemiel s'en fut à Varsovie*, traduction Marie-Pierre Bay, © Stock, 1983.

1. **Shlemiel :** benêt.

2. Très vite, Rouletabosse apprit à écrire. Et alors, au lieu de raconter les choses, il les écrivait, il les dessinait, il les peinturlurait, il les gribouillait. Quand il eut épuisé tout le papier du bureau de son père, de la cuisine et des waters, il se mit à écrire sur les murs. On essaya de lui confisquer ses stylos à feutre, mais il en devint si malade qu'on dut les lui rendre. Quand les murs eux-mêmes furent entièrement couverts d'inscriptions et de dessins de toutes sortes, ses parents firent retapisser la maison et l'envoyèrent à la grande école.

Robert Escarpit, *Les Reportages de Rouletabosse*, © Magnard Jeunesse, 1995.

3. Quelqu'un de très étonné aussi, en me voyant, c'est le locataire du premier, un vieux hibou sinistre, à tête de penseur, qui habite le moulin depuis plus de vingt ans. Je l'ai trouvé dans la chambre du haut, immobile et droit sur l'arbre de couche, au milieu des plâtras, des tuiles tombées. Il m'a regardé un moment avec son œil rond ; puis, tout effaré de ne pas me reconnaître, il s'est mis à faire : « Hou ! hou ! » et à secouer ses ailes grises de poussière ; – ces diables de penseurs ! ça ne se brosse jamais… N'importe ! tel qu'il est, avec ses yeux clignotants et sa mine renfrognée, ce locataire silencieux me plaît encore mieux qu'un autre, et je me suis empressé de lui renouveler son bail. Il garde comme dans le passé tout le haut du moulin avec une entrée par le toit ; moi je me réserve la pièce du bas, une petite pièce blanchie à la chaux, basse et voûtée comme un réfectoire de couvent.

Alphonse Daudet, « Installation », *Lettres de mon moulin*.

4. La pêche d'Ysengrin

C'était un peu avant Noël, au temps où l'on sale les porcs. Le ciel était clair, étoilé, et le vivier où Ysengrin devait pêcher était si gelé qu'on aurait pu danser dessus ; les vilains avaient seulement ouvert dans la glace un trou où chaque jour ils menaient boire leurs bêtes. Ils avaient laissé auprès un seau ; c'est là que vint Renart en toute hâte. [...] Alors il alla se coucher près d'un buisson et, le museau allongé entre les pattes, attendit ce qu'il arriverait à l'autre.

Le Roman de Renart, trad. J. Frappier et M. Boyon, © Larousse, « Classiques Larousse », 1972.

4 Certains textes mélangent les deux systèmes d'énonciation. Dans le texte suivant, identifiez les passages correspondants à chaque système.

Installés dans le salon, ils dînaient avec leurs assiettes sur les genoux, devant la télévision. Ils mangeaient des repas tout préparés dans des barquettes d'aluminium comportant des cases pour la viande bouillie, les pommes vapeur et les pois cassés. Mme Verdebois mastiquait consciencieusement, les yeux rivés sur l'émission de variétés saucissonnée de publicités. C'était une bonne femme mafflue, aux cheveux teints en blond platine à l'exception des racines qui ressortaient en un indéfinissable brun jaunâtre. Lourdement maquillée, elle présentait une de ces silhouettes adipeuses aux formes débordantes, à l'évidence comprimées de partout pour enrayer un effondrement général.
– Maman, dit Matilda, ça ne te ferait rien que j'aille dîner dans la salle à manger pour pouvoir lire mon livre ?
Le père lui lança un coup d'œil torve.
– Moi, ça me fait ! aboya-t-il. Le dîner, c'est une réunion de famille et personne ne sort de table avant qu'on ait fini !

Roald Dahl, *Matilda*, © Gallimard, « Folio junior ».

Transformer

5 Récrivez le texte suivant en changeant le système d'énonciation. Vous commencerez votre texte par : « Un hurlement le réveilla. »

Un hurlement me réveille. Dans la nuit quelque chose se passe sous la plate-forme. Ce sont des grognements, des cris, des galopades effrénées, des claquements de dents, des claquements de langues, des grattements, des halètements : les petits chiots ont volé quelque chose. Je les entends qui passent dans la bassine vide et qui font sonner le zinc, qui renversent des cuvettes, marchent dans la graisse, se précipitent sous la plate-forme, s'acharnent sur celui qui tient le morceau volé. Et dominant tout cela les aboiements et les grognements de leur vieille mère borgne, qui, enchaînée sous moi, voudrait elle aussi sa part du larcin. Et comme les chiens se relaient pendant toute la nuit, les hurlements continuent sans trêve... Nuit polaire...

Paul-Émile Victor, *Boréal*, © Grasset.

6 Transposez le système d'énonciation. Choisissez un narrateur : Alexandre, l'enfant, ou Philippe, le père. Gardez telle quelle la dernière phrase.

Donc Alexandre courut vers le cheval, le prit par la bride, et lui fit tourner la tête vers le soleil, s'étant aperçu que le cheval s'énervait à voir son ombre se projeter et remuer à mesure qu'il bougeait. Puis, le caressant un peu de la voix et de la main aussi longtemps qu'il le vit ronfler et souffler de courroux, il laissa tout doucement glisser son manteau à terre et s'enlevant adroitement d'un bond léger, sauta dessus sans aucun danger, lui tint la bride un peu courte sans le battre ni le harasser, et le calma gentiment. Quand il vit que le cheval avait jeté tout son feu de colère et qu'il ne demandait plus qu'à courir, alors, il lui donna carrière à toute bride, le pressant même encore d'une voix plus rude qu'à son ordinaire et à grands coups de talon.
Philippe, au début, le regarda faire avec angoisse : il craignait qu'il ne se fît mal. Il ne dit mot toutefois... Quand il le vit adroitement faire tourner son cheval au bout de la piste, tout fier d'avoir réussi, tous les autres assistants se récrièrent d'admiration. Mais à son père, dit-on, les larmes montèrent aux yeux de la joie qu'il en eut, et quand Alexandre fut descendu de cheval il lui dit, en lui baisant la tête : « Ô mon fils, il te faut chercher un royaume qui soit à ta mesure, car la Macédoine ne te saurait contenir. »

Plutarque, *Les Hommes illustres*, d'après la traduction d'Amyot.

7 Accordez les verbes entre parenthèses au passé composé.

Les pèlerins de saint Jacques

Il y avait une fois trois pèlerins, trois pèlerins de Dieu qui allaient à Saint-Jacques.

Par une ville ils (passer) ; sur la place se sont arrêtés. Le plus vieux des trois (dire) : « N'allons-nous pas loger dans cette hôtellerie ? » Le plus jeune (répondre) : « Continuons notre route. Droit en remontant ces côtes, nous souperons ; droit en descendant dans les plaines, sous la belle étoile de Dieu nous coucherons. »

Mais le plus vieux menait la troupe. Pour le souper et la couchée il (vouloir) aller à l'hôtellerie de la grand-place.

Il y avait là une servante qui était fille perdue. En servant le souper, elle (regarder) le plus jeune des trois, et elle lui riait. Les menant à la chambre, le tirant par la manche, elle lui (parler).

Mais ce plus jeune était de grandes mœurs. Ni pour argent, ni pour victuailles, il n'eût fait le mal avec elle.

La fille, enragée de dépit, (prendre) la tasse d'argent de l'hôte, son tâte-vin. Sur la mi-nuit, elle l'a cachée dans le sac de ce jeune, sous sa chemise blanche. Et au matin, sitôt les pèlerins partis, elle (crier) que la tasse n'était plus là, que quelqu'un l'avait prise.

Henri Pourrat, *Le Trésor des contes*, « Les brigands »,

Écrire

8 Inventez une suite à ce texte en respectant les pronoms employés et les temps verbaux (1re personne et passé composé).

Au démarrage, pour ma nouvelle rédac, je n'avais pas tellement le moral, mais je me suis lancé quand même, je n'avais pas le choix. Alors j'ai commencé par planter le sujet dans l'introduction :

… *Un jour, en passant sur la route, j'ai vu…*

… Ça m'a fait rêver à la nouvelle voiture qu'on va acheter ; je voudrais tant qu'on prenne la R18 GTL que notre voisin vend d'occasion… Elle est rouge, brillante. Elle possède vitres automatiques, radiocassette, et plein de gadgets éblouissants…

… Et j'ai écrit :

Un jour, j'ai vu, en passant sur la route, une fermière. Ses grands yeux brillants scintillaient comme une voiture Renault qui n'aurait que 35 000 kilomètres…

J'ai corrigé et j'ai mis à la place :

… *comme le diamant le plus pur…*

J'ai relu ma phrase : ça s'annonçait plutôt bien. J'aime les phrases où il y a dix mille beaux mots à la minute. Je me suis dit que, sur ma lancée, j'allais fourrer en plus ma phrase porte-bonheur, celle que j'ai inventée au CE2 et qui me suit partout depuis.

L'église dardait son toit pointu vers le ciel étoilé.

Je la caserais facilement en arrière-plan de la fermière. Pour me donner quelques idées supplémentaires, j'ai allumé la télé.

Evelyne Reberg, *La rédac*,

9 Après avoir lu attentivement le poème, imaginez la réponse des chevaux du manège au poète qui les observe.

Chevaux aux yeux bleus et mal peints

chevaux à la crinière de crin
traversés d'une barre de cuivre
où le cavalier se tient
vous tournez sans jamais être ivres
et jamais vous ne dites rien
mais déchirante et déchirée
la musique marche sans arrêt
et plantés sur votre plaque tournante
sans jamais l'entendre vous tournez
le cœur aime la mauvaise musique
et sans doute qu'il a raison
et les chevaux aussi peut-être
qu'ils aiment de drôles de sons

Jacques Prévert, *Grand bal de printemps*,
« Bibliothèque de la Pléiade ».

AUTOÉVALUATION

À la fin de cette leçon, je sais :

- **repérer** les indices de l'émetteur et du récepteur : *je, tu, vous* ;
- **identifier** un texte qui ne porte pas de marques de communication ;
- **récrire** un texte en le situant dans le moment présent ;
- **récrire** un texte en le situant dans un moment passé ;
- **transposer** un texte en introduisant ou en effaçant les pronoms de la communication (*je, tu*).

GRAMMAIRE

20. Les valeurs du passé composé, du présent, du futur

OBSERVATION

De la patience avant toute chose

Mon cher Martin, si tu veux parvenir à observer des renards adultes dans la nature, arme-toi de patience. L'affût au terrier est un art délicat qui demande de l'entraînement et de la méthode. Pour commencer, tu auras davantage de satisfactions à observer des renardeaux jouant devant l'entrée de leur terrier. Ils sont assez peu craintifs quand ils sont petits, mais leurs parents te repéreront vite ! Leur cri d'alarme, particulièrement angoissant, renvoie toute la famille à l'ombre pour un bon moment. Tu te camoufleras et tu te placeras sous le vent.

Pour bien profiter du spectacle, tu as, bien sûr, aménagé à l'avance l'endroit de ton affût : à l'aide d'un balai, tu as débarrassé le sentier des brindilles et des feuilles et tu as discrètement balisé le sentier pour ne pas te perdre dans les fourrés. Il te reste à t'installer confortablement et à attendre sans bouger.

D'après Marc Artois et André Le Gall, *Le Renard*, © Hatier, 1991.

Questions

1. Ce texte présente-t-il des marques de la communication ? Si oui, lesquelles ?

2. Quels faits évoqués dans ce texte sont situés au moment de la communication ? Quel temps verbal les exprime ?

3. Citez trois actions qui sont présentées comme passées par rapport au moment de la communication. Quel temps verbal les exprime ?

4. Citez deux actions qui sont dans l'avenir. Quel temps verbal les exprime ?

LEÇON

1. Définition

- Quand le texte est **ancré** dans la communication, les actions sont exprimées au **présent de l'indicatif** : c'est le temps de base.
- Les actions **passées** par rapport au moment de la communication sont exprimées au **passé composé**.
- Les actions qui sont envisagées dans l'**avenir** par rapport au moment de la communication sont exprimées au **futur**.

2. Les points de repère temporels

Dans les textes, il existe d'autres repères que les temps verbaux pour situer le moment de la communication : des **adverbes** et des **groupes nominaux** de temps permettent de préciser le déroulement chronologique des actions.

Situation des actions	Repères temporels
Présent	Aujourd'hui – en ce moment – maintenant… Cette semaine-ci – ce mois-ci – cette année-ci…
Passé	Hier – avant-hier – dimanche dernier – le mois dernier – l'année dernière – il y a trois ans…
Futur	Demain – après-demain – dimanche prochain – le mois prochain – dans quelques jours – d'ici quelques mois…

3. Les valeurs des temps

Le présent de l'indicatif

Dans un énoncé ancré, le présent de l'indicatif exprime un fait ou une action qui se situe **au moment de la communication.**

- Il convient pour les faits qui se passent **au moment de la parole** :

  → *Si tu **veux**, je t'**emmène** au cinéma.*

- Il s'emploie également pour exprimer :

– les **faits habituels** :

  → *Il **se lève** tous les matins à 7 heures.*

– les **faits intemporels, les vérités générales** :

  → *L'observation des animaux dans leur milieu naturel **demande** une grande patience.*

– certains **faits du passé récent ou du futur proche** :

  → *Je la **quitte** à l'instant.* (passé proche)
  *Attends-moi : je **finis** dans cinq minutes.* (futur proche)

Le passé composé de l'indicatif

- Dans un énoncé ancré, le passé composé situe un fait ou une action qui est **déjà accomplie** et qui a **encore un lien avec le moment de la communication** :

  → *Nous **sommes** bien **arrivés**.*
  *Ce matin-là, mon infirmière **est arrivée** un peu en retard à cause du verglas.*

Le futur simple de l'indicatif

- Dans un énoncé ancré, le futur simple situe un fait ou une action qui se déroulera **après le moment de la communication** :

  → *Je **servirai** le déjeuner dans cinq minutes.*

- Le futur simple peut aussi s'employer à la place du mode impératif pour exprimer un ordre :

  → *Tu te **laveras** les mains et tu **mettras** la table.*

Pour l'expression écrite

- Quand un **événement est plus ou moins éloigné dans le temps**, a encore une **importance** dans la vie de l'émetteur, il est rapporté au **passé composé.** C'est le cas dans les articles de journaux et des événements marquants du passé :

  → *Le Président des États-Unis **est venu** à Paris en visite officielle.*

Le passé composé n'est donc pas réservé à la langue orale.

- Quand un **événement passé** n'a plus une grande importance dans la vie de l'émetteur, que celui-ci prend du **recul**, ou quand un événement est devenu **historique**, il est rapporté au **passé simple** :

  → *[Cette année-là,] le président des États-Unis **vint** à Paris en visite officielle.*

Cette phrase figurerait dans un livre d'histoire, et non dans un journal.

Retenons

1. Le **présent de l'indicatif** indique que l'action se déroule **au moment de la communication.** Il peut aussi exprimer un **fait**, une **habitude**, une **vérité générale.**
2. Le **passé composé de l'indicatif** indique que l'action se déroule **avant le moment de la communication** et qu'elle a un **rapport** avec celui-ci.
3. Le **futur simple de l'indicatif** indique que l'action se déroule **après le moment de la communication.**
4. Ces trois **temps** verbaux **ancrent** le texte dans la situation de communication.

EXERCICES

Identifier

1 Dites si les événements présentés dans les phrases suivantes sont situés dans le présent, le passé ou le futur.

1. Au troisième millénaire, les véhicules fonctionneront avec des piles atomiques. – **2.** Tous les jours, vers midi, Pierre achète son journal en sortant de son bureau. – **3.** Pour avoir combattu les rebelles sur la planète Vega III, le lieutenant Silton sera décoré de l'ordre de l'Aile Brillante. – **4.** Maintenant qu'elle sait nager, Émilie peut traverser le bassin toute seule. – **5.** Protégé par les dieux de l'Olympe, le héros traversa la mer déchaînée sans la moindre avarie.

2 Dans le texte suivant, classez les verbes en trois colonnes selon qu'ils expriment une action présente, passée ou future.

L'omelette qui tue

Un semi-remorque en provenance d'Arradon (Morbihan) et transportant 25 tonnes d'œufs frais s'est renversé dans un fossé, sur l'autoroute de l'Est, à proximité de Clermont-en-Argonne. La remorque s'est entièrement disloquée, brisant plusieurs centaines de milliers d'œufs. Les gendarmes ont retrouvé le cadavre d'un homme au milieu de cette gigantesque omelette. Le conducteur, M. Jacques Scaërec, qui est sorti indemne de l'accident, a déclaré ne pas comprendre ce que cet homme faisait là. L'enquête devra déterminer s'il s'agissait d'un passager clandestin ayant profité d'une minute d'inattention du personnel lors du chargement du camion, ou alors d'une personne voyageant discrètement, en accord avec le chauffeur. Une autopsie est actuellement en cours pour déterminer les causes exactes du décès.

Didier Daeninckx, *Le Facteur fatal*, © Denoël, 1990.

3 Relevez les indications de temps : adverbes, groupes nominaux.

Rêves de vélo

J'ai longtemps rêvé de posséder une bicyclette. Toutes les nuits, c'était le même rêve : mon père m'avait enfin acheté le vélo. Et le vélo était là, dans ma chambre, devant mon lit, soigneusement accoté. Je le voyais, sous la fenêtre, ne touchant que par la selle et une poignée du guidon. Il était là. C'était tellement précis que je me disais : « Cette fois-ci, c'est vrai, tu ne rêves pas. » J'allumais. Le vélo n'était pas là…

J'ai fait ce songe, régulièrement, deux ou trois ans. Et puis mon père m'en a acheté un. Mon vélo flambant neuf, qui sentait bon l'huile fine, je l'ai monté dans ma chambre. Je l'ai mis sous la fenêtre, en face de mon lit. À partir de ce moment-là, je me suis mis à rêver que je n'avais pas le vélo dans ma chambre. Toutes les nuits, je me disais : « Ce n'est pas vrai, tu continues le rêve. Ton vélo n'est pas là. » Et j'allumais pour vérifier que mon vélo était bien là. Il est même arrivé que je me lève pour aller le toucher, pour faire tourner le pédalier, et je me rendormais souriant, l'oreille comblée par le cliquetis si doux de la chaîne.

J.-P. Chabrol, *Contes d'outre-temps*, © Plon.

4 Dans les phrases suivantes le présent exprime-t-il un fait au moment de l'énonciation, une habitude ou une vérité générale ?

1. Aujourd'hui nous fêtons les douze ans de ma sœur Floriane. – **2.** La Terre n'est pas la planète la plus proche du Soleil. – **3.** Chaque soir, en rentrant du travail, mon père joue de la guitare, un quart d'heure au moins, pour se détendre. – **4.** Située au nord de la Sardaigne, la Corse est plus près de l'Italie que de la France. – **5.** Les loups vivent en meute.

Transformer

5 Mettez les verbes entre parenthèses au futur simple. Quelle est la valeur de ces futurs ?

Règlement familial

Vous (se lever) à cinq heures. Après votre toilette vous (aller) à l'étude. À sept heures vous (rendre) vos devoirs à votre maître. Ensuite vous (pouvoir) aller chercher votre déjeuner à la cuisine. De huit heures à onze heures trente : cours et leçons. Puis une demi-heure vous (être) accordée pour jouer au ballon ou à tout autre jeu de votre choix. Mais ne prenez pas de retard. À midi vous (montrer) vos mains à votre mère avant de passer à table.

D'après Hervé Bazin, *Vipère au poing*.

6 Mettez les verbes entre parenthèses au temps qui convient : présent ou futur simple.

Mais puisqu'il en est ainsi, écoute-moi, je t'enseignerai ce qu'il faut faire. Va plus loin, en suivant toujours le petit sentier qui t'a conduit ici : à travers les bois, à travers les vallées, à travers les monts escarpés. À la fin, tu (se trouver) devant deux portails. Il y en a un à droite et un à gauche. Tu (aller) non pas vers celui que (fermer) un verrou mais vers celui que (fermer) une serrure. Tu (frapper) trois fois et le portail (s'ouvrir) de lui-même. Derrière le

il (se trouver) une vigne, dans la vigne, un étang vert émeraude, et dans cet étang (se baigner) douze sœurs sous la forme de petits canards gris. Elles (plonger), (s'ébattre), tandis que leurs robes sont restées sur le bord. Onze de ces robes sont en tas, mais la douzième est à part, loin des autres. Tu (prendre) cette robe et tu (aller) te cacher.
Et quand les sœurs (sortir) de l'eau, elles (s'habiller) et (s'en aller). En vérité, onze seulement le (faire), car la douzième (se mettre) à pleurer et à chercher son vêtement. Alors elle (dire) : « Que celui qui a pris ma robe réponde ! Je serai pour lui une fille obéissante ! » Mais tu (rester) silencieux. Alors elle (parler) de nouveau et (dire) : « Que celui qui a pris ma robe réponde ! Je serai pour lui une sœur caressante ! » Mais tu (continuer) à garder le silence. Alors elle (dire) : « Que celui qui a pris ma robe réponde ! Je serai pour lui une épouse aimante ! » Dès que tu auras entendu ces paroles, réponds et rends-lui sa robe. Quant à ce qui (se passer) ensuite, je ne t'en dirai rien. Tu l'(apprendre) par toi-même et tu me le (raconter)…

Contes russes, « Vassilissa-la-belle », © La Farandole, 1960.

7 À l'aide d'indices contenus dans les phrases, conjuguez les verbes entre parenthèses au temps qui convient (présent, passé composé, futur).

1. Hier, il (faire) si beau que les enfants (passer) l'après-midi en barbotant. – **2.** Dans cinquante ans, la nourriture (avoir)-t-elle autant de saveur qu'aujourd'hui ? – **3.** Été comme hiver, les loutres (plonger) dans les rivières pour trouver leur nourriture. – **4.** Les Dupuis (partir) pour la première fois en croisière l'année dernière ; à leur retour ils (dire) qu'ils recommenceraient l'année prochaine.

8 Conjuguez les verbes entre parenthèses au présent, au passé composé ou à l'imparfait. Le passé simple est interdit.

L'apparition

J'écrivais : « un alibi, des alibis, un brick ». Soudain, je (sentir) qu'on m'observait. Je (lever) le nez : une silhouette (s'effacer) de la vitre. Je (bondir), j'aurais juré… *Nobody*, personne, comme on dit en anglais, rien qu'un grand bâton d'air battant le jardin. La nuit (tomber), je (être) seul, mon père auscultant un corps malade dans la lande de Kersaint. Nous (être) fin mars, un reste d'hiver (marmonner) sous la porte. Je (ouvrir). Les tamaris (s'agiter) comme des démons, du sable (voltiger) de la plage, le portillon (taper).
Une semaine que je croyais être suivi, épié. « Tu (lire) trop », tempête Robert-Louis. Vous ne (connaître) pas mon père. Il (être) inouï, (peser) 85 kg, (mesurer) autant, je (vouloir) dire 85, 1,85 m. D'habitude, les gens l'(aimer) bien, son regard bleu (avoir) la solidité d'une corde. Les jours de déprime, je m'(attacher) avec.
Je (sortir) sur le chemin. Je (voir) du dehors la cuisine allumée, la table, mes livres, cahiers épars. Je (réfléchir) : quelqu'un du pays aurait sonné. […] Quand j'(avoir peur), je (bouger). Madame Le Fortuné (refermer) ses persiennes. Je (prendre) un air désinvolte, lui (souhaiter) le bonsoir. C'est l'épicière, une jolie vieille de quarante ans.

Michel Chaillou, *La Vindicte du sourd*, © Gallimard, « Folio Junior », 1984.

Écrire

9 Imaginez une ou deux strophes pour terminer le poème suivant. Respectez le système des temps verbaux.

La cerise à l'eau-de-vie

Chez ma grand-tante Octavie,
La cerise à l'eau-de-vie,
Pompette[1] dans son bocal,
Saoule comme mille grives[2],
Songeait : « Qu'est-ce qui m'arrive ?
Ah ! quel bonheur tropical ! »

Cette cerise en survie,
Mirobolante[3] et ravie,
N'en a plus pour bien longtemps :
Ô rassemblement sévère,
Devant dix-huit petits verres
Toute la famille attend. […]

Lucienne Desnoues, in *Le Compotier*, © Éd. Ouvrières.

1. **Pompette :** *(familier)* un peu ivre.
2. **Grive :** oiseau au plumage brun et au chant mélodieux.
3. **Mirobolante :** *(familier)* magnifique.

AUTOÉVALUATION

À la fin de cette leçon, je sais :

- **situer** les verbes dans le présent, le passé ou l'avenir ;
- **employer** le présent, le futur simple, le passé composé ;
- **rédiger** un texte en employant le futur simple ;
- **compléter** un texte en utilisant, suivant le cas, le présent, le passé composé ou l'imparfait.

21. Les valeurs de l'imparfait et du passé simple

OBSERVATION

Moïse sauvé

Jocabed prépara un berceau d'osier, l'enduisit de bitume et de poix, y plaça l'enfant et alla le déposer au bord du Nil, entre les roseaux.

Le roi d'Égypte n'avait qu'une fille, Bithya, et l'adorait. Héritière du trône, elle se désespérait de n'avoir pas d'enfant.

Jocabed en larmes venait à peine de déposer le berceau entre les roseaux que la fille de Pharaon, accompagnée de ses suivantes, descendit vers le Nil pour se baigner. À quelques pas s'était cachée Myriam, sœur aînée du bébé. La princesse aperçut le berceau et ordonna à sa servante d'aller le chercher.

Le bel enfant pleurait. « C'est sans doute quelque enfant hébreu », dit Bithya, prise de pitié. Une si grande tendresse habitait sa voix que Myriam prit le risque de s'avancer.

« Veux-tu que je cherche une nourrice parmi les femmes des Hébreux ? demanda-t-elle.

– Va », répondit la princesse. Et Myriam alla chercher Jocabed.

Ainsi l'enfant retrouva-t-il les bras de sa mère. Il resta deux ans dans la maison de son père, puis un jour Jocabed dut prendre le chemin du palais royal pour le rendre à la fille de Pharaon. Celle-ci lui donna le nom de Moïse, qui signifiait « sauvé des eaux ».

Michèle Kahn, *Contes et légendes de la Bible*,
© Pocket Junior, « Mythologies », 1994.

Questions

1. Dans les trois premiers paragraphes (lignes 1 à 10), le texte présente-t-il des marques de l'émetteur et du récepteur ?

2. Dans l'ensemble du texte, lisez à la suite les uns des autres les phrases et groupes de mots en vert. Le texte obtenu est-il compréhensible ?

3. Dans les trois premiers paragraphes (lignes 1 à 10), lisez maintenant à la suite les uns des autres les phrases et groupes de mots en noir. Le texte obtenu est-il compréhensible ?

4. Quel est le temps verbal des actions rapportées par les groupes de mots en vert ?

5. À quel temps verbal sont conjugués les verbes des groupes écrits en noir dans les trois premiers paragraphes ?

LEÇON

1. Définition

- Quand le texte est **coupé** de la communication, on emploie le **passé simple** de l'indicatif pour raconter les **actions** qui constituent la trame de l'histoire :

  → *Jocabed **prépara** un berceau d'osier, l'**enduisit** de bitume et de poix, y **plaça** l'enfant et **alla** le déposer au bord du Nil, entre les roseaux.*

- **L'imparfait de l'indicatif** placc à l'**arrière-plan** le **décor** ou certaines circonstances :

  → *Le roi d'Égypte n'**avait** qu'une fille, Bithya, et l'**adorait**.*

2. Les points de repère temporels

- L'énoncé **coupé** de la situation de communication contient des **répères temporels** (adverbes, groupes nominaux...) qui sont propres à l'histoire elle-même.

  → *Ce jour-là, à ce moment-là, cette semaine-là, ce mois-là, cette année-là, en ce temps-là, il était une fois.*

- À partir de ces points de repère, pour situer un événement **antérieur,** on emploie d'autres adverbes ou d'autres groupes nominaux :

  → *La veille, l'avant-veille, le dimanche précédent, le mois précédent, l'année précédente, trois ans auparavant...*

- Pour situer un événement **ultérieur**, on emploie d'autres adverbes et d'autres groupes nominaux :

  → *Le lendemain, le surlendemain, le dimanche suivant, le mois suivant, quelques jours plus tard, quelques mois après...*

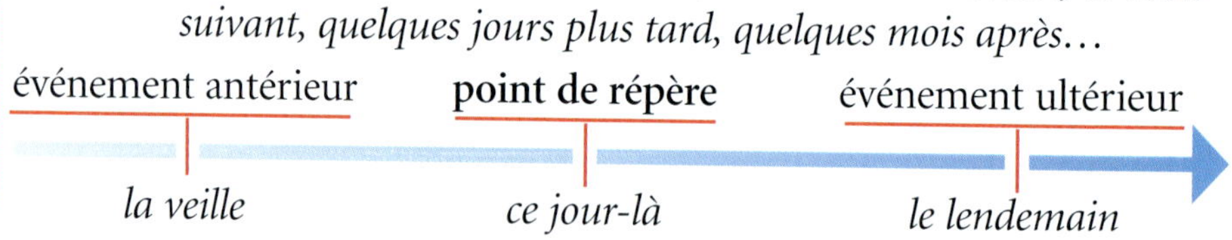

3. Les valeurs des temps

Le passé simple

- Il exprime des **faits passés** sans contact avec le présent.
- Il peut exprimer des actions longues ou brèves, de la même manière que l'imparfait, mais il s'agit d'**actions situées dans des limites précises** :

  → *Louis XIV **régna** plus de cinquante ans.*

- Il donne ainsi l'impression que les événements se succèdent :

→ *La princesse* ***aperçut*** *le berceau et* ***ordonna*** *à sa servante d'aller le chercher.*

L'imparfait

- Il exprime un fait ou une action **en train de se dérouler** dans un moment du **passé**, mais **sans en montrer le début ni la fin**. Il convient donc particulièrement pour décrire le décor, les circonstances des événements.

→ *La princesse se* ***désolait*** *de n'avoir pas d'enfant.*

Pour l'expression écrite

Pour bien comprendre dans quel cas on emploie le passé simple dans les récits et quel effet il produit, lisez le texte suivant.

Le narrateur emmène ses enfants déjeuner au restaurant.

Je commence donc :
« Voilà. Un robot rencontre une jeune dame… »
Mon auditrice ne me laisse pas aller plus loin.
« Tu ne sais pas raconter, dit-elle. Une vraie histoire, c'est forcément au passé.
– Si tu veux. Un robot, donc, a rencontré une…
– Mais non, pas ce passé-là. Une histoire, ça doit être au passé historique. Ou bien personne ne sait que c'est une histoire. »
Sans doute a-t-elle raison. Je réfléchis quelques instants, peu habitué à employer ce temps grammatical, et je recommence :
« Autrefois, il y a bien longtemps, dans le beau royaume de France, un robot très intelligent, bien que strictement métallique, rencontra dans un bal, à la cour, une jeune et jolie dame de la noblesse. Ils dansèrent ensemble. Il lui dit des choses galantes. Elle rougit. Il s'excusa.
Ils recommencèrent à danser. Elle le trouvait un peu raide, mais charmant sous ses manières guindées, qui lui donnaient beaucoup de distinction. Ils se marièrent dès le lendemain. Ils reçurent des cadeaux somptueux et partirent en voyage de noces… Ça va comme ça ?
– C'est pas terrible, dit Marie, mais ça peut aller. En tout cas, les passés simples sont corrects. »

Alain Robbe-Grillet, *Djinn*, © Minuit, 1981.

Retenons

1. Quand un texte est **coupé** de la situation de communication, le **passé simple** rapporte les **actions** que l'on veut placer au **premier plan** et qui constituent la **trame du récit**.

2. L'imparfait s'emploie dans **les descriptions** et pour les actions dont la durée n'est pas précisée et que l'on veut placer à l'**arrière-plan**.

EXERCICES

Identifier

❶ Repérez les verbes conjugués à l'imparfait et au passé simple et donnez leur infinitif.

1. Nous étions en route depuis minuit et le soleil rougissait maintenant juste devant nous. – **2.** Michel avait beau marcher sur la pointe des pieds, il ne parvenait pas à empêcher le parquet de craquer lorsqu'il rentrait après minuit. – **3.** Comme Juliette était au téléphone depuis bientôt deux heures, sa mère commençait à s'impatienter : elle aussi attendait un appel important. – **4.** Devant la cathédrale illuminée, les touristes s'arrêtaient et prenaient des photos dans la bousculade. – **5.** Beethoven, alors qu'il était sourd, continua à composer de la musique. – **6.** Quand ils se virent sur le quai, Claudine et Jean-Pierre tombèrent dans les bras l'un de l'autre. – **7.** Surpris par le vent, je lâchai le cerf-volant qui s'envola vers la mer.

❷ Relevez, en deux colonnes, d'une part les verbes conjugués au passé simple, d'autre part les verbes conjugués à l'imparfait.

Tous les jours, une louve sortait de la forêt, passait devant la cabane de Faustulus sans même regarder les porcelets. Elle s'approchait de l'eau et restait tapie dans les buissons, toujours au même endroit. Elle restait là pendant un certain temps, puis reprenait le chemin du bois, tranquille et contente, comme quelqu'un qui a fait son devoir. Tous les jours elle venait, et même plus d'une fois par jour. Un pivert volait à côté d'elle.
Le porcher Faustulus vit passer la louve. Il la vit une fois, puis deux, puis trois. Alors il raconta à sa femme ce qui se passait. Tous les deux décidèrent d'aller voir.
Le jour d'après, Faustulus et sa femme se mirent aux aguets. Et ils virent, en effet, la louve sortir du bois, s'approcher du fleuve, toute sérieuse, comme quelqu'un qui n'a pas de temps à perdre. Puis elle s'arrêta et se tapit au même endroit que le jour d'avant.

D'après Laura Orvieto, *Contes et légendes de la naissance de Rome*, © Nathan.

❸ Dans les phrases suivantes, quelle information est au premier plan ? à l'arrière-plan ?

1. Le convoi avançait depuis trois heures lorsque les Indiens attaquèrent le chariot de queue. – **2.** La pièce était très enfumée, et le shérif ne parvint pas à distinguer la silhouette du Kid parmi tous les clients du saloon. – **3.** Le train s'arrêta brusquement en rase campagne : un troupeau de moutons occupait la voie. – **4.** Un après-midi d'hiver, au grenier, Inès découvrit l'album de famille ; depuis, chaque soir, elle le regardait avant de s'endormir. – **5.** Le détective eut juste le temps de sauter dans un buisson : le suspect qu'il filait depuis des heures rebroussait chemin.

❹ Relevez les faits d'arrière-plan.

Le jour où Lullaby décida qu'elle n'irait plus à l'école, c'était encore très tôt le matin, vers le milieu du mois d'octobre. Elle quitta son lit, elle traversa pieds nus sa chambre et écarta un peu les lames des stores pour regarder dehors. Il y avait beaucoup de soleil, et en se penchant un peu, elle put voir un morceau de ciel bleu. En bas, sur le trottoir, trois ou quatre pigeons sautillaient, leurs plumes ébouriffées par le vent. Au-dessus des toits des voitures arrêtées, la mer était bleu sombre, et il y avait un voilier blanc qui avançait difficilement. Lullaby regarda tout cela, et elle se sentit soulagée d'avoir décidé de ne plus aller à l'école.
Elle retourna vers le centre de la chambre, elle s'assit devant sa table, et sans allumer la lumière elle commença à écrire une lettre.

J.-M. G. Le Clézio, *Lullaby*, © Gallimard.

Transformer

❺ Conjuguez les verbes entre parenthèses au passé simple.

Un jour, elle (arriver) dans la ville d'Éleusis et (entrer) pour s'enquérir dans le palais du roi Célée. Tout le monde y était en émoi, car le petit prince, encore au berceau, souffrait d'un mal inconnu. Quand la reine Métanire (voir) Cérès monter les degrés du palais, elle (avoir) tout de suite confiance en elle et la (supplier) de venir en aide à son enfant. […]
Dès que Cérès (embrasser) le petit prince en le pressant sur son sein, il se (mettre) à sourire. Trois jours après, il était guéri. Et en quelques mois, il (devenir) l'enfant le plus rose et le plus robuste que l'on pût voir.
Cependant la reine, étonnée du succès de la nourrice, (se cacher) une nuit dans l'appartement où Cérès dormait avec le bambin, afin de voir quel genre de soins elle lui donnait. Un grand feu brûlait dans la cheminée. Quand le petit prince eut été baigné, Cérès (faire) un creux dans les braises rouges et l'y (coucher) vivement tout nu. Puis elle (ramener) les cendres sur lui et (s'éloigner) tranquillement.

Nathaniel Hawthorne, « Les grains de grenade », in *Le Second Livre des merveilles*, © Bordas, « Aux quatre coins du temps », 1979.

6 Conjuguez les verbes entre parenthèses au passé simple ; donnez le temps des autres verbes.

Quel spectacle !
– Ouiche ! (crier) Grandma.
Et hop ! son corps (bondir) en l'air, comme si son fauteuil avait été une chaise électrique ! Oui, elle (bondir) comme un diable de sa boîte et… elle ne retombait pas… […]
– Tu ne te sens pas bien ? lui (demander) poliment Georges. Qu'est-ce qui ne va pas ?
Suspendue entre le sol et le plafond, la vieille femme n'arrivait pas à articuler un mot.
Le choc devait être terrible.
On aurait dit qu'elle avait avalé un tisonnier brûlant.[…]
– Diable, tu flambes, dit Georges.
– Bien sûr que je flambe ! elle (hurler). Je flambe comme une crêpe au rhum. Je fris comme un lardon. Je bous comme un bouillon.
Georges (courir) dans la cuisine chercher une cruche d'eau.
– Ouvre la bouche, Grandma ! il (crier).
À travers la fumée, il ne voyait pas bien la bouche de la grand-mère, mais il (réussir) à vider le quart de la cruche dans le gosier de Grandma. L'estomac de la vieille femme (grésiller) comme lorsqu'on fait couler de l'eau froide dans une poêle brûlante. La sorcière (hennir) et (piaffer) comme un cheval. Elle (haleter), (glousser) et (cracher) des trombes d'eau. Puis la fumée (disparaître).

Roald Dahl, *La Potion magique de Georges Bouillon*, © Gallimard, « Folio Junior ».

Écrire

7 a. Conjuguez à la 3e personne du singulier et du pluriel du passé simple les verbes suivants qui sont souvent employés dans les récits.
b. Construisez cinq phrases avec cinq verbes de votre choix.

Être – avoir – dire – tenir – faire – aller – venir – partir – mettre – prendre – suivre – ouvrir – entendre – courir – voir – pouvoir – savoir – reconnaître – vouloir – devoir – se battre – marcher – arriver – demander – envoyer – crier – appeler – finir – choisir – vaincre – triompher.

8 Transposez le texte suivant au passé simple et à l'imparfait.

Silvia Tebrick et son mari Richard se promènent dans une forêt d'Angleterre. Une chasse passe. Silvia pousse un cri. Quand Richard se retourne, sa femme est transformée en renarde au pelage rouge ! […]
Le couple Tebrick, désormais étrangement assorti, poursuit bon gré mal gré sa vie commune. Silvia est bouclée dans la chambre conjugale. Changée en renarde, elle n'en continue pas moins de manifester beaucoup d'amour à son époux qui la brosse et la pare tous les jours.

D'après David Garnett, *La Femme changée en renard*, © Grasset, « les Cahiers rouges », 1994.

9 Voici un texte humoristique qui donne des conseils aux parents d'élèves. Imaginez que M. Martin a suivi ces conseils. Faites le récit de son aventure, à l'imparfait et au passé simple. Vous pouvez commencer votre texte par : « Le 21 avril, M. Martin s'est rendu à l'Élysée… »

Faites intervenir le ministre. Vous ne le connaissez pas ? Et alors ? Lui non plus ne vous connaît pas. Sur ce point au moins, vous êtes strictement à égalité. Profitez-en pour foncer !
Notre combine : invitez-vous en douce au conseil des ministres. C'est tous les mercredis à l'Élysée, impossible de passer à côté. Déguisez-vous en huissier et au moment *ad hoc*, abandonnez votre attitude officielle et compassée pour bondir tel un mouflon sauvage dans la salle du conseil ! Une fois à l'intérieur, faites le tour de la grande table en courant et regardez bien partout autour de vous ; vous devez repérer le panonceau où il y a écrit : « Ministre de l'Éducation nationale ». Le type que vous cherchez est assis juste derrière. Oui, là, c'est lui ! Jetez-vous à ses pieds et hurlez : « Faites passer Biquet en sixième, Excellence ! » Le reste n'est plus qu'une question de paperasses.

P. Antilogus et J. L. Festjens, *L'École expliquée aux parents*, © Hors collection, 1997, et Pocket, 1999.

AUTOÉVALUATION

À la fin de cette leçon, je sais :

- **identifier** les faits de premier plan d'un récit ;
- **identifier** les faits d'arrière-plan et les descriptions ;
- **conjuguer** le passé simple à la 3e personne du singulier et du pluriel ;
- **employer** dans un texte, selon le cas, l'imparfait ou le passé simple.

ORTHOGRAPHE

L'imparfait de l'indicatif

LEÇON

L'imparfait de l'indicatif est un temps du passé. Il est employé pour des actions ou des faits dont on ne précise ni le début ni la fin.

Personnes	Radical du verbe	Terminaisons
je		-ais
tu		-ais
il/elle/on	répond-	-ait
nous		-ions
vous		-iez
ils/elles		-aient

Mode d'emploi

Pour conjuguer les verbes à l'imparfait de l'indicatif, partez de la 1re personne du pluriel du présent de l'indicatif.

Enlevez la terminaison **-ons** et ajoutez les terminaisons du tableau.

→ *finir* (infinitif) — *nous finiss-**ons*** (présent de l'indicatif) — *nous finiss + **-ions*** (imparfait de l'indicatif)

→ *savoir* (infinitif) — *nous sav-**ons*** (présent de l'indicatif) — *nous sav + **-ions*** (imparfait de l'indicatif)

Quelques particularités

Infinitif terminé par	Particularité	Exemples
-cer	**cédille** devant le **-a**	*je lan**ç**ais*
-ger	**e** à ajouter devant le **-a**	*je mang**e**ais*
-ier	deux **i** à la 1re et à la 2e personne du pluriel	*nous cr**ii**ons / vous cr**ii**ez*

Comme tous les verbes à l'imparfait de l'indicatif, les verbes en **-yer**, **-iller** prennent un ***i*** à la 1re et 2e personne du pluriel.

→ *Je balayais, nous balay**ions**.*
*Je travaillais, vous travaill**iez**.*

EXERCICES

1 Quels verbes sont à l'imparfait ?

Vous naviguiez – je gagnai – vous vouliez – nous appuyons – ils voudraient – je savais – vous essayiez – il faisait – nous voyons – tu aurais – nous cueillions – vous voyagez.

2 Choisissez la forme verbale qui convient parmi celles qui sont proposées entre parenthèses.

Lorsque l'herbe (était/étaient) haute au point de masquer les dahlias du jardin, la femme du propriétaire, à quatre pattes sur la pelouse, (réduisez/réduisait) à coups de cisaille l'herbe folle à la hauteur d'une allumette. Quant au propriétaire qui (s'appelait/s'appellait) Hans Resch, on ne l'(aperçevait/apercevait) qu'aux fêtes carillonnées et par beau temps. Ces jours-là, il (avançait/avancait) lentement au milieu du jardin ; sa femme se (hâtais/hâtait) de lui apporter une chaise et il (s'asseyait/s'asseyiait) tout près de Polycarpe, le nain en terre cuite, en respirant bruyamment.

Hans Peter Richter, *Mon ami Frédéric*, trad. de Ch. Prélet, © Hachette Livre, « Le Livre de Poche jeunesse », 1979.

3 Transposez le texte suivant à l'imparfait.

Tout le château est en émoi... Des chambellans, des majordomes, montent et descendent en courant les escaliers de marbre... Les galeries sont pleines de pages et de courtisans en habits de soie qui vont d'un groupe à l'autre quêter des nouvelles à voix basse... Sur les larges perrons, les dames d'honneur éplorées se font de grandes révérences en essuyant leurs yeux avec de jolis mouchoirs brodés.

Dans l'Orangerie, il y a nombreuse assemblée de médecins en robe. On les voit, à travers les vitres, agiter leurs longues manches noires et incliner doctoralement leurs perruques à marteaux... Le gouverneur et l'écuyer du petit Dauphin se promènent devant la porte, attendant les décisions de la Faculté. Des marmitons passent à côté d'eux sans les saluer. M. l'écuyer jure comme un païen, M. le gouverneur récite des vers d'Horace... Et pendant ce temps-là, là-bas, du côté des écuries, on entend un long hennissement plaintif. C'est l'alezan du petit Dauphin que les palefreniers oublient et qui appelle tristement devant sa mangeoire vide.

Alphonse Daudet, « La mort du Dauphin », *Les Lettres de mon moulin*.

4 Conjuguez les verbes entre parenthèses à l'imparfait.

Les autres joueurs qui (se tenir) à la même table n'(avoir) pas aussi bonne figure, tout au contraire. Il y (avoir) là une galerie de personnages pour le moins inquiétants. Andrea frissonna en jetant un coup d'œil à celui que tous (appeler) Trappola. L'homme (avoir) un air mauvais et une cicatrice brune lui (barrer) entièrement le visage. Plus la partie (avancer) et plus l'ambiance (s'échauffer). Le comte (paraître) en difficulté tandis que Trappola (sourire), ce qui, au demeurant, le (rendre) encore plus effrayant. Chaque joueur (compter) autour de lui bon nombre de partisans ; lorsqu'une carte (être jetée) sur le tapis, les uns (crier) et (applaudir) pendant que les autres (jurer) grossièrement.

La partie (toucher) à sa fin. Le comte et Trappola n'(avoir) plus qu'une carte à abattre et les deux hommes (se dévisager) avec une méfiance réciproque.

Patrice Favaro, *Le Secret du maître luthier*, © Hachette, « Livre de Poche Jeunesse », 1997.

5 Même exercice.

Couché sur un tertre matelassé d'herbe, [Frik] (dormir) d'un œil, veillant de l'autre, sa grosse pipe à la bouche, parfois sifflant ses chiens lorsque quelque brebis (s'éloigner) du pâturage, ou donnant un coup de bouquin[1] que (répercuter) les échos multiples de la montagne.

Il (être) quatre heures après midi. Le soleil (commencer) à décliner. Quelques sommets, dont les bases (se noyer) d'une brume flottante, (s'éclairer) dans l'est. Vers le sud-ouest, deux brisures de la chaîne (laisser) passer un oblique faisceau de rayons, comme un jet lumineux qui filtre par une porte entrouverte.

Jules Verne, *Le Château des Carpathes*.

1. **Bouquin :** trompe.

6 Commencez le texte par : « Poil de Carotte n'aimait pas les amis de la maison... » et continuez. Attention : tous les verbes ne sont pas à mettre à l'imparfait.

Poil de Carotte n'aime pas les amis de la maison. Ils le dérangent, lui prennent son lit et l'obligent à coucher avec sa mère. Or, si le jour il possède tous les défauts, la nuit il a principalement celui de ronfler. Il ronfle exprès, sans aucun doute.

La grande chambre, glaciale même en août, contient deux lits. L'un est celui de M. Lepic, et dans l'autre Poil de Carotte va reposer, à côté de sa mère, au fond.

Avant de s'endormir, il toussote sous le drap, pour déblayer sa gorge. Mais peut-être ronfle-t-il du nez ? Il fait souffler en douceur ses narines afin de s'assurer qu'elles ne sont pas bouchées. Il s'exerce à ne point respirer trop fort.

Mais dès qu'il dort, il ronfle. C'est comme une passion.

Jules Renard, *Poil de Carotte*.

ORTHOGRAPHE
Le passé simple

LEÇON

Le passé simple est un temps du passé. Il s'emploie dans les récits pour des actions ou des faits limités dans le temps.

Personnes	1er groupe + *aller*	2e groupe + certains verbes du 3e groupe	Autre verbes du 3e groupe + *être* et *avoir*	*tenir* + *venir* et leurs composés
je	-ai	-is	-us	-ins
tu	-as	-is	-us	-ins
il/elle/on	-a	-is	-ut	-int
nous	-âmes	-îmes	-ûmes	-înmes
vous	-âtes	-îtes	-ûtes	-întes
ils/elles	-èrent	-irent	-urent	-inrent

Mode d'emploi

Pour conjuguer un verbe au passé simple, il faut trouver le groupe auquel il appartient.

Verbes du 1er groupe et le verbe *aller*

Prenez l'infinitif, enlevez **-er** et mettez les terminaisons du tableau :

➜ *Enlev-**er** : j'enlev-**ai**, nous enlev-**âmes**.*

Remarque
Aux trois premières personnes du singulier, les formes du passé simple des verbes du 2e groupe sont semblables à celles du présent de l'indicatif.

Verbes du 2e groupe

Prenez l'infinitif, enlevez **-ir** et ajoutez les terminaisons du tableau :

➜ *Avert-**ir** : j'avert-**is**, nous avert-**îmes**.*

Verbes du 3e groupe

– ***Tenir, venir* et leurs composés** : ajoutez au radical les terminaisons de la dernière colonne du tableau.

➜ *Obtenir : j'obt-**ins**, nous obt-**înmes**.*
*Survenir : je surv-**ins**, nous surv-**înmes**.*

– Verbes en -ir ou en -re.
Conjuguez le plus souvent comme les verbes du 2e groupe.

➜ *Partir : je part-**is**, nous part-**îmes**.*
*Craindre : je craign-**is**, nous craign-**îmes**.*

– Verbes en -oir, -oire, -aître, -oudre.
Le passé simple est le plus souvent en **-u**.

➜ *Devoir : je d-**us**, nous d-**ûmes**.*
*Connaître : je conn-**us**, nous conn-**ûmes**.*

Quelques verbes irréguliers

	lire	voir	vivre
je	lus	vis	vécus
tu	lus	vis	vécus
il/elle/on	lut	vit	vécut
nous	lûmes	vîmes	vécûmes
vous	lûtes	vîtes	vécûtes
ils/elles	lurent	virent	vécurent

EXERCICES

1 Quels verbes sont au passé simple ?

Vous dites – vous fîtes – je souhaitai – tu voulus – ils exagèrent – ils tombèrent – il écrivit – j'achetais – vous concluez – il avertit.

2 Relevez les verbes au passé simple.

Karim fut immédiatement absorbé par le vol des oiseaux : de vastes flamants roses qui traçaient des lignes fines et harmonieuses dans le ciel. Il se dit qu'il serait bien de pouvoir le nommer, le décrire et en laisser la trace. Tout à coup, dans le grand jour, le sirocco se mit à souffler violemment et blanchit entièrement le paysage. Et il se produisit un phénomène incroyable et inconnu jusque-là : le très grand vent se mit à dessiner le vol des oiseaux sur le sable, à ses pieds. Et Karim reconnut que ce n'était pas une image mais le nom des oiseaux, leur mouvement et leur danse qui étaient inscrits là. Et c'était une écriture.
Devant ce signe, Karim sut qu'il habitait désormais une terre sacrée et que lui et sa descendance, de génération en génération, seraient calligraphes, enlumineurs et écrivains.

Stani Chaine, « Karim le calligraphe », in *Dada*, n° 19, avril 1995, pp. 14-15, © Mango Presse.

3 Mettez les verbes entre parenthèses au passé simple.

Très haut dans la montagne, ils (atteindre) un plateau où les pâturages alternaient avec les bois de sapins, (traverser) un village, puis (reprendre) une petite route en lacets serrés qui semblait grimper vers le ciel. Ils (franchir) un plateau et c'est alors qu'ils (commencer) vraiment à monter. La vitesse (tomber) à quarante, puis trente kilomètres à l'heure et Rouletabosse croyait que la voiture allait caler quand il (voir) sur sa gauche un raidillon avec un écriteau : Frileusaz.

Robert Escarpit, *Les Enquêtes de Rouletabosse*, © Magnard Jeunesse, 1995.

4 Transposez le texte suivant à la 1re personne du singulier. Attention : vous devrez changer certains verbes mais aussi des pronoms personnels et des déterminants possessifs.

« Tit…Tit…Tit…Tit…Tit…Tit…Tit… » Le tintement, de plus en plus aigu, de plus en plus insistant, lui déchirait les oreilles et résonnait douloureusement à l'intérieur de son crâne.
« Tit…Tit…Tit…Tit…Tit… » Il avait l'impression de sortir d'une longue nuit, une nuit sans couleur ni bruit. Son corps léger, si léger, retrouvait peu à peu sa sensibilité. Il en percevait de nouveau le poids, il en devinait les contours, il sentait maintenant son dos, ses jambes, ses bras… sa tête où retentissait ce son lancinant.
« Tit…Tit…Tit…Tit…Tit… » Il tenta de soulever ses paupières alourdies par le profond sommeil d'où il émergeait. Il ouvrit les yeux, et les referma aussitôt, aveuglé par la lumière blanche, trop blanche. Il recommença, lentement, doucement…

Nicole Bacharan, Dominique Simonnet, *Le Livre de Némo*, © Le Seuil, 1998.

5 Mettez les verbes entre parenthèses au passé simple ou à l'imparfait.

Il (être) une fois une petite fille de Village, la plus jolie qu'on eût su voir ; sa mère en (être) folle, et sa mère-grand plus folle encore. Cette bonne femme lui (faire) faire un petit chaperon rouge, qui lui seyait si bien, que partout on l'(appeler) le Petit Chaperon rouge.
Un jour sa mère ayant cuit et fait des galettes, lui (dire) : « Va voir comme se porte ta mère-grand, car on m'a dit qu'elle (être) malade, porte-lui une galette et ce petit pot de beurre. »
Le Petit Chaperon rouge (partir) aussitôt pour aller chez sa mère-grand, qui (demeurer) dans un autre Village. En passant dans un bois elle (rencontrer) compère le Loup, qui (avoir) bien envie de la manger ; mais il n'(oser), à cause de quelques Bûcherons qui (être) dans la Forêt.

Charles Perrault, *Le Petit Chaperon rouge*.

EXPRESSION ORALE
Nuancer son point de vue

OBSERVATION

Questions

1. Lequel des deux personnages donne une information ? Quelle est-elle ? Par quelles phrases s'exprime-t-elle ?

2. Quel jugement ce personnage porte-t-il sur l'événement ? de quelle manière (vocabulaire, structure de phrase) ?

3. Vignette C : la question posée est-elle une vraie question ou une question orientée ?

4. Quelle est la première réaction du second personnage ? Comment s'exprime-t-elle ?

5. De quelle manière la fillette présente-t-elle son avis sur l'événement ?

LEÇON

Sur de nombreux sujets, il est parfois difficile d'avoir un avis net et définitif.

- Pour ne pas être soupçonné de mauvaise foi, il est bon de reconnaître que l'interlocuteur **a raison sur certains points** : c'est **faire une concession**.
- Ensuite, certaines formules permettent de présenter **un avis personnel différent de celui de l'interlocuteur** : c'est faire **une objection**.

MAIS

ACCORD PARTIEL *(réel ou apparent)*	DÉSACCORD *(plus ou moins profond)*
CONCESSION	**OBJECTION**

▶ Comment présenter une concession

Je le sais. – Je le reconnais. – J'en conviens. – Je n'en doute pas. – Je suis sûr que… – Je veux bien… – Je ne peux pas dire le contraire. – Je dois l'avouer. – Je ne le nie pas. – Je crois que vous avez raison. – Admettons. – Vous avez raison. – Si vous voulez.

C'est juste, vrai. – C'est indéniable, juste, incontestable. – Il est certain, vrai, exact que…

Oui, c'est vrai (*courant*). – Certes, oui (*soutenu*). – Bien sûr. – Effectivement. – En effet. – Parfaitement. – Sans doute. – Peut-être. – Soit. – D'accord sur ce point. – Tout à fait d'accord avec vous.

▶ Comment présenter une objection

Il n'en reste pas moins que… – Quoi qu'il en soit… – N'empêche que… – Ça n'empêche pas tout de même…

Oui mais… – Pourtant… – Cependant… – Toutefois… – Quand même… – Néanmoins… (*soutenu*) – Cela dit… – Mais tout de même… – Mais quand même… – Bien que… – Quoique…

PRENONS LA PAROLE

Improvisez les scènes suivantes par groupes de deux.

1. Vos parents veulent vous inscrire dans un centre aéré pendant l'été. Présentez des objections après avoir faire quelques concessions.

2. Vous voulez emmener un(e) ami(e) en vacances avec vous chez votre grand-mère, à la campagne. Vous présentez vos arguments. Vos parents font des objections.

BILAN

1 20 points

Précisez le temps des verbes soulignés et donnez leurs infinitifs.

Benjamin se redressa ; ses yeux effarés découvrirent le premier client du Nouvel An. À présent, il était grand et maigre comme un arbre en hiver, et semblait remplir la boutique du plancher jusqu'au plafond, le terrible vieillard ! Ses yeux brûlaient d'une flamme surnaturelle, mais peut-être était-ce son rhume qui lui donnait de la fièvre ? Benjamin palpa ses poches, y trouva le flacon qu'il n'avait pas livré. C'est alors qu'un idée désespérée lui vint, un espoir fragile…
– Monsieur, nous ne donnons de récipient que contre un autre en échange. Un bocal vide, monsieur, s'il vous plaît. Avez-vous le vide, je vous prie ?
– Voulez-vous dire ce bocal-ci, Benjamin Partridge ? Et il tendit le fatal récipient, avec son ruban noir et ses deux nœuds.

Léon Garfield, *Le Fantôme de l'apothicaire*, trad. André Dupuis, © Gallimard, « Folio Junior ».

2 15 points

Conjuguez les verbes entre parenthèses aux temps demandés.

Il (frapper/passé simple) à la porte.
Une voix, à l'intérieur, le (prier/passé simple) d'entrer. Prenant une profonde respiration, David (tourner/passé simple) la poignée. Il (se retrouver/passé simple) dans un bureau tapissé de livres d'un côté, de tableaux de l'autre. Un grand miroir en pied (trôner/imparfait) au milieu. Ce miroir (avoir/imparfait) quelque chose de bizarre.[…]
Un étrange pressentiment (faire/imparfait) dresser les cheveux de David sur sa tête, comme s'ils (vouloir/imparfait) s'arracher de son crâne et quitter la pièce au plus vite.
Il (faire/passé simple) un effort pour détourner les yeux. Le mobilier du bureau (être/imparfait) vieux et miteux. À cela, rien d'étrange : les professeurs (sembler/imparfait) toujours s'entourer de vieux meubles décrépits. Pourtant la poussière et les toiles d'araignée en (prendre/imparfait) ici vraiment trop à leur aise. Face à la porte, devant un rideau en velours rouge, un homme était assis à un bureau et (lire/imparfait) un livre. Il (lever/passé simple) les yeux sur David, le visage dénué d'expression.
« Assieds-toi, je t'en prie », (dire/passé simple) l'homme.

Anthony Horowitz, *L'Île du Crâne*, © Hachette Livre, « Le Livre de Poche Jeunesse .

3 8 points

Recopiez les éléments du premier plan pour reconstituer le récit seul.

Il était déjà tard dans l'après-midi quand Gaspard se réveilla. Il alla écouter en haut de l'escalier les bruits de la maison. Thomas devait être dans sa chambre, en train de faire ses devoirs (ou de lire *Lucky Luke*). La route semblait libre. Avec précaution, Gaspard se faufila jusqu'à la porte de Thomas et gratta doucement. Son ami vint lui ouvrir, le prit dans ses bras et lui frotta doucement le crâne : c'était une caresse que d'ordinaire Gaspard appréciait beaucoup. Mais Gaspard secoua impatiemment la tête. Il avait d'autres chats à fouetter que de se faire caresser par Thomas.

Claude Roy, *Le Chat qui parlait malgré lui*, © Gallimard, « Folio Junior ».

4 7 points

Les actions des verbes en gras ont-elles lieu avant, après ou en même temps que l'action du verbe souligné?

Tandis qu'on l'emmène hors des remparts, Timoklès **se sent envahi** par une détresse sans fond. Le sort qui **l'emportait** si joyeux vers l'Océan s'est retourné trop brutalement contre lui. Il **revient** inlassablement sur le déroulement des jours précédents, comme s'il ne pouvait pas comprendre qu'on puisse perdre, en un temps si bref, son père, son ami, sa sœur et sa liberté. Est-ce cela que lui **annonçait** la Pythie dans son langage obscur ? Son regard d'esclave **verra-t-il** le désastre des Athéniens comme **l'ont indiqué** les amis de Kallias ? Pourquoi les dieux **se sont-ils acharnés** contre sa famille avec tant de cruauté ?

Odile Weulersse, *Le Messager d'Athènes*, © Hachette, « Le Livre de Poche Jeunesse ».

6 Le texte

OBJECTIFS

Savoirs
- Repérer les mots qui organisent un texte
- Repérer et identifier les pronoms de reprise dans un texte
- Repérer tous les éléments qui nomment et reprennent un personnage, un lieu, un objet
- Se fonder sur les reprises pour repérer les progressions

Savoir-faire
- Structurer un texte en employant des mots organisateurs
- Employer les pronoms de reprise sans ambiguïté
- Utiliser des reprises nominales variées
- Écrire un court texte selon une progression imposée

GRAMMAIRE

22. Les mots qui organisent le texte

OBSERVATION

TEXTE 1

Peu à peu, le reste de la classe l'oublia. Tom se sentit plus tranquille et se mit à lancer de rapides coups d'œil investigateurs sur sa voisine. Celle-ci s'en aperçut immédiatement et lui tourna le dos. Au bout d'un moment, elle se retourna et eut un geste de surprise : une magnifique pêche mûre était posée devant elle. Tom regardait fixement devant lui, se désintéressant complètement de la question. La pêche fut dignement repoussée. Au bout d'un moment, Tom renouvela son offre : cette fois, la petite fille laissa la pêche où elle était. C'était un point de gagné.

Mark Twain, *Les Aventures de Tom Sawyer*,
© Nathan, « Bibliothèque des grands classiques ».

TEXTE 2

À huit heures du soir l'école, brillamment éclairée, était ornée de guirlandes de fleurs et de festons de feuillage. Sur une tribune surélevée, le maître trônait dans un fauteuil d'apparat, avec le tableau noir derrière lui. [...]. À sa gauche, en arrière des bancs du public, il y avait une plate-forme spacieuse, aménagée pour la circonstance, sur laquelle étaient assis les élèves qui devaient prendre part aux exercices de la soirée.

Mark Twain, *Tom Sawyer*, © Gallimard, « Folio Junior ».

TEXTE 3

Chercher de l'eau était une corvée que Tom détestait par-dessus tout, mais, ce jour-là, cela lui paraissait la plus merveilleuse occupation du monde. Car à la pompe il y a toujours beaucoup de monde, Blancs et Noirs, hommes, femmes, garçons et filles, et dans tout ce monde, il y a toujours des amis. C'est sans doute pourquoi, chose curieuse, Jim mettait parfois une heure pour aller chercher un seau d'eau à la pompe distante d'environ cent cinquante mètres.

Mark Twain, *Les Aventures de Tom Sawyer*,
© Nathan, « Bibliothèque des grands classiques ».

Questions

1. Lisez chacun des textes en supprimant les mots ou groupes de mots en bleu.

2. Les textes ainsi transformés sont-ils compréhensibles ? Quel est celui qui l'est le plus facilement ? celui qui l'est le moins facilement ?

3. Quel lien chaque mot ou groupe de mots en bleu établit-il entre la phrase qui le précède et la phrase qui le suit ?

LEÇON

1. Définitions

Le texte

- Le plus souvent, dans notre langue, nous enchaînons deux, trois, plusieurs phrases.
- On appelle **texte** tout énoncé, **oral ou écrit,** qui comporte plusieurs phrases.
- Comme la phrase, le texte obéit à des **règles**, que vous allez étudier dans cette partie.

Les organisateurs

- Pour comprendre un énoncé, il est indispensable de repérer des mots, des groupes de mots qui contribuent à le **structurer** : ce sont les **organisateurs du texte.**
- Les organisateurs relient deux unités du texte : phrases ou paragraphes.

→ ***Sur une tribune surélevée****, le maître trônait…*
*****À sa gauche****, il y avait une plate-forme spacieuse…*

2. Les types d'organisateurs

Les organisateurs peuvent :

– situer les **événements** dans le **temps** et indiquer leur **succession** :

→ *il était une fois, en ce temps-là, un jour, soudain, tout à coup, puis, alors, ensuite, enfin, finalement, désormais…*

Ces **organisateurs temporels** se rencontrent surtout dans les **récits.**

– situer les éléments d'un **décor** dans **l'espace** :

→ *devant, derrière, à gauche, à droite, en haut, en bas, au milieu, au fond, plus loin…*

Ces **organisateurs spatiaux** se rencontrent surtout dans les **descriptions.**

– signaler **les différentes étapes d'un raisonnement** :

→ *tout d'abord, ensuite, par ailleurs, d'autre part, par contre, mais, or, toutefois, par conséquent, ainsi, donc, c'est pourquoi…*

Ces **organisateurs logiques** se rencontrent surtout dans les **textes d'argumentation.**

3. Nature grammaticale des organisateurs

- Les organisateurs peuvent être :

– certaines **conjonctions de coordination** : *mais, et, donc, or, car.*
– certains **adverbes** : *soudain, enfin, aussitôt, en effet, malgré tout.*

– des **groupes nominaux** introduits par une **préposition** : *à ce moment, sur la droite, à vingt heures.*

• Les organisateurs peuvent être également employés pour établir des relations logiques à l'intérieur de la phrase :

➜ *Tom maugréa de son mieux à l'idée de l'eau et du savon, **mais** se débarbouilla sans trop de façons.*

Pour l'expression écrite

▪ Un organisateur apparaît logiquement en début de phrase et en début de paragraphe.

➜ ***Mais** il n'y avait guère d'ensemble ; tantôt c'étaient les Velrans qui avaient le dessus, et tout d'un coup les Longevernes, par une pointe hardie, reprenaient l'avantage, les triques au vent ; **mais** ils s'arrêtaient bientôt devant une pluie de pierres.*

▪ Cependant, pour des raisons de styles, certains organisateurs se trouvent en milieu de phrase :

➜ *Un Velrans avait reçu **pourtant** un caillou à la cheville et avait regagné le bois en clochant […].*

Louis Pergaud, *La Guerre des boutons.*

Retenons

1. Les mots organisateurs permettent de faire apparaître la **structure du texte**.
2. Ils **relient** deux ou plusieurs **phrases**, deux ou plusieurs **paragraphes**.
3. On distingue les **organisateurs temporels** (*puis, alors*), **spatiaux** (*devant, en haut*), **logiques** (*mais, par contre*).
4. Le texte **narratif** se construit surtout avec des organisateurs **temporels**.
5. Le texte **descriptif** se construit surtout avec des organisateurs **spatiaux**.
6. Le texte **argumentatif** se construit surtout avec des organisateurs **logiques**.

EXERCICES

Identifier

1 Relevez les organisateurs du texte suivant. De quel type sont-ils ?

À l'époque romane, les châteaux étaient des emplacements fortifiés, et ils conservèrent ce rôle au Moyen Âge. Du VIIe au XIIe siècles, ils furent construits surtout dans les campagnes, où ils étaient installés sur des lieux surélevés. Plus tard, ils furent édifiés dans les villes ou furent à l'origine de bourgades. Du XIIe au XVe siècle, le château fort était constitué de trois éléments : une ou plusieurs enceintes, le donjon et la résidence des seigneurs. […] Le fossé, surmonté d'un pont-levis, s'élargit à partir du XVe siècle, avec la généralisation des armes à feu.

Encyclopédie *Axis*, © Hachette, 1992.

2 Même exercice.

Canal+ est une chaîne de télévision privée à péage qui a rencontré un succès considérable en France et dans de nombreux pays. En effet, plusieurs millions de décodeurs ont été placés depuis 1984 dans les foyers français.
On peut analyser facilement les raisons du succès de cette chaîne de télévision pas comme les autres.
D'abord, Canal+ propose 365 nouveaux films par an, peu de temps après leur sortie dans les salles de cinéma. Ces films sont présentés six fois, à des heures diverses, alternativement en version originale et en version française.
Ensuite, Canal+ consacre de nombreuses heures aux sports, non seulement au football mais à des sports peu diffusés sur les autres chaînes : boxe, football américain, basket.
En outre, la chaîne cryptée présente de nombreux documentaires sur des sujets variés, des variétés, et des émissions pour les enfants.
Enfin, son émission *Nulle part ailleurs*, avec les célèbres *Guignols de l'info*, connaît un succès certain à l'heure où les autres chaînes sacrifient au rituel du journal télévisé de 20 h.

3 Même exercice. Dites ensuite de quel type de texte il s'agit.

Djeha au mariage

Un riche se mariait au village et tout le monde était invité à la noce. Mais, quand Djeha se présenta avec ses vieux vêtements sales et rapiécés, on ne voulut pas de lui.
Alors Djeha alla chez un de ses amis emprunter un costume tout neuf et revint à la noce. On lui fit, cette fois, le meilleur accueil. On l'installa à la place d'honneur. On lui servit une belle assiette de couscous.
– Bismihah ! dit Djeha en plongeant sa cuiller dans le plat. Puis il se mit à remplir ses poches de couscous.
Comme les gens s'étonnaient, Djeha leur dit : « Avec mon vieux costume vous ne vouliez pas de moi, avec un beau costume vous m'accueillez. Puisque c'est le costume que vous invitez, je donne à manger au costume. »

Conte d'Afrique du Nord raconté par Alain Gaussel, TDC, n° 404, 26 février 1986.

4 Même exercice.

La maison principale, moitié pierre, moitié paillis, ne renferme qu'un rez-de-chaussée, où Grand-mère, Martin et Martine Mac Carthy, Murdoch et sa femme, occupent des chambres séparées d'une salle commune à large cheminée, dans laquelle on se réunit en famille pour les repas. Au-dessus, contiguë aux greniers, une mansarde éclairée de deux lucarnes sert de logement à Sim – et aussi à Pat dans l'intervalle de ses voyages.
En retour, d'un côté, se développent les aires, les granges, les appentis sous lesquels s'abritent le matériel de culture et les instruments de labourage ; de l'autre, la vacherie, la bergerie, la laiterie, la porcherie et la basse-cour. [...]
Entre ces trois corps de bâtiments s'étend une cour, avec porte cochère fixée à deux montants. Une haie vive forme clôture, tout agrémentée de ces éclatants fuchsias, si abondants dans la campagne irlandaise. À l'intérieur de la cour verdoie un gazon d'herbes folles, où viennent picorer les volailles. Au centre, une mare miroite, bordée de corbeilles d'azalées, de marguerites d'un jaune d'or, [...] retournées à l'état sauvage.

Jules Verne, *P'tit Bonhomme*.

Transformer

5 En vous aidant des organisateurs, reconstituez l'ordre du texte suivant.

Les inventions du Professeur Tournesol : la pilule antialcoolique

a. Depuis ces expériences prometteuses, la Ligue des marins antialcooliques, dont Haddock est le président d'honneur, a financé les recherches du professeur Tournesol en vue de la commercialisation à grande échelle de cette pilule.
b. C'est ainsi que, testé à son insu comme cobaye par le professeur, Haddock renonce temporairement au whisky. Grâce à ce remède, les Arumbayas, puis les Picaros, s'abstiendront de retomber dans l'alcoolisme.
c. Produit sans saveur, sans odeur et non toxique élaboré à partir de plantes médicinales, le révulsif se présente sous forme de comprimés. Dissous dans une boisson ou des aliments, un seul de ces cachets donne un goût abominable à tout alcool absorbé par la suite.

Albert Algoud, *Le Tournesol illustré*, © Casterman, 1994.

6 Même exercice.

Kamo a été confié pour quelques mois aux parents du narrateur. Il attend un appel de sa mère.
a. Bref, c'était la fin du déjeuner, et nous étions là, sur l'herbe jeune, à bavarder dans l'admiration de Kamo. Pope avait ouvert la bouteille Thermos et le parfum de notre café était en train

de s'emparer du Vercors quand Moune s'écria :
– Regardez !

b. Mais la bicyclette retombait toujours d'aplomb sur l'herbe, zigzaguant, s'envolant de nouveau, atterrissant encore, tout cela dans le grincement des ressorts, les gémissements de la selle, les tintements de la sonnette et les hurlements de Kamo qui, dès qu'il fut assez près, se mit à crier :
– Elle a téléphoné ! elle a téléphoné !

c. Pope, Moune et moi pique-niquions dans la vallée de Loscence. Ce n'était pas très loin de la maison. Kamo, s'il le voulait, pourrait nous y rejoindre à pied. [...]

d. Il godillait entre les rochers, sautant les bosses comme un cheval de rodéo. Les garde-boue de sa bicyclette lançaient des messages chaque fois qu'ils captaient le soleil.
– Nom de nom, murmura Pope, il va se...

e. Nos regards suivirent son doigt tendu, au bout duquel, là-bas, un cycliste était sorti de la route pour dévaler vers nous à travers champs.

Daniel Pennac, *L'Évasion de Kamo*,
© Gallimard Jeunesse, « Folio Junior ».

Écrire

7 Reconstituez l'ordre du texte suivant, puis imaginez la suite.

a. La chose n'avait pas de nez, mais des dents, beaucoup de dents !

b Après avoir fait deux pas, il se figea sur place. Quelque chose entrait par la porte ouverte du drugstore. Quelque chose qui n'était pas humain, qui était très loin d'être humain.

c. Les yeux étaient des disques blancs sans pupille.

d. Ces parties du corps étaient rouges aussi, mais couvertes d'écailles au lieu de fourrure.

e. Quelque chose qui avait plus de 2 mètres 10 de haut – de si haut qu'il lui fallait se courber un peu pour franchir le seuil – et qui était couvert d'une fourrure rouge vif, sauf les mains, les pieds et le visage.

Fredric Brown, *L'Univers en folie*,
© Denoël, « Présence du futur ».

8 Replacez les organisateurs suivants, présentés en désordre, aux endroits qui conviennent : *au bout d'un long moment – mais – le lendemain – tout à coup.*

La découverte de la grotte de Lascaux en Dordogne

Le jeudi 12 septembre 1940, quatre tout jeunes gens parcouraient les bois en compagnie de leur chien Robot... **(1)**, ils virent le chien disparaître dans un trou plein de ronces. **(2)**, le chien ne reparaissant pas, Ravidat se décida à pénétrer à son tour dans l'étroit orifice... Il arriva dans une grande salle ; **(3)** n'ayant pour éclairage qu'une boîte d'allumettes, il décida de rentrer. **(4)**, munis de cordes et d'une pompe à graisse transformée en lampe à pétrole, les quatre amis commencèrent leurs investigations. Quelle surprise alors d'apercevoir sur les parois du roc une immense chevauchée fantastique !

A. Leroi-Gourhan, *Lascaux inconnu*, © CNRS, 1979.

9 Placez des organisateurs aux endroits signalés dans le texte suivant.

Penché sur son pupitre, le crayon à la main, Lennie attendait que l'on distribue les questionnaires de sciences naturelles. Il avait toujours un trac monstre, avant une interrogation écrite. Même s'il avait tout su par cœur, il en était sûr (la circonstance ne s'était jamais présentée), il aurait eu un trac terrible.

(1) il entreprit de gommer une inscription sur son pupitre – qu'il s'empressa de réécrire aussitôt après. **(2)** il se mit à pianoter en silence un petit air qu'il avait dans la tête, tout droit sorti d'un feuilleton télévisé. [...]

(3) Lennie sentit sa gorge se dessécher : on distribuait les questionnaires. Il posa son crayon, s'essuya la paume des mains sur sa chemise, reprit son crayon.

(4) il saisit la pile des questionnaires que venait de lui passer sa voisine de devant, en fit glisser le premier feuillet et transmit le restant à Letty Bond.

Betsy Byars, *Comme à la télé*,
© Flammarion, « Castor Poche ».

AUTOÉVALUATION

À la fin de cette leçon, je sais :

- **repérer et identifier** les organisateurs de temps : adverbes, groupes nominaux ;
- **repérer et identifier** les organisateurs de lieu : adverbes, groupes nominaux ;
- **repérer et identifier** les organisateurs logiques : adverbes, conjonctions de coordination ;
- **reconstituer** l'ordre d'un récit à partir des organisateurs ;
- **replacer** les organisateurs qui manquent dans un texte.

23. Les reprises pronominales

OBSERVATION

Un livre mystérieux

Le maître d'école, Mr Dobbins, avait atteint un certain âge sans avoir pu réaliser ses ambitions. Il aurait voulu être docteur, mais sa situation de fortune ne lui avait permis de devenir qu'un modeste instituteur de village. Chaque jour il tirait de son pupitre un livre mystérieux dans lequel il se plongeait pendant les heures d'études. Ce fameux livre était toujours sous clef. Petits et grands, tous mouraient d'envie de le regarder mais l'occasion ne s'en présentait jamais. Quel était ce livre ? Chacun avait son opinion ; il n'y avait pas deux avis semblables et pas moyen de contrôler lequel était le bon. Or Becky, passant le long du pupitre, près de la porte, s'aperçut que la clef était dans la serrure. La voilà bien l'occasion ! Becky jeta un coup d'œil à la ronde : personne. Une seconde plus tard elle avait le livre en main. Le titre, « Traité d'anatomie par le professeur Untel », ne lui dit pas grand-chose ; elle entreprit de tourner les pages. Le frontispice colorié représentait un corps humain, nu. À ce moment une ombre se profila sur la page : Tom Sawyer entrait. Il aperçut la gravure. Becky referma le livre précipitamment mais dans sa hâte elle eut le malheur de déchirer l'image jusqu'en son milieu. Elle rejeta le volume dans le pupitre, donna un tour de clef et honteuse, vexée, éclata en sanglots.

Mark Twain, *Tom Sawyer*, © Gallimard, « Folio Junior ».

Questions

1. Repérez les mots qui reprennent chacun des groupes de mots en orange.

2. Quelle est la nature des mots ou des groupes de mots en orange ?

3. Quelle est la nature grammaticale des mots de reprise ?

4. Quelle est leur fonction grammaticale ?

LEÇON

1. Définition

Dans un texte, **pour reprendre une information** qui a déjà été donnée sans employer les mêmes mots, on utilise certains **pronoms**.
Ces pronoms de reprise sont des **substituts**.

2. Nature des pronoms substituts

Ces pronoms **reprennent un nom ou un groupe nominal** précédemment cité dans un texte.

- Les **pronoms personnels** de la 3e personne : *il, elle, ils, eux, elles.*
  → *Tom Sawyer entrait.* ***Il*** *aperçut la gravure.* (Il = Tom)
- Les **pronoms possessifs** : *le mien, le tien, le sien, les nôtres…*
  → *Prête-moi ton baladeur.* ***Le mien*** *est en panne.* (Le mien = mon baladeur)

Formes des pronoms possessifs

	Représentant un singulier		Représentant un pluriel	
	Masculin	**Féminin**	**Masculin**	**Féminin**
1re pers. du singulier	*le mien*	*la mienne*	*les miens*	*les miennes*
2e pers. du singulier	*le tien*	*la tienne*	*les tiens*	*les tiennes*
3e pers. du singulier	*le sien*	*la sienne*	*les siens*	*les siennes*
1re pers. du pluriel	*le nôtre*	*la nôtre*	*les nôtres*	
2e pers. du pluriel	*le vôtre*	*la vôtre*	*les vôtres*	
3e pers. du pluriel	*le leur*	*la leur*	*les leurs*	

- Les **pronoms démonstratifs simples** *(celui, celle)* et **composés** *(celui-ci, celui-là, celle-ci, celle-là)* :
  → *Les deux amis ont peur d'être punis. Tom est* ***celui*** *qui est le plus résigné.* (celui = l'un des deux amis)

– *Celui-ci* et *celui-là* fonctionnent seuls, mais *celui*, *celle* s'emploient avec une expansion :

→ *J'ai perdu mon stylo et j'ai emprunté* ***celui de Marc.***
L'AJ Auxerre est un club de football. C'est ***celui que Zoé préfère.***

– *Ce, cela, ça* peuvent reprendre toute une phrase précédente, parfois même un paragraphe précédent :

→ <u>*Il n'avait pas lu le livre, mais il l'avait juste feuilleté*</u>*, et c'était excitant.* ***Cela*** *défiait son imagination.*

Formes des pronoms démonstratifs

Singulier			Pluriel	
Masculin	**Féminin**	**Neutre**	**Masculin**	**Féminin**
celui	*celle*	*ce, c'*	*ceux*	*celles*
celui-ci	*celle-ci*	*ceci*	*ceux-ci*	*celles-ci*
celui-là	*celle-là*	*cela, ça*	*ceux-là*	*celles-là*

- **Les pronoms numéraux**

  → *De tous les écoliers qui voulaient voir le livre, **trois** ont essayé de le tirer de sa cachette.*

- **Les pronoms indéfinis**

  → *Petits et grands, **tous** mouraient d'envie de le regarder mais l'occasion ne s'en présentait jamais. Quel était ce livre ? **Chacun** avait son opinion.*

Formes des pronoms indéfinis		
Valeur des pronoms	**Formes simples**	**Formes composées**
Quantité nulle	*aucun - aucune - nul - nulle - personne - rien*	*pas un(e)*
Quantité égale à un	*chacun - chacune - tout - quiconque*	*l'un, l'une, l'autre - quelqu'un, quelque chose - n'importe qui, n'importe quoi - n'importe lequel (laquelle)*
Quantité supérieure à deux	*beaucoup - peu - certain(e)s - plusieurs - tous - toutes*	*les uns, les autres - quelques-un(e)s*
Sans indication de quantité	*autrui* *tel(s) - telle(s)*	*autre chose* *le (la) même - les mêmes*

- **Les pronoms relatifs** font référence à un **antécédent** et introduisent une **proposition relative.**

  → *Chaque jour il tirait de son pupitre un livre mystérieux <u>dans **lequel** il se plongeait</u>.*

Pour l'expression écrite

L'emploi de pronoms de reprise **évite des répétitions** qui rendraient le message très lourd. Attention : il est indispensable d'éviter les ambiguïtés.

→ * *Emeline a dit à Samia qu'elle était plus intelligente qu'elle.*

L'emploi du pronom personnel *elle* est ici insuffisant. On ne peut savoir quel nom il reprend (*Emeline* ou *Samia*). Il faut employer un pronom plus précis, un autre procédé de reprise, ou citer directement les paroles telles qu'elles ont été prononcées :

→ *Emeline a dit à Samia : « Tu es plus intelligente que moi. »*... ou : *« Je suis plus intelligente que toi. »*

Retenons

1. Dans un texte, pour reprendre des informations qui ont déjà été données sans répéter les mêmes expressions, on utilise des **mots de reprise**.
2. Très souvent, ces mots sont des **pronoms** : pronoms personnels, possessifs, démonstratifs, numéraux, indéfinis ou relatifs.
3. Ils **remplacent un mot ou groupe nominal** connu par le contexte.

EXERCICES

Identifier

1 Dans chaque phrase, relevez les pronoms en précisant s'ils sont personnels, démonstratifs, relatifs ou indéfinis.

1. Parmi toutes ses robes, celle que la princesse Mélissa préfère est la rouge brodée de nacre. – **2.** Cette nuit, quelqu'un est entré dans la chambre des enfants et a déposé des cadeaux. – **3.** Les jeunes chevaliers qui venaient au tournoi pour la première fois ont souffert contre les vétérans du royaume. – **4.** Ce que le détective a découvert n'était pas écrit dans les rapports de la police. – **5.** Sur cette table, en bois d'acajou, voici une montre du XVIIe siècle, et sur celle-ci, en bois de citronnier, un plumier ayant appartenu à Napoléon Ier. – **6.** Quiconque voudra récupérer le trésor du capitaine Némo devra affronter le cyclope qui garde l'entrée de la caverne. – **7.** Chez les Martin, les enfants inventent tous les jours de nouvelles recettes de cuisine et ils demandent à leurs parents de les tester.

2 Relevez les noms et groupes nominaux auxquels renvoient les mots soulignés.

Toutankhamon, l'enfant roi

Toutankhamon a tout juste 9 ans quand il est couronné pharaon d'Égypte. Que se passe-t-il dans sa tête d'enfant quand il se retrouve devant l'immense temple de Karnak, si impressionnant, si sombre, lui si petit ?

Il avance, tête nue, simplement vêtu d'un pagne blanc, les pieds à même la pierre fraîche. Son tuteur le vizir Aï, le général Horemheb, chef des armées, et les grands nobles du royaume l'accompagnent jusqu'aux portes closes, cloutées d'or et de cuivre. Elles se referment. Il est seul. Seul avec les prêtres du dieu Amon qui lui tendent la main, le visage dissimulé sous des masques à tête d'animaux, de faucon, de cobra, de vautour. La cérémonie dure des heures.

Les prêtres placent l'enfant sur le trône. Devenu roi et dieu à la fois, il sort du temple avec une lourde et somptueuse couronne, debout sur son char plaqué de feuilles d'or.

Okapi, n° 568, 9 septembre 1995.

3 Même exercice.

Le jugement de Salomon

Deux femmes vinrent se présenter au roi, l'une d'elles dit :

« Monseigneur, écoute : nous habitons, cette femme et moi, dans le même logis. […] Pendant la nuit, le fils de cette femme est mort parce qu'elle s'était couchée sur lui. Pendant que je dormais, elle a pris mon fils et a couché dans mon lit son fils mort. […]

– C'est faux ! répliqua l'autre femme, celui qui est vivant, c'est mon fils ; c'est le sien qui est mort. »

Et la première de riposter : « Non, c'est ton fils qui est mort, et c'est le mien qui est vivant. » […]

Le roi dit alors : « Eh bien, apportez-moi une épée. Coupez en deux l'enfant vivant, donnez-en la moitié à l'une et la moitié à l'autre. »

Mais la femme dont le fils était vivant dit au roi : « Ah ! monseigneur, qu'on lui donne l'enfant qui vit, ne le faites pas mourir ! », tandis que l'autre disait : « Il ne sera ni à toi ni à moi : partagez-le ! »

Alors le roi prononça son jugement : « Donnez, dit-il, à cette femme l'enfant qui vit, et ne le faites point mourir, car c'est elle qui est sa mère. »

La Bible, *Le Livre des Rois*, © Cerf.

4 Est-il possible d'utiliser les pronoms personnels *il, elle, le, la* pour reprendre les groupes soulignés ? Pourquoi ?

Dans l'allée centrale, une petite fille racontait quelque chose de palpitant à une autre petite fille qui l'écoutait passionnément. Une troisième petite fille les croisa. Celle qui écoutait quitta celle qui parlait pour se joindre à celle qui les croisait. Celle qui parlait continua de parler toute seule, comme si de rien n'était, en éclatant de rire à chaque phrase. Elle passa devant le bac à sable. C'est là que Le Chien aperçut Le Méticuleux. Il avait un seau et une pelle et venait de dresser la quatorzième tour de son château de sable. Une belle tour avec des créneaux, des mâchicoulis, des meurtrières, tout ce qu'il faut. Il travaillait avec des lunettes et une attention extraordinaire. […] Combien de temps avait-il mis à le bâtir ? « Quelle patience ! » pensa Le Chien. Tout à coup, Le Méticuleux releva la tête. Une étrange lueur passa dans ses yeux. Il sauta sur ses pieds, écarta les bras, et sa bouche se mit à faire un bruit de moteur.

Daniel Pennac, *Cabot-Caboche*, © Pocket Junior, 1994.

Transformer

5 Remplacez l'élément souligné par un pronom démonstratif ou possessif.

1. En choisissant précipitamment ses chaussettes ce matin, Romain a pris les chaussettes de son cousin. – **2.** Je suis furieux contre mon frère quand mon frère mélange ses affaires avec mes affaires. –

3. Parmi mes tee-shirts, les tee-shirts que je préfère sont tous troués parce que je les ai trop portés. – **4.** Prends cette raquette de tennis, c'est ta raquette ! – **5.** M. et Mme Martin voulaient changer de voiture, mais comme aucune n'avait la couleur qui leur plaisait, ils ont finalement gardé leur voiture. – **6.** Les jours fériés sont les jours que Louise préfère car elle peut faire la grasse matinée. – **7.** Votre château est peut-être en ruines, mais en vérité, ce n'est rien à côté de notre château !

6 Complétez le texte suivant par les pronoms personnels qui conviennent pour respecter sa cohérence.

Clémence n'a, pour toute famille, qu'un neveu. **(1)** vit en Angleterre. **(2)** ne l'a vu que trois ou quatre fois, quand **(3)** était petit, mais **(4)** y tient beaucoup, **(5)** lui écrit. **(6)** lui envoie ses photos, **(7)** les porte toujours sur elle, elle nous montre les nouvelles chaque fois qu'**(8)** en reçoit. Le mois dernier, son neveu **(9)** a écrit qu'**(10)** allait traverser le pays et qu'il devrait s'arrêter au buffet, pour sa correspondance. Au lieu d'être contente, Clémence s'est mise à sangloter. J'ai rarement vu une femme aussi malheureuse. **(11)** répétait : « Pour une fois que je fais un mensonge dans ma vie, je vais le payer cher ! » **(12)** a fini par m'avouer qu'**(13)** faisait croire à son neveu qu'elle était la patronne du buffet. **(14)** avait honte de **(15)** dire qu'elle n'en était que la femme de ménage.

J.-P. Chabrol, *Contes à mi-voix, La rencontre de Clothilde*, © Grasset et Fasquelle, 1985.

Écrire

7 Récrivez ce texte en remplaçant, quand c'est nécessaire, le pronom personnel *il* par une reprise plus précise.

La promenade des deux chiens

Le Chien se rapprochait peu à peu. Bientôt, il chemina à côté du Hyéneux. Il se sentait assez fier de lui, maintenant. Comme s'il venait de dompter un véritable fauve. Et, bien qu'il ne lui eût posé aucune question, il se mit à lui raconter son histoire. Il parlait sans s'arrêter, comme ces gens qui, n'ayant personne à qui parler, croient avoir beaucoup de choses à dire. Il écoutait en fronçant ses sourcils, qu'il avait noirs et luisants comme des soies de tigre. Parfois, il posait une question :
– Ce « Grand Musc », comme tu l'appelles, il ne te laissait donc jamais arroser les pneus de voiture ?

D'après Daniel Pennac, *Cabot-Caboche*, © Pocket Junior, 1994.

8 Récrivez ce texte, en remplaçant, quand c'est nécessaire, le pronom personnel *elle* par l'une des reprise suivantes : *Mademoiselle – l'enfant* (2 fois) – *la petite* (2 fois).

Le soir, au dîner, la gouvernante ne dit pas un mot ; son regard ne cessait de peser sur Heidi comme si elle s'attendait à tout moment à ce qu'elle fasse encore une bêtise. Mais elle resta sagement sur sa chaise sans faire un mouvement, sans boire ni manger ; elle s'était contentée de cacher le petit pain dans sa poche.
Le lendemain, lorsque le précepteur monta l'escalier, Mlle Rottenmeier lui fit signe de la suivre sans bruit dans la salle à manger où elle lui parla de ses inquiétudes. Le changement d'air, le changement d'existence, l'environnement et le style de vie différent… bref, elle perdait la tête. La gouvernante lui raconta la nouvelle tentative de fugue de Heidi et l'étrange discours qu'elle lui avait tenu. Mais le jeune homme essaya de l'apaiser, en l'assurant qu'il avait bien observé l'enfant et que, si elle paraissait parfois un peu excentrique, elle avait la tête sur les deux épaules, de sorte que, peu à peu, avec de la gentillesse et de la fermeté, elle retrouverait son équilibre. En revanche, le fait qu'Adélaïde fût incapable d'assimiler les lettres de l'alphabet lui paraissait plus sérieux et plus inquiétant, à lui, le précepteur.
Une fois rassurée, elle le renvoya à sa tâche.

D'après Johanna Spyri, *Heidi*, © Gallimard, « Folio junior », 1995.

AUTOÉVALUATION

À la fin de cette leçon, je sais :

- **identifier** les pronoms personnels, possessifs, démonstratifs, indéfinis, relatifs ;
- **rétablir** des pronoms de reprise dans un texte ;
- **employer** les pronoms de reprise sans ambiguïté dans un texte.

GRAMMAIRE
24. Les reprises nominales

OBSERVATION

Le redoutable Huck

Arrivé en vue de l'école, Tom tomba sur son ami Huckleberry Finn. Huck était le fils d'un ivrogne bien connu dans le village, qui était parti chercher fortune ailleurs depuis des mois, abandonnant purement et simplement son fils. Le malheureux enfant se débrouillait comme il pouvait, toujours vêtu de haillons découpés dans des vêtements usagés de grandes personnes, portant un immense chapeau dont il manquait la moitié et un pantalon d'homme dont il avait coupé les jambes, mais dont le fond lui arrivait aux genoux.

Toutes les mères de famille de Saint Petersburg[1] détestaient et redoutaient Huck qui, disaient-elles, donnait à leurs fils l'exemple même de la paresse, du chapardage et de la mauvaise éducation. Cette même réputation lui valait au contraire un très grand prestige auprès des camarades de son âge, qui ne désiraient rien tant que de lui ressembler le plus possible et souhaitaient toujours jouer avec lui.

En effet, Huck Finn n'allait jamais à l'école, dormait à la belle étoile en été et l'hiver dans un vieux tonneau garni de foin. Il allait à la pêche quand bon lui semblait, allait se baigner quand il en avait envie, se couchait quand il avait sommeil et point avant, ne portait pas de chaussures, ne se lavait guère et jurait comme un païen.

Mark Twain, *Les Aventures de Tom Sawyer*,

1. **Saint Petersburg** : ville des États-Unis.

Questions

1. Quelle expression désigne le nouveau personnage qui vient d'arriver ? Quelle est la nature grammaticale de cette expression et des mots qui la composent ?

2. Relevez, dans l'ensemble du texte, tous les mots et expressions qui désignent ce même personnage. Lesquels sont des pronoms ? Lesquels sont des noms ou des groupes nominaux ?

3. Quelles informations successives ces différents groupes nominaux apportent-ils sur le personnage ? Classez-les des plus générales aux plus précises. Dans quel ordre sont-elles employées dans le texte ?

LEÇON

1. Les différents types de reprises

- Pour reprendre une information qui a été donnée précédemment dans le contexte, on peut répéter le mot, mais, la plupart du temps, on le reprend par un autre mot. Pour cela, on utilise des **pronoms** (voir chapitre 23, « Les reprises pronominales », p. 175-177) ou des **groupes nominaux.**
- La reprise par des noms ou des groupes nominaux est **plus précise** et plus souple que la reprise par les pronoms personnels. Elle permet d'**éviter les ambiguïtés** et de **varier les informations.**
- On ne peut reprendre un nom, un groupe nominal ou un nom propre que par un nom ou un groupe nominal qui présente un **rapport de sens** avec le groupe de mots remplacé : synonyme, mot de sens plus général, mot de sens plus précis.

  → *La cigogne fait son nid sur les cheminées.* ***Cet oiseau*** *prend bien soin de ses petits.*

2. La répétition

Il est possible de répéter le groupe nominal qui a été cité précédemment par **le même groupe nominal** précédé de **l'article défini** :

→ ***Un fantôme*** *hante le cimetière de Saint Petersburg. Curieusement,* ***le fantôme*** *ne se manifeste que par des bruits.*

3. La substitution

- C'est le procédé le plus souvent employé. On remplace le groupe nominal par un **synonyme** ou par un autre groupe nominal qui reprend **tout ou une partie de l'information** :

  → ***Un fantôme*** *hante le cimetière.* ***Le revenant*** *ne se manifeste que par des bruits.*
- Le groupe nominal substitut peut reprendre l'information précédente **d'une manière plus générale** :

  → *Huckleberry Finn* → *l'enfant.*
- Le groupe nominal substitut peut ne reprendre **qu'une partie** de l'information précédente :

  → *Il rentra chez sa tante juste à temps pour aider* ***Jim, le jeune esclave noir. Le jeune Noir*** *approuva fort cet emploi du temps.*
- Le groupe nominal substitut peut reprendre le nom propre ou le groupe nominal précédent **en ajoutant une information** :

  → *Alfredo Zanni* → *le Sicilien.*

- Le groupe nominal substitut se rattache au contexte précédent par son **déterminant** qui peut être :

– un **article défini** : *le, la, l', les.*
→ *Un jeune garçon* → ***l'****enfant.*

– un **déterminant possessif** : *son, sa, ses, leur, leurs.*
→ *Huckleberry Finn* → ***ses*** *chaussures,* ***son*** *pantalon.*

– un **déterminant démonstratif** : *ce, cet, cette, ces.*
→ *Huckleberry Finn* → ***ce*** *garnement.*

Pour l'expression écrite

- L'utilisation de substituts s'effectue dans un ordre qui va **du plus précis au plus général** : *Huckleberry Finn* → *l'enfant* → *il.*
- Aussi, après un certain nombre de reprises, est-il indispensable de **renommer le personnage** ou l'objet dont on parle, surtout quand il y a un risque de confusion avec un autre personnage ou un autre objet.

Là-dessus, comme Tom s'attendrissait sur son sort, il tomba nez à nez avec son vieux camarade Joe Harper.
Joe arborait un air farouche et résolu, quoique sombre, lui aussi. **Tom** lui adressa un sourire triste et s'arrêta pour lui dire adieu.
Or, au bout de quelque minutes de conversation entrecoupée de soupirs et de déclarations définitives, il apparut que **Joe** avait précisément les mêmes intentions que **Tom** : lui aussi, frappé des misères de la vie, et puni une demi-heure auparavant par sa mère pour avoir absorbé une jatte de crème à laquelle, jurait-il, il n'avait jamais touché de sa vie, il quittait la maison. Il avait justement l'intention d'en parler à **Tom** et de lui faire ses adieux avant de quitter le village.

Mark Twain, *Les Aventures de Tom Sawyer*,

Retenons

1. Dans un texte, les **mots de reprise** peuvent être des **groupes nominaux.**

2. Le groupe nominal de reprise peut être un **synonyme**, un **terme général** ou un **terme spécialisé** dont le sens est étroitement lié à celui du mot repris. Il peut également apporter une **information nouvelle.**

EXERCICES

Identifier

1 Par quel groupe nominal l'élément souligné est-il repris dans la suite de la phrase ?

1. Billy avait déjà attaqué six banques en un mois, mais on ne parvenait toujours pas à retrouver la moindre trace de ce bandit. – **2.** Chloé supplia sa mère de lui acheter une troisième glace, mais ce jour-là Mme Martin ne céda pas. – **3.** L'extra-terrestre avançait en rampant sur le sol, et cet étrange reptile laissait une traînée gluante derrière lui. – **4.** Le chevalier Gontran avait terrassé le dragon et c'est à bras ouverts que toute la ville accueillait son héros. – **5.** Les arbres rouges de la planète Tormoya effrayaient un peu l'équipage de *Voyager III*, mais les scientifiques étaient impatients d'analyser cette étrange végétation.

2 Quel groupe nominal du début de la phrase l'élément souligné reprend-il ?

1. Michel et Sarah se retrouvèrent au petit matin dans leur laboratoire secret, et les deux enfants déchiffrèrent les messages codés reçus pendant la nuit. – **2.** Caché dans une armoire, j'étais sûre qu'on ne me trouverait pas, mais aussi je commençais à respirer difficilement dans ce vieux meuble. – **3.** La maison était toute couverte de lierre et de mousse : vu de loin, le bâtiment disparaissait dans le paysage verdoyant. – **4.** Pour échapper à ses poursuivants, Rouletabille voulut passer par la fenêtre, mais il était trop gros et l'ouverture était trop petite.

3 Relevez les groupes nominaux qui désignent le personnage de Lebrac dans l'extrait suivant.

Le père de Lebrac tenait d'autant plus à « l'estruction[1] » qu'il en était lui-même totalement dépourvu ; aussi exigeait-il de son rejeton, dès que revenait la saison d'écolage[2], une application à l'étude qui vraiment ne se trouvait pas être en raison directe des aptitudes intellectuelles de l'élève Lebrac. Il venait de temps à autre conférer de ce sujet avec le père Simon et lui recommandait avec insistance de ne pas manquer son garnement et de le tanner chaque fois qu'il le jugerait bon. Ce ne serait certes pas lui qui le soutiendrait comme certains parents, nouillottes « qui savent pas y faire pour le bien de leurs enfants », et quand le gars aurait été puni en classe, lui, le père, redoublerait la dose à la maison.
Comme on le voit, le père de Lebrac avait en pédagogie des idées bien arrêtées et des principes très nets, et il les appliquait, sinon avec succès, du moins avec conviction.

Louis Pergaud, *La Guerre des boutons*,

1. **Estruction** : instruction.
2. **Saison d'écolage** : année scolaire.

4 Relevez les groupes nominaux qui désignent respectivement les trois personnages et qui les reprennent.

Il était une fois une mère qui avait deux filles. L'une était sa vraie fille, l'autre était sa belle-fille. Elle adorait sa fille Holéna et détestait sa fille adoptive Maria, car celle-ci était plus belle qu'Holéna. Maria devait faire tous les travaux de la maison : elle devait ranger, faire la cuisine, laver, filer, tisser et nourrir la vache. Holéna s'occupait de sa toilette toute la journée et prenait le soleil sur le pas de la porte. Maria était gentille et patiente et de jour en jour elle devenait plus jolie et Holéna plus laide. Jalouses, la mère et la fille décidèrent de se débarrasser de la belle jeune fille.

Contes slaves,

5 Relevez les groupes nominaux qui désignent respectivement les deux personnages et les reprennent. Expliquez la manière dont ils s'opposent.

Où l'on voit passer un petit monsieur

Tartarin de Tarascon voyage en diligence en Algérie.

À ce moment, la portière s'ouvrit. Une bouffée d'air frais entra, apportant sur ses ailes, dans le parfum des orangers fleuris, un tout petit monsieur en redingote noisette, vieux, sec, ridé, compassé, une figure grosse comme le poing, une cravate en soie noire haute de cinq doigts, une serviette en cuir, un parapluie : le parfait notaire de village.
En apercevant le matériel de guerre du Tarasconnais, le petit monsieur, qui s'était assis en face, parut excessivement surpris et se mit à regarder Tartarin avec une insistance gênante.
On détela, on attela, la diligence partit… Le petit monsieur regardait toujours Tartarin… À la fin, le Tarasconnais prit la mouche.
– Ça vous étonne ? fit-il en regardant à son tour le petit monsieur bien en face.
– Non ! Ça me gêne, répondit l'autre fort tranquillement ; et le fait est qu'avec sa tente-abri, son revolver, ses deux fusils dans leur gaine, son couteau de chasse – sans parler de sa corpulence naturelle, – Tartarin de Tarascon tenait beaucoup de place…
La réponse du petit monsieur le fâcha :
– Vous imaginez-vous par hasard que je vais aller au lion avec votre parapluie ? dit le grand homme fièrement.

Le petit monsieur regarda son parapluie, sourit doucement ; puis, toujours avec son même flegme :
– Alors, monsieur, vous êtes ?...
– Tartarin de Tarascon, tueur de lions !

Alphonse Daudet, *Tartarin de Tarascon*.

Transformer

6 Remplacez le nom souligné par un terme plus général.

1. Pour lui redonner un peu d'éclat, Mme Jourdain décida de faire repeindre sa Peugeot. – **2.** Joe Dalton dégaina son revolver lorsqu'il entendit qu'on montait l'escalier. – **3.** Luc dut s'acheter un nouveau manteau car celui qu'il portait était décidément trop étroit. – **4.** À la fin de ce repas de fête, les invités n'eurent pas le courage de goûter la mousse au chocolat. – **5.** Lucie n'avait pas soif, et elle refusa le jus d'orange qu'on lui tendait. – **6.** Esther adorait voir sortir les voiliers du port au coucher du soleil.

7 Complétez par le déterminant qui convient.

1. Un chien errant arrivait en courant du haut de la colline vers ... ferme des Horgets, mais, à cent mètres de la clôture, ... animal s'arrêta net. – **2.** Ingrid et Alice regardaient ... film terrifiant à la télévision. Lorsque ... téléphone sonna, ... deux amies sursautèrent et se blottirent dans les bras l'une de l'autre. – **3.** ... professeur Lampiste, en voyageant sur ... planète Roomy, découvrit ... espèces végétales inconnues sur la Terre. – **4.** En sortant faire ... vélo, Michaël vit ... garçon qu'il ne connaissait pas, avec ... vélo comme le sien : c'était ... nouveau voisin, il s'appelait Nourredine, et ... deux garçons devinrent vite ... très bons amis.

Écrire

8 Récrivez le texte suivant. Vous remplacerez à plusieurs reprises le nom propre Ulysse par des substituts nominaux, pris dans la liste suivante, ou que vous inventerez : ***le héros aux mille expédients – le fils de Laerte – le père de Télémaque – l'époux de Pénélope – le roi d'Ithaque.***

Mais Ulysse est surtout le héros prestigieux de l'*Odyssée*, récit de son retour à Ithaque, contrarié pendant dix ans par des aventures merveilleuses. Ulysse y devient un personnage fascinant. [...] Ses compagnons périssent les uns après les autres. Ulysse, seul, sensé, avisé, protégé par la déesse Athéna, surmonte toutes les épreuves grâce à son astuce et à son endurance. Mélange d'ingéniosité prudente et d'audacieuse curiosité, Ulysse échappe aux dangers divers qu'il rencontre chez les peuples fabuleux qu'il visite, Kikones, Lotophages, Lestrygons, aux monstres marins Charybde et Scylla, triomphe par la ruse du cyclope Polyphème, résiste aux tentations fatales de monstres plus subtils, les Sirènes. Toujours maître de lui, Ulysse ne s'abandonne à l'amour de l'enchanteresse Circé qu'après s'être prémuni contre ses sortilèges et avoir exigé qu'elle rende forme humaine à ses compagnons transformés en pourceaux. Au bout d'un an, Ulysse la quitte, lorsque ses compagnons lui reprochent d'oublier le retour.

Université d'Oxford, *Dictionnaire de l'Antiquité*, © Robert Laffont, « Bouquins », 1993.

1. **Aède** : poète dans la Grèce antique.

AUTOÉVALUATION

À la fin de cette leçon, je sais :
- **repérer** dans un texte toutes les expressions qui désignent un même personnage ;
- **utiliser** avec pertinence les déterminants de reprise ;
- **trouver** un synonyme ou un terme générique pour reprendre un nom ;
- **varier** les reprises en utilisant des périphrases claires.

25. Les progressions thématiques

OBSERVATION

TEXTE 1

La vieille dame repoussa ses lunettes sur le front et inspecta la pièce d'un air soupçonneux. Elle finit par remettre ses lunettes sur son nez, de guerre lasse, et entreprit un nouvel examen, en regardant par-dessus, cette fois.

À vrai dire, la tante Polly se servait rarement de ses lunettes. Elle les portait constamment sur le nez, mais regardait toujours le monde et les choses par-dessus ou par-dessous ses verres, jamais à travers.

Mark Twain, *Les Aventures de Tom Sawyer*,
© Nathan, « Bibliothèque des grands classiques ».

TEXTE 2

L'inspecteur était svelte, il pouvait avoir environ trente-cinq ans. Ses cheveux, d'un blond roux, étaient courts ; sa barbe était taillée en bouc. Son col empesé, dont le bord supérieur lui atteignait presque les oreilles et dont les pointes se recourbaient en avant à la hauteur des coins de sa bouche, était fendu de telle sorte qu'il l'obligeait à regarder droit devant lui, et à tourner tout le corps quand il devait regarder de côté. Son menton dominait une cravate aussi longue et aussi large qu'un billet de banque et dont les extrémités se terminaient par des franges ; les pointes de ses souliers étaient recourbées vers le haut, à la mode d'alors, comme des patins de traîneau.

Mark Twain, *Tom Sawyer*, © Gallimard, « Folio Junior », 1981.

TEXTE 3

Mais quelques instants plus tard, Tom avait déjà oublié ses projets de vengeance, éclipsés par un sujet autrement puissant. Ce sujet d'intérêt consistait en l'occurrence en une nouvelle manière de siffler qu'un jeune nègre lui avait montrée pendant l'après midi et qui permettait d'imiter le chant des oiseaux en faisant rebondir la pointe de la langue contre les incisives. Cela produisait de merveilleuses roulades et des trilles qui auraient fait envie à un merle.

Mark Twain, *Les Aventures de Tom Sawyer*,
© Nathan, « Bibliothèque des grands classiques ».

Questions

1. Dans le texte 1, quels mots reprennent le mot en orange dans la suite de l'histoire ? Donnez la nature et la fonction grammaticale de ces mots de reprise.

2. Dans le texte 2, à quel groupe nominal se rapportent les mots en orange?

3. Dans le texte 3, identifiez les mots ou groupes de mots qui sont repris par les mots en orange. Où sont-ils placés ?

LEÇON

1. Thème et propos

- Un texte n'est pas une suite de phrases sans rapport l'une avec l'autre. Sa **cohérence** est fondée à la fois sur la **reprise d'informations connues** et sur l'**apport d'informations nouvelles**.
- Souvent, dans une phrase, on peut distinguer le **thème** et le **propos**.

– Le **thème**, ce sont les **éléments connus** du récepteur, grâce à la situation ou au contexte.
– Le **propos**, ce sont les éléments qui apportent des **informations nouvelles**.

→ *La tante Polly* / *a perdu ses lunettes.*

thème (élément connu) — propos (information nouvelle)

- Les **reprises** d'une phrase à l'autre assurent la **cohérence** de l'ensemble du texte.
- Comme le thème est un rappel de ce qui précède, il a tendance à se placer en tête de phrase. Le thème peut être :

– le **sujet** de la phrase :
→ ***Tom*** *a sauté par-dessus la clôture du cimetière.* ***Il*** *court.* ***Il*** *atteint la maison de sa tante.*

– un **complément circonstanciel** :
→ *Annie est allée au* ***Yémen***. ***Dans ce pays***, *la vie est rude.*

2. Les différents types de progressions

L'enchaînement des thèmes et des propos permet à un texte de progresser et de s'organiser. **On distingue trois types de progressions.**

La progression à thème constant

→ ***Tom*** *a sauté par-dessus la clôture du cimetière.* ***Il*** *court.* ***Il*** *atteint la maison de sa tante.*

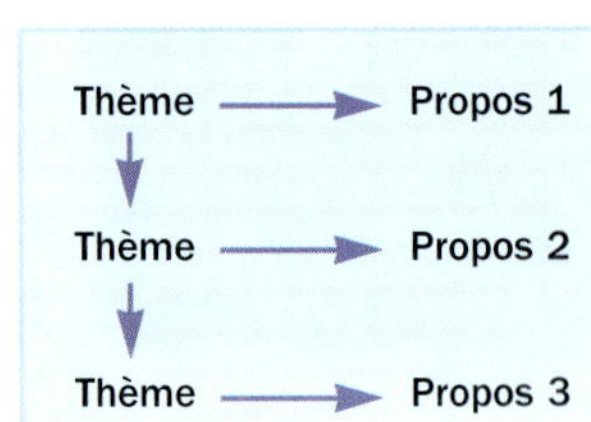

- Tous les verbes ont pour sujet *Tom* ou son pronom qui le reprend, *il*.
- Toutes les phrases ont donc **le même thème.** Les propos se rapportent tous à lui.
- On dit qu'il s'agit d'une **progression à thème constant.**

La progression à thèmes dérivés (ou en éventail)

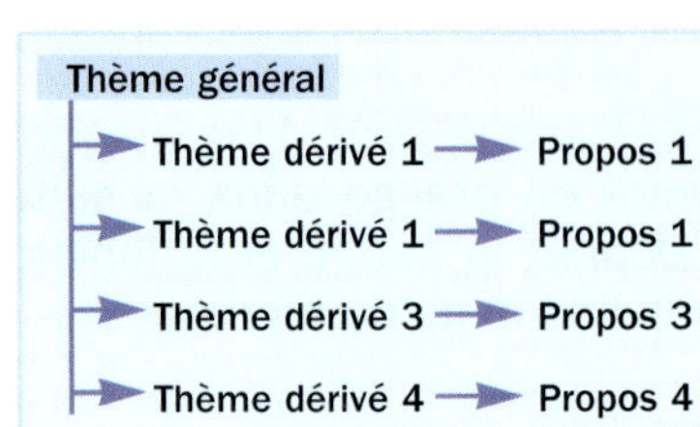

- Dans le texte 2, chaque phrase a un **thème différent** : *ses cheveux, sa barbe, son col empesé, ses souliers.* Pourtant, le texte n'est pas incohérent. Il est construit sur un thème général : *l'inspecteur*, dont on fait le portrait.

● Ce **thème général** *(l'inspecteur)* est développé en **thèmes dérivés** du premier *(ses cheveux, sa barbe, son col empesé, ses souliers)*, sur lequel on apporte successivement une information nouvelle (propos).

La progression linéaire (ou en escalier)

● Dans le texte 3, le propos de la phrase 1 *(un sujet autrement puissant)* est repris dans la phrase 3, dont il devient le thème *(Ce sujet d'intérêt)*.

● De la même façon, le propos de la phrase 2 *(une nouvelle manière de siffler [...] contre les incisives)* devient le thème de la phrase 3 *(Cela)*.
La progression s'effectue par la **transformation du nouveau en connu.**

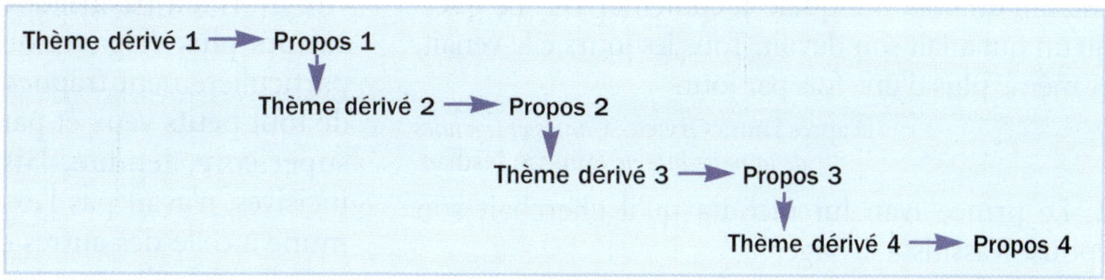

Pour l'expression écrite

- La **progression à thème constant** s'emploie surtout pour les **récits** : elle permet d'exprimer tout ce que fait ou pense un personnage.
- La **progression à thèmes dérivés** (ou **en éventail**) se trouve souvent dans les **descriptions** et les **textes informatifs**. Elle permet d'insister sur le déroulement du temps *(À midi ; vers trois heures ; le soir ; le lendemain...)*.
- La **progression linéaire** (ou **en escalier**) donne l'impression d'un **mouvement de caméra** qui finit par s'arrêter sur un **détail** important. Elle permet d'**organiser des descriptions**.

Retenons

1. Un texte doit être **cohérent**. Pour cela, il doit à la fois reprendre des **informations connues** et apporter des **informations nouvelles**.

2. L'enchaînement **thème** (information connue) – **propos** (information nouvelle) permet au texte de progresser.

3. Les textes se construisent selon **trois types de progression** :
– La progression à **thème constant** : les phrases qui s'enchaînent sont construites à partir du même thème.
– La progression à **thèmes dérivés** : un thème général se divise en plusieurs éléments ; chacun de ces éléments constitue le thème d'une phrase.
– La progression **linéaire** : le propos de chaque phrase donne le thème de la phrase suivante.

EXERCICES

Identifier

1 Dites selon quel type de progression chacun des textes suivants est construit.

1. Tous les jours, une louve sortait de la forêt, passait devant la cabane de Faustulus sans même regarder les porcelets. Elle s'approchait de l'eau et restait tapie dans les buissons, toujours au même endroit. Elle restait là pendant un certain temps, puis reprenait le chemin du bois, tranquille et contente, comme quelqu'un qui a fait son devoir. Tous les jours elle venait, et même plus d'une fois par jour.

D'après Laura Orvieto, *Contes et légendes de la naissance de Rome*, © Nathan.

2. Le prince Ivan lui raconta qu'il cherchait son épouse Vassilissa la Sage.
– Je sais, je sais, dit Baba-Yaga, ton épouse est chez Kochtchéi l'Immortel. La retrouver sera compliqué, tuer Kochtchéi n'est pas chose aisée : sa mort est au bout d'une aiguille, cette aiguille est dans un œuf, cet œuf est dans une cane, cette cane est dans un lièvre, ce lièvre est dans un coffre de pierre, ce coffre est sur un très haut chêne, et ce chêne, Kochtchéi l'Immortel le garde comme la prunelle de ses yeux.

« La princesse grenouille », in *L'Oiseau de feu et autres contes populaires russes*, trad. Antoinette Mazzi, © Flammarion, 1984.

3. L'Alfa 146 conjugue le plaisir de conduite, que seule une berline au tempérament sportif peut procurer, avec les qualités d'une voiture généreuse et confortable pour toute la famille.
L'habitacle, spacieux et lumineux, parfaitement insonorisé et ventilé, est aménagé avec élégance. Les amples surfaces vitrées autorisent une visibilité à 360°. Le poste de conduite, issu d'études ergonomiques très approfondies, permet toujours d'obtenir une position optimale. L'instrumentation bénéficie d'un graphisme clair et lisible. Les commandes primaires et secondaires sont parfaitement accessibles. La planche de bord enveloppante, revêtue de matériau moussé et exempt de saillies, se raccorde harmonieusement avec les panneaux de portes, en donnant une sensation immédiate de solidité et de sécurité. Les sièges anatomiques, à support différencié, offrent un maximum de confort sur les longs trajets et un maintien latéral optimal dans la conduite sportive. Les habillages intérieurs sont en velours.

Publicité Alfa Romeo, mai 1995.

4. Le domaine du collège de Linbury était très étendu. Les bâtiments principaux se groupaient autour de la grande cour ; venaient ensuite les terrains de cricket, le jardin particulier du directeur, puis un vaste espace couvert d'herbes folles. Au-delà, presque à la limite de la propriété, il y avait le petit bois. Et au milieu du petit bois il y avait l'étang, un de ces jolis petits étangs entourés d'arbres qui vous donnent tout de suite envie de jouer aux Robinsons et de construire des cabanes.

Anthony Buckeridge, *Bennett et sa cabane*, © Hachette Livre, « Le Livre de Poche Jeunesse », 1979.

2 Identifiez le thème général et la progression du texte suivant.

Grogh n'était pas beau. Dans sa tribu, il y avait des castors plus élégants que lui. Ses formes étaient particulièrement trapues. Sa grosse tête, trouée par de tout petits yeux et par une bouche dont la lèvre supérieure, fendue, laissait passer deux grosses incisives, n'avait pas l'expression de douceur commune à celle des autres castors. Même la fourrure, souple et brillante chez ses compagnons, était, chez lui, toute hérissée, déteinte, au point de paraître sale. Mais peu lui importait. Il était fort. Ses pattes de devant, aux doigts agiles comme ceux d'un singe, étaient d'une vigueur exceptionnelle.

Alberto Mauzi, *Le Castor Grogh et sa tribu*, © Hachette Livre, « Le Livre de Poche Jeunesse ».

3 Identifiez le thème général du texte suivant.

Des cabanes de tous styles et de toutes tailles poussaient sur la rive. Certaines étaient des abris rudimentaires que seuls leurs propriétaires ou des hommes préhistoriques auraient pu qualifier d'agréables résidences ; d'autres étaient plus ambitieuses, avec des vérandas. Celle de Briggs et Morrison était si basse qu'ils ne pouvaient s'y tenir qu'à plat ventre. Au contraire, celle d'Atkins était si haute qu'elle aurait pu loger une jeune girafe, mais si étroite que la pauvre bête n'aurait même pas eu la place de remuer la queue.
Martin-Jones et Patterson construisaient une cabane aérienne dans un arbre fourchu. Bromwich l'aîné, lui, avait opté pour un type d'habitation semi-souterraine qui tenait plutôt de la trappe à piéger les éléphants.

Anthony Buckeridge, *Bennett et sa cabane*, © Hachette Livre,« Le Livre de Poche Jeunesse », 1979.

4 Identifiez le thème général et la progression du texte suivant.

« Reste fidèle aux livres !... Il n'y a rien de meilleur que les livres. C'est la meilleure des professions. J'ai vu le forgeron au travail, devant l'ouverture de sa forge avec ses doigts semblables à de la peau de crocodile... L'orfèvre travaille au ciseau dans toutes sortes de matériaux très durs. À force de rester assis, son dos est voûté. Celui qui coupe les roseaux dans le delta, ses bras sont dévorés par les moustiques des marais… Le potier travaille dans la terre gluante, il est plus sale qu'un porc, ses vêtements sont toujours souillés. Quant au maçon, il doit travailler par tous les temps et ses bras sont déformés par le rude labeur. Quant au jardinier, il a les épaules voûtées bien avant l'âge. Le blanchisseur nettoie sur le rivage, mais avec le crocodile pour voisin ! Le pêcheur a la plus mauvaise de toutes les professions. Aussi vois-tu, tous ces métiers ont des inconvénients, sauf celui de scribe justement ! Chaque journée passée à l'école te profitera. Regarde ! aucun scribe ne manque jamais de nourriture et de richesses provenant du palais. »

D'après un papyrus du Moyen Empire égyptien, vers 1900 avant J.-C., *Histoire 6*^{e}, © Nathan.

5 Faites le schéma de la progression de chacun des textes suivants.

1. Les sorcières dévorent leur petit-déjeuner à belles dents. Leur plat préféré est le sagou, sorte de civet d'œufs de grenouille en conserve. Elles apprécient aussi les champignons vénéneux, récoltés à l'aube et grillés sur des toasts. Après quoi, pour s'agacer les dents, elles ingurgitent de grandes tartines de pain de gland confiturées de délicieuse marmelade de prunelles, le tout arrosé d'un petit noir de dent-de-lion bien chaud. Il leur était jadis nécessaire de jeter un sort sur le lait pour le faire tourner, mais aujourd'hui le lait suri est un produit courant dans les sorcières-marchés.

Colin Hawkins, *Les Sorcières*, © Albin Michel.

2. Samuel, robuste et leste, s'est mis au travail tout jeune pour aider à élever les deux petits. Il aimait les bêtes, les chevaux, il ne les craignait pas. Entre un grand mulet vicieux et lui, c'était au plus têtu des deux : les filles du village accouraient pour ne rien perdre de l'affrontement. Il avait une large face bien carrée, des yeux d'un bleu de pouponnière et des cheveux blonds qui frisaient naturellement.
D'abord mitron, il a appris le métier tout naturellement entre les jambes de son père, puis il est allé travailler chez les autres, pour ramener de l'argent à la maison, pas beaucoup, mais du bel et bon argent frais qui permettait de maintenir les deux petits aux écoles. Quelques patrons, dans les environs, se sont rappelé longtemps ses rires sonores, ses colères flamboyantes, ses puissantes épaules et ses idées généreuses. Quand il rentrait à la maison, pour le repos du dimanche, on aurait dit qu'on laissait les fenêtres et les portes ouvertes un jour de grosse tramontane.

J.-P. Chabrol, *Contes à mi-voix. La soupe de la mamée*, © Grasset et Fasquelle, 1985.

3. À cinquante mètres à peine l'un de l'autre, disséminés en tirailleurs, se dissimulant parfois derrière les buissons, sautant à gauche, sautant à droite pour se garer des projectiles, les adversaires en présence se défiaient, s'injuriaient, s'invitaient à s'approcher, se traitant de lâches et de froussards, puis se criblaient de cailloux, pour recommencer encore.
Mais il n'y avait guère d'ensemble ; tantôt c'étaient les Velrans qui avaient le dessus, et tout d'un coup les Longevernes, par une pointe hardie, reprenaient l'avantage, les triques au vent ; mais ils s'arrêtaient bientôt devant une pluie de pierres. Un Velrans avait reçu pourtant un caillou à la cheville et avait regagné le bois en clochant ; du côté de Longeverne, Camus, perché sur son chêne d'où il maniait la fronde avec une dextérité de singe, n'avait pu éviter le godon d'un Velrans, de Touegueule, croyait-il, qui lui avait choqué le crâne et l'avait tout ensaigné.

Louis Pergaud, *La Guerre des boutons*, © Mercure de France.

Écrire

6 Décrivez votre chambre selon une progression à thèmes dérivés.

7 La classe à la piscine : racontez en construisant votre texte selon une progression à thèmes dérivés.

8 Écrivez un petit poème sur votre animal de compagnie. Utilisez la progression à thème constant.

AUTOÉVALUATION

À la fin de cette leçon, je sais :

- **repérer** les thèmes d'un texte ;
- **identifier** la progression à thème constant, la progression à thèmes dérivés et la progression linéaire ;
- **écrire** un texte de six à huit lignes en utilisant la progression à thème constant, la progression à thèmes dérivés ou la progression linéaire.

ORTHOGRAPHE
Les homophones grammaticaux

LEÇON

Les homophones grammaticaux sont des mots se prononçant de la même façon mais appartenant à des classes grammaticales différentes.

▶ Homophones grammaticaux des verbe *être* et *avoir*

Verbe être	Déterminants	Conjonction de coordination
Sonia ***est*** *belle.*		*Sonia* ***et*** *Benjamin*
*C'****est*** *elle.*	***ces*** *cheveux* (déterminant démonstratif)	
*Elle s'****est*** *coiffée.*	***ses*** *cheveux* (déterminant possessif)	
Sonia et Laure ***sont*** *belles.*	***son*** *charme* (déterminant possessif)	

Verbe *avoir*	Pronoms	Adverbes	Préposition
Elle ***a*** *douze ans.*			***à*** *Londres*
*Sonia l'****a*** *vu.*	*Elle* ***la*** *salue.*	*Elle est* ***là***.	
Les élèves ***ont*** *triché.*	***On*** *les a punis.*		

Mode d'emploi

– **Vous pouvez remplacer *est* par *était* et *sont* par *étaient*.**

➜ *Sonia* ***est*** *belle ; c'****est*** *elle ; elle s'****est*** *coiffée.* → *Sonia* ***était*** *belle ; c'****était*** *elle ; elle s'****était*** *coiffée.*

– **Vous pouvez remplacer *a* par *avait* et *ont* par *avaient*.**

➜ *Elle* ***a*** *douze ans.* → *Elle* ***avait*** *douze ans.*
*Sonia l'****a*** *vu.* → *Sonia l'****avait*** *vu.*

– L'adverbe *là* s'emploie pour désigner un endroit.

▶ Autres homophones grammaticaux

Pronom	Déterminants	Conjonction de coordination
Elle ***se*** *regarde.*	***ce*** *miroir*	
Voici la maison ***où*** *je suis né.*		*fromage* ***ou*** *dessert*
Ça *va mieux.*	***sa*** *classe de 6*^{e}	

Mode d'emploi

– Le pronom *se* s'emploie devant un verbe : *Il* ***se*** *tait.*

– Le pronom *ça* peut être remplacé par *cela* : ***Ça*** *va mieux.* → ***Cela*** *va mieux.*

– La conjonction de coordination *ou* peut être remplacée par c
pronom *où* remplace un groupe nominal qui désigne un lieu
***ou** dessert* ⟶ *fromage* ***ou bien** dessert.*

EXERCICES

1 Complétez par *est* ou *et*.

Fermeture de la chasse

C'**(1)** une pauvre journée, grise **(2)** courte, comme rognée à ses deux bouts.
Vers midi, le soleil maussade essaie de percer la brume **(3)** entrouvre un œil pâle tout de suite refermé.
Je marche au hasard. Mon fusil m'**(4)** inutile, **(5)** le chien, si fou d'ordinaire, ne s'écarte pas.
L'eau de la rivière **(6)** d'une transparence qui fait mal : si on y plongeait les doigts, elle couperait comme une vitre cassée.

Jules Renard, *Histoires naturelles.*

2 Choisissez le mot qui convient.

Le ciel (est/et) la route (sont/son) blancs, dans la chaleur du mois d'août. Les sabots du cheval soulèvent de la poussière. La roulotte cahote. Victor (est/et) assis près de (sont/son) père qui tient les guides, d'une main. (Est/Et) Victor chasse les mouches, de grosses mouches noires (est/et) lourdes, d'un grand mouvement de bras.
Tout à coup, une cloche sonne, loin là-bas. [...]
« Le tocsin[1], dit le père. [...] Le tocsin... ça veut dire... le tocsin, (c'est/s'est)... le tocsin, ça veut dire que (c'est/s'est) la guerre. »
(Est/Et) il se tait. Victor regarde (sont/son) père avec de grands yeux. Il ne comprend pas.

Anne-Marie Pol, *Promenade par temps de guerre*, © Hachette Livre, « Le Livre de Poche Jeunesse », 1991.

1. **Tocsin** : sonnerie de cloche, qui donne l'alarme.

3 Complétez par *a* ou *à*, *ont* ou *on*.

Qui **(1)** rêvé cette nuit ? Tout le monde ! Oui, tout le monde. Plusieurs fois même. Et pourtant, beaucoup **(2)** oublié. Beaucoup ne se souviennent de rien. Ça, c'est l'un des mystères du rêve. Il y **(3)** très longtemps, un Grec qui s'appelait Héraclite **(4)** dit : « Éveillés, les hommes n'**(5)** ensemble qu'un seul monde, mais dans le sommeil chacun retourne **(6)** sa singularité. »
Vous comprenez cette phrase ? Lorsqu'**(7)** est réveillé, **(8)** partage tous le même monde. Et lorsqu'**(9)** dort, **(10)** est **(11)** l'intérieur de soi-même, dans un monde personnel. C'est là qu'il se passe des choses étonnantes appelées « rêves ».

Odile Chambard, « Les mystères du rêve », *Okapi*, n° 664, 8-15 janvier 2000, © Bayard Jeunesse.

4 Choisissez l'homophone qui convient.

L'Union européenne

Jusqu'en 1993, (ont/on) l'appelle la Communauté économique européenne. Créée en 1957 pour conclure la paix, (la/là) CEE prend des décisions politiques (est/et) économiques communes. Deux fois par an (ou/où) plus, (c'est/ses) 15 chefs d'État et de gouvernements (ce/se) réunissent, (c'est/s'est) le Conseil européen. [...]
(Ça/Sa) Commission européenne permanente gère le budget, prépare les lois, applique les décisions.
(Sont/Son) Parlement vote le budget (est/et) contrôle (la/là) Commission.
(Ça/Sa) Cour de justice et (ça/sa) Cour des comptes s'occupent... de justice (est/et) de comptes européens !
Enfin, la dernière-née de (c'est/ses) nombreuses organisations, le Comité des régions, veut aider certaines régions européennes (a/à) (ce/se) développer.

D'après Marie-Pierre Perdrizet, *Le Petit Citoyen*, © Casterman, 1994.

5 Retrouvez les homophones grammaticaux de cet extrait.

L'incroyable disparition

Je vais essayer d'être clair. **(1)** qui **(2)** passe **(3)** si extrordinaire que je ne sais par **(4)** commencer.
Lorsque je me suis réveillé, **(5)** matin-**(6)**, nous étions seuls dans le compartiment, P.-P. Cul-Vert **(7)** moi. Subitement, il **(8)** dressé sur **(9)** lit en criant :
« Ô, mes féaux, baisez les pieds du sérénissime de Culbert ! »
(10) tête, en heurtant **(11)** couchette du dessus, **(12)** fait voler **(13)** lunettes, **(14)** j'ai compris alors qu'il parlait en dormant.
« **(15)** suis-je ? Que m'arrive-t-il ? Je vous en supplie, ne me cachez rien !
– Du calme, P.-P., ai-je dit. **(16)** n'est que moi, l'ignoble félon Pharamon. »

Jean-Philippe Arrou-Vignod, *Le professeur a disparu*, © Gallimard, « Folio junior », 1997.

EXPRESSION ORALE
Persuader et convaincre

OBSERVATION

Questions

1. Qu'est-ce que la sœur aînée veut obtenir de la cadette ?

2. Présente-t-elle cette demande d'emblée ? Pourquoi ?

3. Que veut-elle suggérer d'abord ?

4. Quels sentiments veut-elle faire naître chez la cadette ?

LEÇON

Les arguments

Pour obtenir quelque chose de quelqu'un, on peut soit lui donner des ordres, soit lui présenter des **arguments**, c'est-à-dire des raisons ou des preuves de ce que l'on expose. Ces arguments sont destinés à le **convaincre** ou à le **persuader**.

Convaincre

Pour **convaincre** le récepteur, l'émetteur utilise des arguments qui s'adressent à la **logique,** à l'**intelligence**, au **bon sens** de l'interlocuteur. On dit alors que l'on cherche à le **convaincre**.

→ *La couleur t'irait bien à toi aussi. Nous avons la même taille.*

Persuader

Pour **persuader**, l'émetteur utilise des arguments qui cherchent à **émouvoir**, à **séduire**, à **toucher les points faibles** du récepteur.

→ *Je pourrais te le prêter pour la soirée de Noémie. Tu serais la star !*

Exemple : Une mère veut amener sa fille à porter ses lunettes car cette dernière est myope et refuse de les porter par coquetterie.

Pour la convaincre	Pour la persuader
– Tu aggraves ta myopie ! – Tu risques des mauvaises notes, car tu ne vois pas bien le tableau. – Faire tes devoirs te fatiguera moins.	– Ces lunettes te vont bien. – Cette monture fait ressortir la couleur de tes yeux. – Ton amie Émilie porte ses lunettes sans aucune gêne. – Tu pourras assortir la couleur des montures à celles de tes baskets.

PRENONS LA PAROLE

Pour chacune des situations suivantes, trouvez des arguments pour convaincre et pour persuader votre interlocuteur.

1. Vous avez besoin d'argent, et vous voudriez vendre un objet personnel à un(e) ami(e) : vêtement, cassette, CD, sac à dos, baladeur…

2. L'hôtel ou le camping est interdit aux chiens. Vous voulez persuader la réceptionniste qu'il est indispensable de laisser séjourner Bob avec vous, votre berger des Pyrénées si gentil…

3. Vous voulez persuader vos parents de vous emmener un dimanche à Eurodisney.

4. Une amie arrive le soir à la maison pour passer un moment. Vous aimeriez qu'elle parte parce que vous avez d'autres projets pour la soirée.

BILAN

1 12 points

Repérez les mots et expressions organisant le texte, puis classez-les selon qu'il s'agit d'organisateurs temporels, spatiaux ou logiques.

Il était une fois un vieil homme, tout seul dans son bateau, qui pêchait au milieu du Gulf Stream. En quatre-vingt-quatre jours, il n'avait pas pris un poisson. Les quarante premiers jours, un jeune garçon l'accompagna ; mais au bout de ce temps, les parents du jeune garçon déclarèrent que le vieux était décidément et sans remède *salao,* ce qui veut dire aussi guignard qu'on peut l'être. On embarqua le gamin sur un autre bateau, lequel, en une semaine, ramena trois poissons superbes.

Ernest Hemingway, *Le Vieil Homme et la mer,* © Gallimard.

2 10 points

Quels noms ou groupes nominaux les pronoms soulignés reprennent-ils ?

Maureen n'arrivait pas à trouver le sommeil. Dans la pièce voisine, <u>elle</u> entendait ses parents aller et venir, rongés par l'inquiétude. <u>Elle</u> avait bien tenté de <u>leur</u> parler, de <u>les</u> rassurer. <u>Elle</u> connaissait Erwan. Ce garçon était étrange, imprévisible. Parfois, <u>il</u> faisait même peur… Pourtant, Maureen savait qu'<u>il</u> n'avait fait aucun mal à son jeune frère. <u>Il</u> ne <u>l'</u>avait emmené que pour mieux le soigner, à l'écart du docteur Bishop et de ses maudites potions. <u>Elle</u> en était sûre.

Michel Honacker, *Erwan Le Maudit,* © Rageot, « Cascade Pluriel ».

3 13 points

Relevez toutes les reprises (groupes nominaux et pronoms) du groupe nominal souligné.

À l'intérieur du carton, il y avait <u>un petit cochon</u>. Pendant que le fermier Hogget le regardait, un homme se pencha sur le petit animal, le soupesa des deux mains, pendant que le petit cochon se débattait. Mais, dès que l'homme le reposa à terre, il se calma instantanément. Ils se regardèrent. L'un vit un homme grand et mince, à la figure hâlée, avec de très longues jambes ; l'autre, un petit animal rose, dodu, avec de très courtes pattes.

Avec douceur, [le fermier] le souleva et le tint à la hauteur de son visage. Le cochon se tint tranquille et ne poussa pas un cri.

Avec précaution, le fermier Hogget reposa le petit cochon dans l'enclos.

Une deuxième fois, lentement, pensivement, le fermier souleva le porcelet.

D'après Dick King-Smith, *Babe, le cochon devenu berger,* © Gallimard.

4 15 points

De quel type sont les progressions suivantes ? (5 + 5 + 5)

1. Un guéridon, un vase contenant des fleurs en papier, puis les rideaux de l'alcôve, le lit, une armoire ; près de l'armoire, une petite porte recouverte de tapisserie. Près de la porte, une chaise ; sur la chaise, des linges, pantalons et jupes brodés.

Jean Giono, *Le Hussard sur le toit,* © Gallimard.

2. Une femme venait d'apparaître sur l'estrade. Elle était vraiment minuscule, pas plus haute que trois pommes ! Elle semblait très jeune, environ vingt-cinq ou vingt-six ans, et elle était très jolie. Elle portait une longue robe noire, très élégante […]. Contrairement aux autres, elle n'avait pas de chapeau. Elle ne ressemblait pas du tout à une sorcière, pourtant, elle l'était à coup sûr.

Roald Dahl, *Sacrées sorcières,* © Gallimard, « Folio junior ».

3. On distingue cinq types de cris chez les loups : les plaintes, les grincements, les grondements, les abois et les hurlements. Les deux premiers sont des signes de soumission ; les grondements présentent toutes les nuances de l'agressivité ; les abois témoignent d'une forte excitation ; enfin, les hurlements gardent encore une partie de leur mystère.

« Tout savoir sur l'homme parmi les loups », in *Films,* 28 avril 1984.

5 10 points

a. **Quelles phrases sont enchaînées à l'aide d'une progression à thème constant ? (2)**
b. **Quelles phrases sont enchaînées à l'aide d'une progression linéaire ? (4)**
c. **Quelles phrases sont enchaînées à l'aide d'une progression à thèmes dérivés ? Quel est le thème général de cette progression ? (4)**

François referma très doucement la porte de l'armoire qui grinça comme, seuls, les vieux meubles savent le faire. Le plancher grinçait, lui aussi. Le lit craquait quand on s'asseyait dessus. Et tous ces craquements, tous ces grincements, augmentaient le malaise de François… Il avait soudain l'impression de n'être plus seul dans la chambre, et il n'osait pas libérer le mot qui allait transformer son malaise en angoisse… Mais déjà il n'était plus maître de sa pensée.

Boileau-Narcejac, *Sans Atout et le cheval fantôme,* © Gallimard, « Folio Junior ».

Pour vous aider

ORTHOGRAPHE

1. Les mots ont une histoire

LEÇON

Les mots français ont une longue histoire. Leurs origines sont très différentes et leur évolution varie.

▶ L'origine des mots

Tu veux voir le Soleil de plus près ? Pour l'observer de la Terre, tu disposes d'un phénomène naturel, spectaculaire et prévisible : l'éclipse de Soleil. C'est le moment où la Lune passe devant le Soleil et le cache. Alors apparaît, dans le ciel devenu noir, un halo lumineux : c'est la couronne, autrement dit, la haute atmosphère du Soleil… Tu ne la vois jamais habituellement, car sa luminosité est 1 000 000 fois plus faible que celle du ciel **bleu**. Lors de l'éclipse totale, les astronomes ont un formidable champ visuel pour analyser cette couronne solaire.

Okapi, n° 654, 30 juillet 1999.

- Bien des mots sont **hérités du latin**. Ce sont les mots en bleu dans le texte. Ce sont les plus nombreux.
  → *Soleil* vient du latin *sol, solis,* et le mot *Terre* vient de *terra, terrae.*
- D'autres mots ont été construits **à partir de mots grecs**. Ils sont en rose dans le texte. Ce sont, en général, des mots scientifiques.
  → *Éclipse* vient du grec *ekleipsis* qui signifie « abandon » : en effet, lors d'une éclipse du Soleil, celui-ci semble abandonner la Terre.
  Astronome vient du grec *astronomos,* « celui qui compte les astres ».
- Certains mots **sont empruntés à d'autres langues** d'époques plus ou moins lointaines.
  → *Bleu* est emprunté au francique °*blao*, langue parlée par les Francs vers le Vᵉ siècle.
- Chercher l'**étymologie** d'un mot, c'est s'intéresser à son **origine**. Il faut consulter un dictionnaire pour la trouver.

▶ L'évolution des mots

Un poète du XVIᵉ siècle explique ce qu'est une éclipse du Soleil. Il s'adresse à la Lune.

Mais pour te revancher[1] de la Terre, qui garde
Que pour lors front à front Phœbus ne te regarde,

Ton espaisse rondeur se loge quelquefois
Entre Phœbus[2] et nous sur la fin de ton mois.
Et dautant que les rais qui partent de sa face,
Ne traversent l'espais de ton obscure masse,
Phœbus, comme sujet aux douleurs du trespas[3],
Semble estre sans clarté, bien qu'il ne le soit pas.
Ainsi donc ton éclipse est au sien tout contraire.

Guillaume de Saluste du Bartas, *La Sepmaine*, (1581),
« Le Quatrième jour », v. 703 à 711.

1. Se revancher : se venger.
2. Phœbus : le Soleil.
3. Sujet aux douleurs du trépas : sur le point de mourir, agonisant.

- Certains mots **n'ont pas changé :** *rondeur, quelquefois …*
- D'autres **ont évolué :** *espaisse* est devenu *épaisse*, par exemple.
- Certains **ont disparu :** *revancher* a été remplacé par *venger, garde* est devenu *prendre garde.*
- Les hommes inventent sans cesse de **nouveaux mots.** Par exemple, le nom *avion* a été créé par Clément Ader vers 1875 pour désigner sa nouvelle invention.

EXERCICES

1 En provenance de Rome ou d'Athènes ?

Cherchez dans un dictionnaire les mots soulignés et dites s'ils viennent du grec ou du latin.

12 h 20 : soleil noir

L'ombre gigantesque du satellite lunaire – une ellipse de 108 km de diamètre – déferle alors sur la Terre qu'elle balaye à une vitesse moyenne de 2 850 km/h. C'est le clou du céleste spectacle : une nuit en plein midi (environ 12 h 20), où le Soleil devient noir. Du fait du soudain contraste thermique, le vent se lève, parfois violemment. Au loin, le pourtour de l'horizon s'illumine de lueurs flamboyantes comme pour un coucher de soleil. Dans le ciel, les régions externes de la boule de feu masquée s'illuminent de teintes subtiles et présentent à l'œil nu une richesse de détails, que les meilleures photographies ne parviennent pas à matérialiser.

Marc Boujnah, in *France Aéroport*, juillet-août 1999.

2 Mot, d'où viens-tu ?

Les mots soulignés ne sont ni d'origine latine, ni d'origine grecque. À vous de retrouver leur origine, en consultant un dictionnaire.

Quand, en 1453, le jeune sultan turc, Mohammed II, fait le siège de Constantinople, il se heurte à une forte résistance : malgré trois assauts, ses 250 000 hommes ne parviennent pas à prendre la cité byzantine défendue par seulement 7 500 soldats. Il faut dire qu'une ancienne prophétie affirmait que Constantinople ne pouvait tomber à la Lune croissante… Mais c'était sans compter l'éclipse qui survint le 22 mai, quand la Lune se leva : le mauvais présage réduit tellement le moral des troupes assiégées que le jeune sultan prit la ville six jours plus tard.

Science et Vie junior, n°119, août 1999.

3 Du grec au français.
Voici quelques définitions de mots appartenant au domaine de l'astronomie. Tous ont une origine grecque. Aidez-vous des indices qui vous sont donnés pour les retrouver.

1. Gigantesque regroupement d'étoiles. (Indice : vient du grec *gala* qui signifie *lait.*) – **2.** Corps céleste constitué de roche et de métal qui gravite autour du Soleil entre les planètes de Mars et Jupiter. (Indice : en grec, *étoile* se dit *astron.*) – **3.** Ombre sur la Terre causée par la position de la Lune qui bloque la lumière du Soleil ou ombre sur la Lune causée par la position de la Terre bloquant la lumière du Soleil. (Indice : vient d'un mot grec qui signifie *abandon.*) – **4.** Boule de glace et de poussières décrivant une orbite parfois très allongée autour du Soleil. (Indice : vient du grec *kômê* qui veut dire *chevelure.*) – **5.** Couche de gaz entourant une planète. (Indice : en grec, *vapeur* se dit *atmos.*)

4 Lisez les trois listes de noms. Dans le texte, remplacez les points de suspension rouges par un nom d'origine latine, les points bleus par un nom d'origine grecque dans les listes suivantes, les points verts par un mot d'origine différente.
Mots d'origine latine : *chef – annonce – amis – capitaine – date – obscurité – professeur – prodige – dieu – heure.*
Mots d'origine grecque : *héros – astre – éclipse – paroxysme.*
Mots d'autres origines : *choix – bûcher* (germanique) *loupe – rayons* (francique).

Une éclipse de papier

Au … de l'aventure, le jeune reporter et ses … le … Haddock et le … Tournesol, prisonniers des Incas, sont condamnés à périr sur le …. Celui-ci doit être allumé par les … du Soleil au moyen d'une …. Le … des Incas, magnanime, a laissé à Tintin le … de la … et de l'… de l'exécution. Par chance, le … apprend dans un journal l'… d'une … solaire dans la région. Et il décide de faire coïncider sa mise à mort avec le rendez-vous céleste.
À l'heure dite, Tintin harangue le Soleil, … des Incas. Comme prévu, l'… se masque derrière la Lune, plongeant les Andes dans l'…. Épouvantés par ce …, les Incas gracient Tintin et ses compagnons.

Le Figaro, 10 août 1999, p. 16.

5 Calendrier, d'où viens-tu ?
Associez le nom d'un jour ou d'un mois (liste 1) à son origine (liste 2).

Liste 1 : 1. mardi – **2.** jeudi – **3.** juillet – **4.** décembre – **5.** juin – **6.** lundi – **7.** août – **8.** vendredi – **9.** octobre.
Liste 2 : a. Vénus – **b.** Junon – **c.** dix – **d.** Auguste – **e.** Mars – **f.** huit – **g.** Jupiter – **h.** Lune – **i.** Jules César.

6 Le mot de la fin et du début de la leçon.
Recopiez la grille et remplissez-la en répondant aux définitions. Tous les mots que vous trouverez sont d'origine grecque.
Dans la colonne rose, un mot apparaîtra : c'est la science qui fait connaître le vrai sens des mots.

1. Il en a été beaucoup question dans cette leçon. – **2.** Science de l'observation des astres. – **3.** Avion qui peut se poser sur l'eau. – **4.** Il provoque des maladies. – **5.** Science de la vie. – **6.** Instrument de musique chez les Grecs. – **7.** Dans le même livre que l'Histoire. – **8.** Lieu couvert où vous pratiquez du sport. – **9.** Ami de la sagesse. – **10.** Il écrit souvent en vers.

1	■	■								■
2										
3	■									
4	■	■								■
5									■	■
6	■	■					■	■	■	■
7										
8	■	■								■
9										
10						■	■	■	■	■

7 Le rébus de l'éclipse.
Pour profiter de l'éclipse, suivez ce conseil à la lettre.

tiré de *Le journal de l'éclipse*, supplément hors série de *Ciel et Espace*, 5 août 1999, p. 14.

2. Les mots jouent entre eux

LEÇON

Il existe trois catégories de mots qu'il faut bien identifier pour mieux les utiliser : les synonymes, les antonymes et les homonymes.

▶ Les synonymes

Je **vis** et **remarquai** un jeune homme et un vieil adolescent assez ridicule et pas mal grotesque : cou **maigre** et tuyau **décharné**, ficelle et cordelière autour du **chapeau** et **couvre-chef**. Après une bousculade et confusion, il dit et profère d'une voix et d'un ton **larmoyant** et **pleurnichard** que son voisin et covoyageur fait exprès et s'efforce de le pousser et de l'importuner chaque fois qu'on **descend** et **sort**.

Raymond Queneau, *Exercices de style*, « En partie double », © Gallimard, 1947.

- Les **synonymes** sont des **mots de même sens** ou de sens **voisin**.

  → Mots de même sens : ***larmoyant*** et ***pleurnichard***.
  Mots de sens voisin : ***voir*** et ***remarquer***.

- Les synonymes appartiennent à la **même catégorie grammaticale.** Le synonyme d'un nom est un autre nom, le synonyme d'un adjectif qualificatif, un autre adjectif qualificatif.

  → ***maigre / décharné*** (adjectifs) ; ***chapeau / couvre-chef*** (noms communs) ; ***descend / sort*** (verbes).

- Les synonymes appartiennent parfois à **des registres de langue différents.**

  → ***distinguer*** (soutenu) / ***voir*** (courant) / ***mater*** (familier)

- Il faut choisir le synonyme d'un mot **en fonction du texte qui l'entoure.**

  → *Les voyageurs* ***descendent*** *du bus = les voyageurs* ***sortent*** *du bus.*
  La température ***descend*** *= la température* ***baisse****.*
  Pris de folie, il ***a descendu*** *sa femme = il* ***a tué*** *sa femme.*

▶ Les antonymes

Elle **bougea** soudain et **dressa** la tête. Une lueur d'**effroi** passa dans sa prunelle et je sentis ses muscles **se durcir**. Devant mon **immobilité**, cependant, sa physionomie **s'adoucit peu à peu**. Elle se souvenait : elle parvint pour la première fois à **soutenir** mon regard pendant un moment. Je considérai cela comme une **victoire** personnelle.

Pierre Boulle, *La Planète des singes*, © Julliard, 1963.

Elle **s'immobilisa** soudain et **baissa** la tête. Une lueur de **confiance** passa dans sa prunelle et je sentis ses muscles **se relâcher**. Devant ma **mobilité**, cependant, sa physionomie **se durcit soudain**. Elle se souvenait : elle parvint pour la première fois à **éviter** mon regard pendant un moment. Je considérai cela comme un **échec** personnel.

- Les **antonymes** sont des **mots de sens contraire.**
  → *s'immobilisa ≠ bougea ; victoire ≠ échec.*
- Les **antonymes** appartiennent **à la même catégorie grammaticale.**
  → *se durcir ≠ se relâcher ;* (verbes) *peu à peu ≠ soudain* (adverbes)
- Un antonyme se forme parfois **en ajoutant un préfixe au mot.**
  → *mobilité ≠ **im**-mobilité.*
- Il faut choisir l'antonyme d'un mot **en fonction du texte qui l'entoure.**
  → ***Soutenir son regard*** est le contraire d'***éviter son regard*** ;
  Soutenir les décisions de quelqu'un est le contraire de ***contester les décisions de quelqu'un.***

Les homonymes

Les mûres sont mûres le long des murs
et des bouches bouchent nos yeux.

Les porcs débarquent dans des ports
d'Amérique
et de nos pores
s'enfuient nos désirs.

Robert Desnos, *Corps et biens*, « L'Aumonyme », © Gallimard, 1923.

- Les **homonymes** sont des **mots qui ont la même prononciation.**
  → ***port*** et ***porc ; mûres*** et ***murs.***
- Les homonymes ont des **sens différents.**
  → ***porc :*** animal / ***port :*** abri pour les bateaux / ***pore :*** petit orifice de la peau.
- Les homonymes appartiennent souvent à **des catégories grammaticales différentes.**
  → *Les **mûres** sont **mûres**.* (mûres : nom commun ; mûres : adjectif qualificatif)
- Les **homographes** sont des mots qui ont à la fois la **même prononciation et la même orthographe. Seuls leurs sens sont différents.**
  → ***mûres :*** fruits rouges / ***mûres :*** bonnes à manger.

EXERCICES

1 Formez des paires de synonymes en prenant un mot dans chacune des listes suivantes.

Liste 1 : 1. partir – **2.** aube – **3.** disponible – **4.** conte – **5.** écraser – **6.** ouragan - **7.** individuel – **8.** indocile – **9.** surprendre – **10.** mesure.
Liste 2 : a. dimension – **b.** cyclone – **c.** légende – **d.** désobéissant – **e.** aurore – **f.** quitter – **g.** étonner – **h.** broyer – **i.** personnel – **j.** libre.

2 Même exercice avec ces mots qui appartiennent au même champ lexical. N'oubliez pas que des mots synonymes ont la même nature grammaticale.

Liste 1 : 1. liquider – **2.** vendeur – **3.** prix – **4.** cher – **5.** marchandise – **6.** avantageux – **7.** soldes – **8.** étalage – **9.** acquérir – **10.** marché.
Liste 2 : a. vitrine – **b.** coûteux – **c.** contrat – **d.** marchand – **e.** coût – **f.** acheter – **g.** braderie – **i.** économique – **j.** produit – **h.** solder.

3 Remplacez les mots soulignés par des synonymes.

J'étais depuis trois ans à H. lorsque, le matin du 26 juillet 19…, ma logeuse me remit une lettre. Elle avait été expédiée la veille de K., une ville de quelque importance située à 50 kilomètres à peu près de H. Je l'ouvris ; elle était écrite en français. Le papier, d'excellente qualité, portait en en-tête le nom :

Otto APFELSTAHL, MD

surmontant un blason compliqué, parfaitement gravé, mais que mon ignorance en matière d'héraldique m'interdit de déchiffrer.

Georges Perec, *W ou le souvenir d'enfance*, © Denoël, 1975.

4 Formez des paires d'antonymes en prenant un mot dans chacune des listes suivantes.

Liste 1 : 1. parler – **2.** expiration – **3.** bizarre – **4.** ôter – **5.** obscur – **6.** familiarité – **7.** capital – **8.** victoire – **9.** grossir.
Liste 2 : a. ajouter – **b.** retenue – **c.** secondaire – **d.** inspiration – **e.** maigrir – **f.** banal – **g.** échec – **h.** clair – **i.** se taire.

5 Même exercice avec les mots suivants. N'oubliez pas que des mots antonymes ont la même nature grammaticale. Classez-les ensuite en deux colonnes, selon qu'ils désignent une qualité ou un défaut.

Liste 1 : 1. travailleur – **2.** grossièreté – **3.** courageux – **4.** imprudemment – **5.** modestie – **6.** poltronnerie – **7.** avare – **8.** modeste – **9.** honnêteté – **10.** sensibilité – **11.** poli – **12.** grossièrement.
Liste 2 : a. lâche – **b.** poliment – **c.** ma… **d.** insolent – **e.** vaillance – **f.** dépensi… rence – **h.** paresseux – **i.** vantard… **k.** politesse – **l.** prudemment.

6 Recopiez le tableau et complétez-le avec les mots suivants.

Bonheur – ignorant – clarté – félicitations – patient – certitude – nerveux – délicatement – malheur – compétent – brutalement – réprimande – doute – ténèbres.

Mot	Synonyme	Antonyme
doucement		
joie		
savant		
évidence		
impatient		
savon		
lumière		

7 Placez les homonymes qui conviennent dans les phrases suivantes et faites une phrase avec celui que vous n'avez pas employé.

1. ***col – colle – khôl.*** **a.** Elle s'est mis du … sur les yeux. – **b.** Hannibal a franchi un … dans les Alpes avec ses éléphants.
2. ***vain – vin – vingt.*** **a.** J'ai eu … au contrôle de mathématiques. – **b.** Il a cherché en … à nous téléphoner.
3. ***saule – sole – sol.*** **a.** Le … pousse dans des endroits humides. – **b.** Le … s'est dérobé sous ses pas.
4. ***foi – foie – fois.*** **a.** Le … de veau est cher. – **b.** Il était une … une princesse dans son château.

8 Quels homonymes se cachent dans les phrases suivantes ?

J'ai assisté au (1) de français. Puis, je suis allé dans la (2) faire la (3) à Sophie. Mais cela a tourné (4) car elle est partie jouer avec Marc sur le (5)de tennis qui se trouve derrière le collège.

9 Recopiez le tableau suivant. Trouvez les homonymes des mots et précisez à quelle catégorie grammaticale ils appartiennent. Quelle remarque pouvez-vous faire ?

Mot	Nature	Homonyme	Nature
fait	nom commun		
haute	adjectif qual.		
voler	verbe		
sur	préposition		
reine	nom commun		
bon	adjectif qual.		
tante	nom commun		

3. Les mots se métamorphosent

LEÇON

On fabrique des mots dérivés à partir de mots simples en ajoutant des préfixes et/ou des suffixes aux radicaux.

➜ mot simple : *forme* mot dérivé : *dé-* + *form-* + *-ation*
préfixe + radical + suffixe

▶ Le radical

Les bras [de Callisto] commencent à se hérisser de poils noirs ; ses mains se courbent et, prolongées par des griffes crochues, lui font office de pieds ; sa bouche, naguère admirée de Jupiter, s'élargit sous la forme d'une gueule hideuse. Pour qu'elle ne puisse exciter la pitié par des prières et par des discours suppliants, le don de la parole lui est ravi ; de sa gorge rauque il ne sort plus qu'une voix irritée, menaçante, qui répand la terreur. Cependant, devenue ourse, elle est encore animée des mêmes sentiments qu'auparavant.

Ovide, *Les Métamorphoses*, Livre II, trad. de Georges Lafaye, © Les Belles Lettres, 1969.

- Le **radical** est le **mot simple ou la partie de mot simple** qui porte le **sens principal.**
- Certains mots ne sont **constitués que par des radicaux.**
  ➜ *bras, hérisser, bouche, forme.*
- Ces radicaux servent de **base** pour **créer d'autres mots**.
  ➜ *bouche* → *bouchée ; gorge* → *engorger.*
- Trouver le radical d'un mot aide à en **comprendre le sens.**
  ➜ *sentiment* vient du verbe *sentir ; prolongé* vient du radical *long.*

Attention !

– Certains radicaux se ressemblent mais sont différents.

➜ *Terreur* ne vient pas du radical *terre* mais du radical latin *terror* qui signifie « peur ».

– Certains radicaux ont des formes différentes.

➜ *Manuel* a le même radical que *main ; pédestre* a le même radical que *pied ; vocal* vient de *voix.*

- **Les mots qui ont le même radical appartiennent à la même famille de mots.**
  ➜ Quelques mots de la famille de *bras : brassée, brassière, brasser, brassage, embrasser, embrassade.*
- Penser à des mots de la même famille aide souvent à **trouver l'orthographe** : le **-s** de *bras* s'entend dans des mots de la même famille comme *embrasser.*

Les préfixes

Junon avait, par jalousie, transformé la nymphe Io en génisse mais elle décide de lui rendre sa forme humaine.

Io **reprend** aussitôt sa première forme ; elle **redevient** ce qu'elle était auparavant ; ses poils tombent de son corps, ses cornes **décroissent**, l'orbite de ses yeux se rétrécit, sa bouche se resserre, ses épaules et ses mains **reparaissent** et chacun de ses sabots s'évanouissant est **remplacé** par cinq ongles ; de la génisse il ne lui reste que son éclatante blancheur ; les services de ses deux pieds suffisent à la nymphe ; elle se **redresse**, mais elle évite de parler, dans la crainte de mugir comme une génisse ; elle essaie de **retrouver** le langage qui lui a été si longtemps interdit.

Ovide, *Les Métamorphoses*, Livre I, trad. de Georges Lafaye, © Les Belles Lettres, 1969.

- **Les préfixes se placent avant les radicaux.**
  → *reprend :* ***re-*** *+ prend.*
  préfixe + radical
- **Certains radicaux peuvent se combiner avec différents préfixes.**
  → À partir du radical *placé*, on peut former ***rem****placé ;* ***dé****placé ;* ***re****placé.*
- **Les préfixes ne changent pas la nature grammaticale d'un mot.**
  → *trouver / retrouver ;* verbe / préfixe + verbe = verbe ; *trouvailles / retrouvailles* nom / préfixe + nom = nom
- Les préfixes **changent le sens du radical.**

Connaître le sens des préfixes aide à trouver la signification d'un mot.

– le préfixe **re-** indique la répétition :
→ *reparaître :* ***re-*** *+ paraître = paraître de nouveau.*

– le préfixe **dé-** sert à former l'antonyme de certains verbes :
→ *décroître =* ***dé-*** *+ croître = diminuer.*

- Certains mots se forment **avec plusieurs préfixes.**
  → *redevenir =* ***re-*** *+* ***de-*** *+ venir.*

Les suffixes

[Aglaure] s'**efforce** de se lever ; mais toutes les parties du corps qu'on fléchit en s'asseyant sont immobilisées chez elle par une **pesanteur** qui les paralyse. Elle lutte pour redresser sa taille et se mettre debout ; mais les jointures de ses genoux se **raidissent**, le froid se glisse jusqu'au bout de ses ongles et ses veines, où le sang n'arrive plus, se décolorent. […] Les glaces de la mort, pénétrant peu à peu dans sa poitrine, y barrent les canaux de la vie et la **respiration**. […] Déjà la pierre occupait la place de son cou, son visage s'était **durci** ; toujours assise, elle n'était plus qu'une statue ; la pierre même n'était plus blanche ; son âme l'avait noircie.

Ovide, *Les Métamorphoses*, Livre II, trad. de Georges Lafaye, © Les Belles Lettres, 1969.

- Les **suffixes** se placent **après les radicaux.**

  → *respiration = respir + -**ation**.*

- Les **suffixes** servent souvent à **changer la nature grammaticale des mots auxquels ils s'ajoutent.**

  → *effort / efforcer ; pesant / pesanteur ; noir / noircir*
  n. commun / verbe adjectif / n. commun adjectif / verbe

- Les **suffixes changent** aussi souvent le **sens du radical.**

  → *durcir : dur + -**cir** = rendre dur.*

EXERCICES

1 Dites si les mots soulignés sont simples ou dérivés.

169 km/h à Paris, 216 à Pontorson (Mont-Saint-Michel), 165 à Colmar… Les vents ont battu des records de vitesse le 26 décembre dernier. Rebelote dans la nuit du 27 au 28, un peu plus au sud : 198 km/h à Oléron, 173 à Cap-Ferret, 156 à Clermont-Ferrand… De violentissimes rafales dignes d'un cyclone tropical même si leur origine est bien différente : les premières sont dues, entre autres, à des perturbations en haute altitude, le second à une forte évaporation des mers chaudes.

Science et Vie Junior, février 2000, n°125, p. 13.

2 Retrouvez les deux familles de mots qui se sont mélangées : classez les mots suivants en deux colonnes.

Terrien – terroriser – terrorisme – terreux – terrible – enterrer – terrifier – terrine – atterrir – terreur – terrasser – terrestre – terriblement.

3 Devinettes.

1. Avec le préfixe **pro-**, je sers à remplacer des mots ; avec le préfixe **pré-**, je sers à appeler les personnes ; avec le préfixe **re-**, je marque la célébrité de quelqu'un. Quel radical suis-je ?
2. Avec le suffixe **-iste**, je me sers d'une roulette ; avec le suffixe **-elle**, je sers à orner des nappes ; avec le suffixe **-aire**, je caractérise parfois un appareil. Quel radical suis-je ?

4 Trouvez les mots de la même famille qui correspondent aux définitions suivantes. Vous préciserez les deux formes du radical.

1. Personne qui vend des fleurs. – **2.** Moment où une plante est en fleur. – **3.** Ensemble des plantes d'une région. – **4.** Arme utilisée par les escrimeurs. – **5.** Monnaie des Pays-Bas. – **6.** Se couvrir de fleurs. – **7.** Toucher très légèrement. – **8.** Se dit d'une époque de richesse. – **9.** Se dit d'un parc où on cultive de très belles fleurs.

5 Cherchez le radical des mots suivants et donnez-en ensuite une définition.

Métallurgie – démoniaque – annotation – hivernal – entailler – interchangeable – embrumer – méconnaissable – livresque.

6 Tous les adjectifs suivants commencent par le même préfixe qui change suivant la lettre qui le suit. À vous de retrouver les règles et de faire des phrases sur le modèle : *devant la lettre … le préfixe … devient … .*

Illisible – insoluble – inintéressant – irrécupérable – impoli – invraisemblable – irrésistible – improbable – illogique – impensable – insoupçonné – imparfait.

7 Recopiez les mots dans lesquels *dé-* est un préfixe.

Déplier – démon – délicatement – délaisser – délai – déjouer – dérèglement – dérider – descendre.

8 Recopiez les mots suivants et soulignez en vert le préfixe, en bleu le radical et en rouge le suffixe.

Malhonnêtement – exportation – préhistorique – illégalité – agrandissement – anticonstitutionnellement – incorrigible.

9 Formez peu à peu le mot le plus long de la langue française.

1. Elle fixe des règles pour le gouvernement d'un pays.
2. Ajoutez un suffixe pour obtenir un adjectif qualificatif.
3. Mettez cet adjectif au féminin.
4. Ajoutez un suffixe pour trouvez un adverbe.
5. Ajoutez un préfixe pour nier.

4. Les mots se déguisent

LEÇON

Un mot ou une expression peut avoir plusieurs sens.

Sens propre, sens figuré

La vieille et le chevalier

Un jour, les vaches [d'une vieille femme] s'échappèrent et le prévôt, les ayant trouvées, les fit mener chez lui. Quand la brave femme l'apprit, elle alla le voir et le pria de les lui rendre. [...]

La brave femme s'en revint alors la tête basse, triste et bien contrite[1]. Elle rencontra sa voisine, Hersant, et lui conta son histoire. Hersant lui nomme un chevalier et lui conseilla d'aller parler à ce grand seigneur : qu'elle lui parle poliment, sagement et avec respect ; si elle lui graisse la patte[2], il lui fera retrouver ses vaches sans avoir à payer le dédommagement.

La bonne vieille, qui n'y entendait pas malice[3], prit un morceau de lard et vint trouver le chevalier qui se trouvait dans sa maison. Par aventure[4], le chevalier avait les mains croisées dans le dos. La vieille s'approcha par-derrière et lui frotta la main avec son lard.

« Bonne femme, que fais-tu là ?

– Sire, au nom de Dieu, pardonnez-moi : on m'a dit de venir vous trouver et vous graisser la patte et que, si je faisais cela, je pourrais récupérer mes vaches sans avoir à rien payer.

– Celle qui t'a dit cela voulait dire tout autre chose ; mais tu n'y perdras rien pour attendre : tu retrouveras tes vaches sans rien avoir à payer et de plus je te donne un bon pré herbeux. »

Fabliaux et contes moraux du Moyen âge, trad. J.-Cl. Joubert,

1. **Contrite :** pleine de regret.
2. **Graisser la patte de quelqu'un :** donner secrètement de l'argent à quelqu'un.
3. **Qui n'y entendait pas malice :** qui comprenait peu l'allusion.
4. **Par aventure :** par hasard.

- **Le sens propre** d'un mot **renvoie** à une **réalité** : pour la vieille, l'expression *graisser la patte* signifie *frotter la main avec son lard.* C'est le sens propre.

- **Le sens figuré** d'un mot est un **sens plus abstrait, imagé** : Hersant emploie l'expression *graisser la patte* au sens de *donner secrètement de l'argent à quelqu'un dans le but d'obtenir un service.* C'est le sens figuré.

Derrière un nom commun se cache un nom propre

- Certains **noms de personnes deviennent des noms communs** qui désignent souvent les inventions de ces personnages : le mot ***poubelle*** vient du nom d'un préfet de la Seine, Eugène Poubelle, qui a imposé l'usage des boîtes à ordures en 1884.
- Parfois, des **noms de personnages de théâtre ou de romans** deviennent des **noms communs** : ***Pantalone*** est un personnage de la comédie italienne, vêtu d'une sorte de combinaison. C'est ensuite devenu un nom commun pour désigner un **vêtement**.
- Certains **noms de lieux** sont devenus des **noms communs** : ***Bougie*** est une ville d'Afrique du nord où l'on fabriquait dès le XIVe siècle des chandelles. Il est devenu un nom commun désignant ces **objets**.

Quand les mots se cachent derrière des lettres

Les définitions suivantes se trouvent à la fin d'un roman de science-fiction.

AEIOU : Académie Européenne des Intellectuels Officiels Unis. Leurs membres, familièrement appelés les Voyelles, constituent le nouveau gouvernement européen ou République des Lettres.

L.I.V. 3 : nom du virus de Lecture Interactive Virtuelle, donnant la possibilité au lecteur de pénétrer dans l'univers de son ouvrage, d'y circuler, et éventuellement d'y intervenir.

PPP : Permis de prise de parole, autorisant son détenteur à s'exprimer devant plus de deux personnes.

ZZ : Zappeurs Zinzins. Informaticiens, joueurs et téléphages fanatiques.

Christian Grenier, *L.I.V. 3 ou la mort des livres*,

- Le **sigle** est une **abréviation de plusieurs termes** où **seules sont conservées les premières lettres des mots.**

  ➜ *HLM = Habitation à loyer modéré.*

- Certains **mots** peuvent **se transcrire phonétiquement** par des lettres. Il suffit de **lire les lettres** pour **retrouver la prononciation des mots.**

  ➜ *NRJ : énergie ; O.Q.P. : occupé.*

Comment cacher des mots

Le poète Guillaume Apollinaire écrit à la femme qu'il aime, Lou, alors qu'il est sur le front, pendant la Première Guerre mondiale.

La nuit descend
On y pressent
Un long destin de sang

G. Apollinaire, *Poèmes à Lou*, © Gallimard, 1955.

- Un **acrostiche** est un **poème dont la première lettre de chaque vers forme un mot lisible de haut en bas.**

▶ Quand les mots font des dessins

Cette été
histoire écrite
(vraie) a avec la
permission de son héros
le chat Gaspard Mac Kitycat
pour tous les enfants et pour
tous les chats qui voudront bien la lire.
Mais elle est dédiée d'abord aux enfants et aux chats
qui m'ont instruit sur la pensée-chat et la langue-chat,
c'est-à-dire (à tout Seigneur tout honneur)
Lord Gaspard Mac Kitycat,
quatorzième duc de Garth ainsi
qu'à Garth, Thomas, Gaspard et
Tristram Bowden, et aux chats et
chattes qui furent ou sont nos com-
pagnons Minna et Myrna sans oublier
Mi-Fou, Médor, Malice et Gricha Macha Mi-
et Matchek de Patte Chamichat de Valérie nou de
Gallimard Bérénice de Bianciotti Laetitia de Oudot
Rinaldi Tigre d'Alari Iris de Joannou Mouflette de
Flon Nérou d'Osspoff Cléo de Rolin Nounou de
Fauché ainsi qu'à Justine Laurent, petite chatte
qui fait semblant d'être une petite fille.
Je les re tous de leur collaboration
mercie et de leur aide.
Claude
Roy

Claude Roy, *Le chat qui parlait malgré lui*,

● Le **calligramme** est un **texte dont les mots désignent ce qu'il signifient**. Ici, le calligramme représente un chat, héros du livre.

EXERCICES

1 La chasse au sens propre et au sens figuré

Donnez le sens des expressions suivantes et précisez s'il s'agit du sens propre ou du sens figuré. Qu'ont-elles en commun ?

1. Il y a une araignée au plafond. – **2.** Il a une araignée au plafond. – **3.** Il ne réagit pas, c'est une vraie larve. – **4.** La chenille est la larve du papillon. – **5.** J'aime la chasse aux papillons. – **6.** J'ai retrouvé un papillon sur mon pare-brise. – **7.** C'est une véritable poule mouillée. – **8.** Dans la basse-cour, il y a des poules, des canards, des oies… – **9.** Le requin a une dentition redoutable. – **10.** En affaires, c'est un requin.

2 Voici des noms de personnages qui sont devenus des noms communs. Quels types de personnes désignent-ils alors ? Aidez-vous des phrases données.

1. Figaro : personnage du *Barbier de Séville*, comédie de Beaumarchais. (*Familier*) Je suis allé voir mon figaro ce matin.
2. Harpagon : personnage de *L'Avare* de Molière. Rien à espérer de ce harpagon !
3. Dom Juan : personnage du théâtre espagnol, repris par Molière. C'est un véritable don juan !

3 À quoi correspondent les sigles suivants ? Proposez ensuite d'autres interprétations fantaisistes.

1. ZEP – **2.** SNCF – **3.** RMC – **4.** CDI – **5.** SVT.

4 Retrouvez les mots qui se cachent derrière ces lettres.

1. O.B.I.C. tout de suite ! – **2.** D.C.D. hier. – 3. C.C. immédiatement ! – **4.** G.H.T. É.P.I.É.

5 Composez votre portrait sous forme d'acrostiche à partir de votre prénom ou de votre nom.

Exemple :
Acharnée, elle
Ne se lasse pas de
Nous corriger avec
Intelligence et
Enthousiasme

6 Commencez par dessiner un objet que vous aimez bien. Ensuite écrivez ce que cet objet évoque pour vous en suivant les traits que vous avez tracés. Vous aurez alors réalisé un calligramme.

CONJUGAISON

▶ Être

INDICATIF

	Présent	Imparfait	Passé simple	Futur simple	Conditionnel présent
TEMPS SIMPLES	Je suis Tu es Il (elle) est Nous sommes Vous êtes Ils (elles) sont	J'étais Tu étais Il (elle) était Nous étions Vous étiez Ils (elles) étaient	Je fus Tu fus Il (elle) fut Nous fûmes Vous fûtes Ils (elles) furent	Je serai Tu seras Il (elle) sera Nous serons Vous serez Ils (elles) seront	Je serais Tu serais Il (elle) serait Nous serions Vous seriez Ils (elles) seraient
	Passé composé	**Plus-que-parfait**	**Passé antérieur**	**Futur antérieur**	**Conditionnel passé**
TEMPS COMPOSÉS	J'ai été Tu as été Il (elle) a été Nous avons été Vous avez été Ils (elles) ont été	J'avais été Tu avais été Il (elle) avait été Nous avions été Vous aviez été Ils (elles) avaient été	J'eus été Tu eus été Il (elle) eut été Nous eûmes été Vous eûtes été Ils (elles) eurent été	J'aurai été Tu auras été Il (elle) aura été Nous aurons été Vous aurez été Ils (elles) auront été	J'aurais été Tu aurais été Il (elle) aurait été Nous aurions été Vous auriez été Ils (elles) auraient été

SUBJONCTIF

	Présent	Imparfait		Passé	Plus-que-parfait
TEMPS SIMPLES	Que je sois Que tu sois Qu'il (elle) soit Que nous soyons Que vous soyez Qu'ils (elles) soient	Que je fusse Que tu fusses Qu'il (elle) fût Que nous fussions Que vous fussiez Qu'ils (elles) fussent	TEMPS COMPOSÉS	Que j'aie été Que tu aies été Qu'il (elle) ait été Que nous ayons été Que vous ayez été Qu'ils (elles) aient été	Que j'eusse été Que tu eusses été Qu'il (elle) eût été Que nous eussions été Que vous eussiez été Qu'ils (elles) eussent été

IMPÉRATIF		INFINITIF		PARTICIPE	
Présent	Sois, soyons, soyez	**Présent**	Être	**Présent**	Étant
Passé	Aie été, ayons été, ayez été	**Passé**	Avoir été	**Passé**	Été, ayant été

▶ Avoir

INDICATIF

	Présent	Imparfait	Passé simple	Futur simple	Conditionnel présent
TEMPS SIMPLES	J'ai Tu as Il (elle) a Nous avons Vous avez Ils (elles) ont	J'avais Tu avais Il (elle) avait Nous avions Vous aviez Ils (elles) avaient	J'eus Tu eus Il (elle) eut Nous eûmes Vous eûtes Ils (elles) eurent	J'aurai Tu auras Il (elle) aura Nous aurons Vous aurez Ils (elles) auront	J'aurais Tu aurais Il (elle) aurait Nous aurions Vous auriez Ils (elles) auraient
	Passé composé	**Plus-que-parfait**	**Passé antérieur**	**Futur antérieur**	**Conditionnel passé**
TEMPS COMPOSÉS	J'ai eu Tu as eu Il (elle) a eu Nous avons eu Vous avez eu Ils (elles) ont eu	J'avais eu Tu avais eu Il (elle) avait eu Nous avions eu Vous aviez eu Ils (elles) avaient eu	J'eus eu Tu eus eu Il (elle) eut eu Nous eûmes eu Vous eûtes eu Ils (elles) eurent eu	J'aurai eu Tu auras eu Il (elle) aura eu Nous aurons eu Vous aurez eu Ils (elles) auront eu	J'aurais eu Tu aurais eu Il (elle) aurait eu Nous aurions eu Vous auriez eu Ils (elles) auraient eu

SUBJONCTIF

	Présent	Imparfait		Passé	Plus-que-parfait
TEMPS SIMPLES	Que j'aie Que tu aies Qu'il (elle) ait Que nous ayons Que vous ayez Qu'ils (elles) aient	Que j'eusse Que tu eusses Qu'il (elle) eût Que nous eussions Que vous eussiez Qu'ils (elles) eussent	TEMPS COMPOSÉS	Que j'aie eu Que tu aies eu Qu'il (elle) ait eu Que nous ayons eu Que vous ayez eu Qu'ils (elles) aient eu	Que j'eusse eu Que tu eusses eu Qu'il (elle) eût eu Que nous eussions eu Que vous eussiez eu Qu'ils (elles) eussent eu

IMPÉRATIF		INFINITIF		PARTICIPE	
Présent	Aie, ayons, ayez	**Présent**	Avoir	**Présent**	Ayant
Passé	Aie eu, ayons eu, ayez eu	**Passé**	Avoir eu	**Passé**	Eu(e), ayant eu

Chanter (1er groupe)

INDICATIF

Temps simples	Présent	Imparfait	Passé simple	Futur simple	Conditionnel présent
	Je chante	Je chantais	Je chantai	Je chanterai	Je chanterais
	Tu chantes	Tu chantais	Tu chantas	Tu chanteras	Tu chanterais
	Il (elle) chante	Il (elle) chantait	Il (elle) chanta	Il (elle) chantera	Il (elle) chanterait
	Nous chantons	Nous chantions	Nous chantâmes	Nous chanterons	Nous chanterions
	Vous chantez	Vous chantiez	Vous chantâtes	Vous chanterez	Vous chanteriez
	Ils (elles) chantent	Ils (elles) chantaient	Ils (elles) chantèrent	Ils (elles) chanteront	Ils (elles) chanteraient

Temps composés	Passé composé	Plus-que-parfait	Passé antérieur	Futur antérieur	Conditionnel passé
	J'ai chanté	J'avais chanté	J'eus chanté	J'aurai chanté	J'aurais chanté
	Tu as chanté	Tu avais chanté	Tu eus chanté	Tu auras chanté	Tu aurais chanté
	Il (elle) a chanté	Il (elle) avait chanté	Il (elle) eut chanté	Il (elle) aura chanté	Il (elle) aurait chanté
	Nous avons chanté	Nous avions chanté	Nous eûmes chanté	Nous aurons chanté	Nous aurions chanté
	Vous avez chanté	Vous aviez chanté	Vous eûtes chanté	Vous aurez chanté	Vous auriez chanté
	Ils (elles) ont chanté	Ils (elles) avaient chanté	Ils (elles) eurent chanté	Ils (elles) auront chanté	Ils (elles) auraient chanté

SUBJONCTIF

Temps simples	Présent	Imparfait	Temps composés	Passé	Plus-que-parfait
	Que je chante	Que je chantasse		Que j'aie chanté	Que j'eusse chanté
	Que tu chantes	Que tu chantasses		Que tu aies chanté	Que tu eusses chanté
	Qu'il (elle) chante	Qu'il (elle) chantât		Qu'il (elle) ait chanté	Qu'il (elle) eût chanté
	Que nous chantions	Que nous chantassions		Que nous ayons chanté	Que nous eussions chanté
	Que vous chantiez	Que vous chantassiez		Que vous ayez chanté	Que vous eussiez chanté
	Qu'ils (elles) chantent	Qu'ils (elles) chantassent		Qu'ils (elles) aient chanté	Qu'ils (elles) eussent chanté

IMPÉRATIF		INFINITIF		PARTICIPE	
Présent	Chante, chantons, chantez	**Présent**	Chanter	**Présent**	Chantant
Passé	Aie chanté, ayons chanté, ayez chanté	**Passé**	Avoir chanté	**Passé**	Chanté(e), ayant chanté

Finir (2e groupe)

INDICATIF

Temps simples	Présent	Imparfait	Passé simple	Futur simple	Conditionnel présent
	Je finis	Je finissais	Je finis	Je finirai	Je finirais
	Tu finis	Tu finissais	Tu finis	Tu finiras	Tu finirais
	Il (elle) finit	Il (elle) finissait	Il (elle) finit	Il (elle) finira	Il (elle) finirait
	Nous finissons	Nous finissions	Nous finîmes	Nous finirons	Nous finirions
	Vous finissez	Vous finissiez	Vous finîtes	Vous finirez	Vous finiriez
	Ils (elles) finissent	Ils (elles) finissaient	Ils (elles) finirent	Ils (elles) finirent	Ils (elles) finiraient

Temps composés	Passé composé	Plus-que-parfait	Passé antérieur	Futur antérieur	Conditionnel passé
	J'ai fini	J'avais fini	J'eus fini	J'aurai fini	J'aurais fini
	Tu as fini	Tu avais fini	Tu eus fini	Tu auras fini	Tu aurais fini
	Il (elle) a fini	Il (elle) avait fini	Il (elle) eut fini	Il (elle) aura fini	Il (elle) aurait fini
	Nous avons fini	Nous avions fini	Nous eûmes fini	Nous aurons fini	Nous aurions fini
	Vous avez fini	Vous aviez fini	Vous eûtes fini	Vous aurez fini	Vous auriez fini
	Ils (elles) ont fini	Ils (elles) avaient fini	Ils (elles) eurent fini	Ils (elles) auront fini	Ils (elles) auraient fini

SUBJONCTIF

Temps simples	Présent	Imparfait	Temps composés	Passé	Plus-que-parfait
	Que je finisse	Que je finisse		Que j'aie fini	Que j'eusse fini
	Que tu finisses	Que tu finisses		Que tu aies fini	Que tu eusses fini
	Qu'il (elle) finisse	Qu'il (elle) finît		Qu'il (elle) ait fini	Qu'il (elle) eût fini
	Que nous finissions	Que nous finissions		Que nous ayons fini	Que nous eussions fini
	Que vous finissiez	Que vous finissiez		Que vous ayez fini	Que vous eussiez fini
	Qu'ils (elles) finissent	Qu'ils (elles) finissent		Qu'ils (elles) aient fini	Qu'ils (elles) eussent fini

IMPÉRATIF		INFINITIF		PARTICIPE	
Présent	Finis, finissons, finissez	**Présent**	Finir	**Présent**	Finissant
Passé	Aie fini, ayons fini, ayez fini	**Passé**	Avoir fini	**Passé**	Fini(e), ayant fini

Faire (3e groupe)

INDICATIF

	Présent	Imparfait	Passé simple	Futur simple	Conditionnel présent
Temps simples	Je fais Tu fais Il (elle) fait Nous faisons Vous faites Ils (elles) font	Je faisais Tu faisais Il (elle) faisait Nous faisions Vous faisiez Ils (elles) faisaient	Je fis Tu fis Il (elle) fit Nous fîmes Vous fîtes Ils (elles) firent	Je ferai Tu feras Il (elle) fera Nous ferons Vous ferez Ils (elles) feront	Je ferais Tu ferais Il (elle) ferait Nous ferions Vous feriez Ils (elles) feraient
	Passé composé	**Plus-que-parfait**	**Passé antérieur**	**Futur antérieur**	**Conditionnel passé**
Temps composés	J'ai fait Tu as fait Il (elle) a fait Nous avons fait Vous avez fait Ils (elles) ont fait	J'avais fait Tu avais fait Il (elle) avait fait Nous avions fait Vous aviez fait Ils (elles) avaient fait	J'eus fait Tu eus fait Il (elle) eut fait Nous eûmes fait Vous eûtes fait Ils (elles) eurent fait	J'aurai fait Tu auras fait Il (elle) aura fait Nous aurons fait Vous aurez fait Ils (elles) auront fait	J'aurais fait Tu aurais fait Il (elle) aurait fait Nous aurions fait Vous auriez fait Ils (elles) auraient fait

SUBJONCTIF

Temps simples	Présent	Imparfait	Temps composés	Passé	Plus-que-parfait
	Que je fasse Que tu fasses Qu'il (elle) fasse Que nous fassions Que vous fassiez Qu'ils (elles) fassent	Que je fisse Que tu fisses Qu'il (elle) fît Que nous fissions Que vous fissiez Qu'ils (elles) fissent		Que j'aie fait Que tu aies fait Qu'il (elle) ait fait Que nous ayons fait Que vous ayez fait Qu'ils (elles) aient fait	Que j'eusse fait Que tu eusses fait Qu'il (elle) eût fait Que nous eussions fait Que vous eussiez fait Qu'ils (elles) eussent fait

IMPÉRATIF		INFINITIF		PARTICIPE	
Présent	Fais, faisons, faites	**Présent**	Faire	**Présent**	Faisant
Passé	Aie fait, ayons fait, ayez fait	**Passé**	Avoir fait	**Passé**	Fait(e), ayant fait

Dire (3e groupe)

INDICATIF

	Présent	Imparfait	Passé simple	Futur simple	Conditionnel présent
Temps simples	Je dis Tu dis Il (elle) dit Nous disons Vous dites Ils (elles) disent	Je disais Tu disais Il (elle) disait Nous disions Vous disiez Ils (elles) disaient	Je dis Tu dis Il (elle) dit Nous dîmes Vous dîtes Ils (elles) dirent	Je dirai Tu diras Il (elle) dira Nous dirons Vous direz Ils (elles) diront	Je dirais Tu dirais Il (elle) dirait Nous dirions Vous diriez Ils (elles) diraient
	Passé composé	**Plus-que-parfait**	**Passé antérieur**	**Futur antérieur**	**Conditionnel passé**
Temps composés	J'ai dit Tu as dit Il (elle) a dit Nous avons dit Vous avez dit Ils (elles) ont dit	J'avais dit Tu avais dit Il (elle) avait dit Nous avions dit Vous aviez dit Ils (elles) avaient dit	J'eus dit Tu eus dit Il (elle) eut dit Nous eûmes dit Vous eûtes dit Ils (elles) eurent dit	J'aurai dit Tu auras dit Il (elle) aura dit Nous aurons dit Vous aurez dit Ils (elles) auront dit	J'aurais dit Tu aurais dit Il (elle) aurait dit Nous aurions dit Vous auriez dit Ils (elles) auraient dit

SUBJONCTIF

Temps simples	Présent	Imparfait	Temps composés	Passé	Plus-que-parfait
	Que je dise Que tu dises Qu'il (elle) dise Que nous disions Que vous disiez Qu'ils (elles) disent	Que je disse Que tu disses Qu'il (elle) dît Que nous dissions Que vous dissiez Qu'ils (elles) dissent		Que j'aie dit Que tu aies dit Qu'il (elle) ait dit Que nous ayons dit Que vous ayez dit Qu'ils (elles) aient dit	Que j'eusse dit Que tu eusses dit Qu'il (elle) eût dit Que nous eussions dit Que vous eussiez dit Qu'ils (elles) eussent dit

IMPÉRATIF		INFINITIF		PARTICIPE	
Présent	Dis, disons, dites	**Présent**	Dire	**Présent**	Disant
Passé	Aie dit, ayons dit, ayez dit	**Passé**	Avoir dit	**Passé**	Dit(e), ayant dit

Savoir (3e groupe)

INDICATIF

	Présent	Imparfait	Passé simple	Futur simple	Conditionnel présent
TEMPS SIMPLES	Je sais Tu sais Il (elle) sait Nous savons Vous savez Ils (elles) savent	Je savais Tu savais Il (elle) savait Nous savions Vous saviez Ils (elles) savaient	Je sus Tu sus Il (elle) sut Nous sûmes Vous sûtes Ils (elles) surent	Je saurai Tu sauras Il (elle) saura Nous saurons Vous saurez Ils (elles) sauront	Je saurais Tu saurais Il (elle) saurait Nous saurions Vous sauriez Ils (elles) sauraient
	Passé composé	**Plus-que-parfait**	**Passé antérieur**	**Futur antérieur**	**Conditionnel passé**
TEMPS COMPOSÉS	J'ai su Tu as su Il (elle) a su Nous avons su Vous avez su Ils (elles) ont su	J'avais su Tu avais su Il (elle) avait su Nous avions su Vous aviez su Ils (elles) avaient su	J'eus su Tu eus su Il (elle) eut su Nous eûmes su Vous eûtes su Ils (elles) eurent su	J'aurai su Tu auras su Il (elle) aura su Nous aurons su Vous aurez su Ils (elles) auront su	J'aurais su Tu aurais su Il (elle) aurait su Nous aurions su Vous auriez su Ils (elles) auraient su

SUBJONCTIF

	Présent	Imparfait		Passé	Plus-que-parfait
TEMPS SIMPLES	Que je sache Que tu saches Qu'il (elle) sache Que nous sachions Que vous sachiez Qu'ils (elles) sachent	Que je susse Que tu susses Qu'il (elle) sût Que nous sussions Que vous sussiez Qu'ils (elles) sussent	TEMPS COMPOSÉS	Que j'aie su Que tu aies su Qu'il (elle) ait su Que nous ayons su Que vous ayez su Qu'ils (elles) aient su	Que j'eusse su Que tu eusses su Qu'il (elle) eût su Que nous eussions su Que vous eussiez su Qu'ils (elles) eussent su

IMPÉRATIF		INFINITIF		PARTICIPE	
Présent	Sache, sachons, sachez	**Présent**	Savoir	**Présent**	Sachant
Passé	Aie su, ayons su, ayez su	**Passé**	Avoir su	**Passé**	Su(e), ayant su

Pouvoir (3e groupe)

INDICATIF

	Présent	Imparfait	Passé simple	Futur simple	Conditionnel présent
TEMPS SIMPLES	Je peux Tu peux Il (elle) peut Nous pouvons Vous pouvez Ils (elles) peuvent	Je pouvais Tu pouvais Il (elle) pouvait Nous pouvions Vous pouviez Ils (elles) pouvaient	Je pus Tu pus Il (elle) put Nous pûmes Vous pûtes Ils (elles) purent	Je pourrai Tu pourras Il (elle) pourra Nous pourrons Vous pourrez Ils (elles) pourront	Je pourrais Tu pourrais Il (elle) pourrait Nous pourrions Vous pourriez Ils (elles) pourraient
	Passé composé	**Plus-que-parfait**	**Passé antérieur**	**Futur antérieur**	**Conditionnel passé**
TEMPS COMPOSÉS	J'ai pu Tu as pu Il (elle) a pu Nous avons pu Vous avez pu Ils (elles) ont pu	J'avais pu Tu avais pu Il (elle) avait pu Nous avions pu Vous aviez pu Ils (elles) avaient pu	J'eus pu Tu eus pu Il (elle) eut pu Nous eûmes pu Vous eûtes pu Ils (elles) eurent pu	J'aurai pu Tu auras pu Il (elle) aura pu Nous aurons pu Vous aurez pu Ils (elles) auront pu	J'aurais pu Tu aurais pu Il (elle) aurait pu Nous aurions pu Vous auriez pu Ils (elles) auraient pu

SUBJONCTIF

	Présent	Imparfait		Passé	Plus-que-parfait
TEMPS SIMPLES	Que je puisse Que tu puisses Qu'il (elle) puisse Que nous puissions Que vous puissiez Qu'ils (elles) puissent	Que je pusse Que tu pusses Qu'il (elle) pût Que nous pussions Que vous pussiez Qu'ils (elles) pussent	TEMPS COMPOSÉS	Que j'aie pu Que tu aies pu Qu'il (elle) ait pu Que nous ayons pu Que vous ayez pu Qu'ils (elles) aient pu	Que j'eusse pu Que tu eusses pu Qu'il (elle) eût pu Que nous eussions pu Que vous eussiez pu Qu'ils (elles) eussent pu

IMPÉRATIF		INFINITIF		PARTICIPE	
pas d'impératif		**Présent**	Pouvoir	**Présent**	Pouvant
		Passé	Avoir pu	**Passé**	Pu, ayant pu

Vouloir (3e groupe)

INDICATIF

	Présent	Imparfait	Passé simple	Futur simple	Conditionnel présent
TEMPS SIMPLES	Je veux Tu veux Il (elle) veut Nous voulons Vous voulez Ils (elles) veulent	Je voulais Tu voulais Il (elle) voulait Nous voulions Vous vouliez Ils (elles) voulaient	Je voulus Tu voulus Il (elle) voulut Nous voulûmes Vous voulûtes Ils (elles) voulurent	Je voudrai Tu voudras Il (elle) voudra Nous voudrons Vous voudrez Ils (elles) voudront	Je voudrais Tu voudrais Il (elle) voudrait Nous voudrions Vous voudriez Ils (elles) voudraient
	Passé composé	**Plus-que-parfait**	**Passé antérieur**	**Futur antérieur**	**Conditionnel passé**
TEMPS COMPOSÉS	J'ai voulu Tu as voulu Il (elle) a voulu Nous avons voulu Vous avez voulu Ils (elles) ont voulu	J'avais voulu Tu avais voulu Il (elle) avait voulu Nous avions voulu Vous aviez voulu Ils (elles) avaient voulu	J'eus voulu Tu eus voulu Il (elle) eut voulu Nous eûmes voulu Vous eûtes voulu Ils (elles) eurent voulu	J'aurai voulu Tu auras voulu Il (elle) aura voulu Nous aurons voulu Vous aurez voulu Ils (elles) auront voulu	J'aurais voulu Tu aurais voulu Il (elle) aurait voulu Nous aurions voulu Vous auriez voulu Ils (elles) auraient voulu

SUBJONCTIF

	Présent	Imparfait		Passé	Plus-que-parfait
TEMPS SIMPLES	Que je veuille Que tu veuilles Qu'il (elle) veuille Que nous voulions Que vous vouliez Qu'ils (elles) veuillent	Que je voulusse Que tu voulusses Qu'il (elle) voulût Que nous voulussions Que vous voulussiez Qu'ils (elles) voulussent	TEMPS COMPOSÉS	Que j'aie voulu Que tu aies voulu Qu'il (elle) ait voulu Que nous ayons voulu Que vous ayez voulu Qu'ils (elles) aient voulu	Que j'eusse voulu Que tu eusses voulu Qu'il (elle) eût voulu Que nous eussions voulu Que vous eussiez voulu Qu'ils (elles) eussent voulu

IMPÉRATIF		INFINITIF		PARTICIPE	
Présent	Veux (veuille), voulons, voulez (veuillez)	**Présent**	Vouloir	**Présent**	Voulant
Passé	Aie voulu, ayons voulu, ayez voulu	**Passé**	Avoir voulu	**Passé**	Voulu(e), ayant voulu

Devoir (3e groupe)

INDICATIF

	Présent	Imparfait	Passé simple	Futur simple	Conditionnel présent
TEMPS SIMPLES	Je dois tu dois Il (elle) doit Nous devons Vous devez Ils (elles) doivent	Je devais Tu devais Il (elle) devait Nous devions Vous deviez Ils (elles) devaient	Je dus Tu dus Il (elle) dut Nous dûmes Vous dûtes Ils (elles) durent	Je devrai Tu devras Il (elle) devra Nous devrons Vous devrez Ils (elles) devront	Je devrais Tu devrais Il (elle) devrait Nous devrions Vous devriez Ils (elles) devraient
	Passé composé	**Plus-que-parfait**	**Passé antérieur**	**Futur antérieur**	**Conditionnel passé**
TEMPS COMPOSÉS	J'ai dû Tu as dû Il (elle) a dû Nous avons dû Vous avez dû Ils (elles) ont dû	J'avais dû Tu avais dû Il (elle) avait dû Nous avions dû Vous aviez dû Ils (elles) avaient dû	J'eus dû Tu eus dû Il (elle) eut dû Nous eûmes dû Vous eûtes dû Ils (elles) eurent dû	J'aurai dû Tu auras dû Il (elle) aura dû Nous aurons dû Vous aurez dû Ils (elles) auront dû	J'aurais dû Tu aurais dû Il (elle) aurait dû Nous aurions dû Vous auriez dû Ils (elles) auraient dû

SUBJONCTIF

	Présent	Imparfait		Passé	Plus-que-parfait
TEMPS SIMPLES	Que je doive Que tu doives Qu'il (elle) doive Que nous devions Que vous deviez Qu'ils (elles) doivent	Que je dusse Que tu dusses Qu'il (elle) dût Que nous dussions Que vous dussiez Qu'ils (elles) dussent	TEMPS COMPOSÉS	Que j'aie dû Que tu aies dû Qu'il (elle) ait dû Que nous ayons dû Que vous ayez dû Qu'ils (elles) aient dû	Que j'eusse dû Que tu eusses dû Qu'il (elle) eût dû Que nous eussions dû Que vous eussiez dû Qu'ils (elles) eussent dû

IMPÉRATIF		INFINITIF		PARTICIPE	
Présent	Dois, devons, devez	**Présent**	Devoir	**Présent**	Devant
Passé	Aie dû, ayons dû, ayez dû	**Passé**	Avoir dû	**Passé**	Ayant dû

Croire (3e groupe)

INDICATIF

Temps simples	Présent	Imparfait	Passé simple	Futur simple	Conditionnel présent
	Je crois tu crois Il (elle) croit Nous croyons Vous croyez Ils (elles) croient	Je croyais Tu croyais Il (elle) croyait Nous croyions Vous croyiez Ils (elles) croyaient	Je crus Tu crus Il (elle) crut Nous crûmes Vous crûtes Ils (elles) crurent	Je croirai Tu croiras Il (elle) croira Nous croirons Vous croirez Ils (elles) croiront	Je croirais Tu croirais Il (elle) croirait Nous croirions Vous croiriez Ils (elles) croiraient
Temps composés	**Passé composé**	**Plus-que-parfait**	**Passé antérieur**	**Futur antérieur**	**Conditionnel passé**
	J'ai cru Tu as cru Il (elle) a cru Nous avons cru Vous avez cru Ils (elles) ont cru	J'avais cru Tu avais cru Il (elle) avait cru Nous avions cru Vous aviez cru Ils (elles) avaient cru	J'eus cru Tu eus cru Il (elle) eut cru Nous eûmes cru Vous eûtes cru Ils (elles) eurent cru	J'aurai cru Tu auras cru Il (elle) aura cru Nous aurons cru Vous aurez cru Ils (elles) auront cru	J'aurais cru Tu aurais cru Il (elle) aurait cru Nous aurions cru Vous auriez cru Ils (elles) auraient cru

SUBJONCTIF

Temps simples : Présent	Temps simples : Imparfait	Temps composés : Passé	Temps composés : Plus-que-parfait
Que je croie Que tu croies Qu'il (elle) croie Que nous croyions Que vous croyiez Qu'ils (elles) croient	Que je crusse Que tu crusses Qu'il (elle) crût Que nous crussions Que vous crussiez Qu'ils (elles) crussent	Que j'aie cru Que tu aies cru Qu'il (elle) ait cru Que nous ayons cru Que vous ayez cru Qu'ils (elles) aient cru	Que j'eusse cru Que tu eusses cru Qu'il (elle) eût cru Que nous eussions cru Que vous eussiez cru Qu'ils (elles) eussent cru

IMPÉRATIF		INFINITIF		PARTICIPE	
Présent	Crois, croyons, croyez	**Présent**	Croire	**Présent**	Croyant
Passé	Aie cru, ayons cru, ayez cru	**Passé**	Avoir cru	**Passé**	Ayant cru

Aller

INDICATIF

Temps simples	Présent	Imparfait	Passé simple	Futur simple	Conditionnel présent
	Je vais Tu vas Il (elle) va Nous allons Vous allez Ils (elles) vont	J'allais Tu allais Il (elle) allait Nous allions Vous alliez Ils (elles) allaient	J'allai Tu allas Il (elle) alla Nous allâmes Vous allâtes Ils (elles) allèrent	J'irai Tu iras Il (elle) ira Nous irons Vous irez Ils (elles) iront	J'irais Tu irais Il (elle) irait Nous irions Vous iriez Ils (elles) iraient
Temps composés	**Passé composé**	**Plus-que-parfait**	**Passé antérieur**	**Futur antérieur**	**Conditionnel passé**
	Je suis allé(e) Tu es allé(e) Il (elle) est allé(e) Nous sommes allé(e)s Vous êtes allé(e)s Ils (elles) sont allé(e)s	J'étais allé(e) Tu étais allé(e) Il (elle) était allé(e) Nous étions allé(e)s Vous étiez allé(e)s Ils (elles) étaient allé(e)s	Je fus allé(e) Tu fus allé(e) Il (elle) fut allé(e) Nous fûmes allé(e)s Vous fûtes allé(e)s Ils (elles) furent allé(e)s	Je serai allé(e) Tu seras allé(e) Il (elle) sera allé(e) Nous serons allé(e)s Vous serez allé(e)s Ils (elles) seront allé(e)s	Je serais allé(e) Tu serais allé(e) Il (elle) serait allé(e) Nous serions allé(e)s Vous seriez allé(e)s Ils (elles) seraient allé(e)s

SUBJONCTIF

Temps simples : Présent	Temps simples : Imparfait	Temps composés : Passé	Temps composés : Plus-que-parfait
Que j'aille Que tu ailles Qu'il (elle) aille Que nous allions Que vous alliez Qu'ils (elles) aillent	Que j'allasse Que tu allasses Qu'il (elle) allât Que nous allassions Que vous allassiez Qu'ils (elles) allassent	Que je sois allé(e) Que tu sois allé(e) Qu'il (elle) soit allé(e) Que nous soyons allé(e)s Que vous soyez allé(e)s Qu'ils (elles) soient allé(e)s	Que je fusse allé(e) Que tu fusses allé(e) Qu'il (elle) fût allé(e) Que nous fussions allé(e)s Que vous fussiez allé(e)s Qu'ils (elles) fussent allé(e)s

IMPÉRATIF		INFINITIF		PARTICIPE	
Présent	Va, allons, allez	**Présent**	Aller	**Présent**	Allant
Passé	Sois allé(e), soyons allé(e)s, soyez allé(e)s	**Passé**	Être allé(e)	**Passé**	Allé(e), étant allé(e)

Le jeu de l'indicatif

Au cours de l'année scolaire, le jeu évolue.
• ***1**[er] **trimestre :** jeu sur le présent, l'imparfait, le futur…*
• ***2**[e] **trimestre :** jeu sur le passé simple, le conditionnel présent…*
• ***3**[e] **trimestre :** jeu sur tous les temps de l'indicatif, en tirant au sort une carte sur laquelle figure le temps dont on doit donner la forme.*

Règle du jeu

- Le jeu se déroule avec un dé et deux pions.
- Chaque partie se déroule avec 3 participants : deux joueurs qui s'affrontent ; un arbitre qui vérifie les connaissances et tient la fiche de correction.

Déroulement

- On lance le dé : si le chiffre est pair, le joueur doit donner la personne verbale du haut de la case. Si le chiffre est impair, il donne la personne verbale du bas de la case.
- Le chiffre donne la case du verbe à conjuguer. Le joueur écrit la forme exacte. L'arbitre vérifie. Les accents et cédilles sont exigés.
- Si la forme est exacte, le joueur place son pion sur la case correspondant au chiffre du dé.
- Si la forme est fausse, il recule son pion du nombre de cases correspondant.
- Le joueur qui est arrivé le premier à la fin du parcours est le gagnant.
- On convient de ne pas reculer si le chiffre de la fin du parcours excède le nombre de cases restantes.

Tournoi

- On peut organiser un tournoi : deux gagnants de deux équipes jouent ensemble entre eux, deux perdants entre eux.
- Il faut avoir gagné deux parties au moins pour devenir arbitre.
- On peut inventer des prix à la fin de chaque tournoi.

IL 6 POUVOIR ELLES
JE 7 ALLER NOUS
TU 8 VOIR VOUS
IL 9 SAVOIR ELLES
JE 10 VOULOIR NOUS
TU 11 VENIR VOUS
IL 12 DEVOIR ELLES
JE 13 CROIRE NOUS
TU 14 TROUVER VOUS
IL 15 DONNER ELLES
JE 16 PRENDRE NOUS
TU 17 PARLER VOUS
IL 18 AIMER ELLES
JE 19 PASSER NOUS
TU 20 METTRE VOUS
IL 21 DEMANDER ELLES
JE 22 TENIR NOUS
TU 23 SEMBLER VOUS
IL 24 LAISSER ELLES
NOUS 35 ATTENDRE VOUS
JE 36 VIVRE ILS
TU 37 CHERCHER NOUS
IL 38 SORTIR VOUS
JE 39 COMPRENDRE IL
TU 40 PORTER ELLES
IL 41 DEVENIR NOUS
JE 42 ENTRER VOUS
TU 43 REVENIR ELLES
IL 44 ÉCRIRE NOUS
JE 45 APPELER VOUS
ARRIVÉE
1
2
3

Infinitif Participe passé	Personne	Présent	Imparfait	Futur simple	Conditionnel présent	Passé simple
1. Partir Parti	Je Nous	pars partons	partais partions	partirai partirons	partirais partirions	partis partîmes
2. Être Été	Tu Vous	es êtes	étais étiez	seras serez	serais seriez	fus fûtes
3. Avoir Eu	Il Elles	a ont	avait avaient	aura auront	aurait auraient	eut eurent
4. Faire Fait	Je Nous	fais faisons	faisais faisions	ferai ferons	ferais ferions	fis fîmes
5. Dire Dit	Tu Vous	dis dites	disais disiez	diras direz	dirais diriez	dis dîtes
6. Pouvoir Pu	Il Elles	peut peuvent	pouvait pouvaient	pourra pourront	pourrait pourraient	put purent
7. Aller Allé	Je Nous	vais allons	allais allions	irai irons	irais irions	allai allâmes
8. Voir Vu	Tu Vous	vois voyez	voyais voyiez	verras verrez	verrais verriez	vis vîtes
9. Savoir Su	Il Elles	sait savent	savait savaient	saura sauront	saurait sauraient	sut surent
10. Vouloir Voulu	Je Nous	veux voulons	voulais voulions	voudrai voudrons	voudrais voudrions	voulus voulûmes
11. Venir Venu	Tu Vous	viens venez	venais veniez	viendras viendrez	viendrais viendriez	vins vîntes
12. Devoir Dû	Il Elles	doit doivent	devait devaient	devra devront	devrait devraient	dut durent
13. Croire Cru	Je Nous	crois croyons	croyais croyions	croirai croirons	croirais croirions	crus crûmes
14. Trouver Trouvé	Tu Vous	trouves trouvez	trouvais trouviez	trouveras trouverez	trouverais trouveriez	trouvas trouvâtes
15. Donner Donné	Il Elles	donne donnent	donnait donnaient	donnera donneront	donnerait donneraient	donna donnèrent
16. Prendre Pris	Je Nous	prends prenons	prenais prenions	prendrai prendrons	prendrais prendrions	pris prîmes
17. Parler Parlé	Tu Vous	parles parlez	parlais parliez	parleras parlerez	parlerais parleriez	parlas parlâtes
18. Aimer Aimé	Il Elles	aime aiment	aimait aimaient	aimera aimeront	aimerait aimeraient	aima aimèrent
19. Passer Passé	Je Nous	passe passons	passais passions	passerai passerons	passerais passerions	passai passâmes
20. Mettre Mis	Tu Vous	mets mettez	mettais mettiez	mettras mettrez	mettrais mettriez	mis mîtes
21. Demander Demandé	Il Elles	demande demandent	demandait demandaient	demandera demanderont	demanderait demanderaient	demanda demandèrent
22. Tenir Tenu	Je Nous	tiens tenons	tenais tenions	tiendrai tiendrons	tiendrais tiendrions	tins tîntes
23. Sembler Semblé	Tu Vous	sembles semblez	semblais sembliez	sembleras semblerez	semblerais sembleriez	semblas semblâtes
24. Laisser Laissé	Il Elles	laisse laissent	laissait laissaient	laissera laisseront	laisserait laisseraient	laissa laissèrent

Infinitif Participe passé	Personne	Présent	Imparfait	Futur simple	Conditionnel présent	Passé simple
25. Rester Resté	Je Nous	reste restons	restais restions	resterai resterons	resterais resterions	restai restâmes
26. Penser Pensé	Tu Vous	penses pensez	pensais pensiez	penseras penserez	penserais penseriez	pensas pensâtes
27. Entendre Entendu	Il Elles	entend entendent	entendait entendaient	entendra entendront	entendrait entendraient	entendit entendirent
28. Regarder Regardé	Je Nous	regarde regardons	regardais regardions	regarderai regarderons	regarderais regarderions	regardai regardâmes
29. Répondre Répondu	Tu Vous	réponds répondez	répondais répondiez	répondras répondrez	répondrais répondriez	répondis répondîtes
30. Rendre Rendu	Il Elles	rend rendent	rendait rendaient	rendra rendront	rendrait rendraient	rendit rendirent
31. Connaître Connu	Je Nous	connais connaissons	connaissais connaissions	connaîtrai connaîtrons	connaîtrais connaîtrions	connus connûmes
32. Paraître Paru	Tu Vous	parais paraissez	paraissais paraissiez	paraîtras paraîtrez	paraîtrais paraîtriez	parus parûtes
33. Arriver Arrivé	Il Elles	arrive arrivent	arrivait arrivaient	arrivera arriveront	arriverait arriveraient	arriva arrivèrent
34. Sentir Senti	Je Elles	sens sentent	sentais sentaient	sentirai sentiront	sentirais sentiraient	sentis sentirent
35. Attendre Attendu	Nous Vous	attendons attendez	attendions attendiez	attendrons attendrez	attendrions attendriez	attendîmes attendîtes
36. Vivre Vécu	Je Ils	vis vivent	vivais vivaient	vivrai vivront	vivrais vivraient	vécus vécurent
37. Chercher Cherché	Tu Nous	cherches cherchons	cherchais cherchions	chercheras chercherons	chercherais chercherions	cherchas cherchâmes
38. Sortir Sorti	Il Vous	sort sortez	sortait sortiez	sortira sortirez	sortirait sortiriez	sortit sortîtes
39. Comprendre Compris	Je Il	comprends comprend	comprenais comprenait	comprendrai comprendra	comprendrais comprendrait	compris comprit
40. Porter Porté	Tu Elles	portes portent	portais portaient	porteras porteront	porterais porteraient	portas portèrent
41. Devenir Devenu	Il Nous	devient devenons	devenait devenions	deviendra deviendrons	deviendrait deviendrions	devint devînmes
42. Entrer Entré	J' Vous	entre entrez	entrais entriez	entrerai entrerez	entrerais entreriez	entrai entrâtes
43. Revenir Revenu	Tu Elles	reviens reviennent	revenais revenaient	reviendras reviendront	reviendrais reviendraient	revins revinrent
44. Écrire Écrit	Il Nous	écrit écrivons	écrivait écrivions	écrira écrirons	écrirait écririons	écrivit écrivîmes
45. Appeler Appelé	J' Vous	appelle appelez	appelais appeliez	appellerai appellerez	appellerais appelleriez	appelai appelâtes
46. Tomber Tombé	Tu Elles	tombes tombent	tombais tombaient	tomberas tomberont	tomberais tomberaient	tombas tombèrent
47. Suivre Suivi	Il Vous	suit suivez	suivait suiviez	suivra suivrez	suivrait suivriez	suivit suivîtes
48. Sourire Souri	Tu Elles	souris sourient	souriais souriaient	souriras souriront	sourirais souriraient	souris sourirent
49. Gagner Gagné	Je Nous	gagne gagnons	gagnais gagnions	gagnerai gagnerons	gagnerais gagnerions	gagnai gagnâmes

Alphabet phonétique international

Les voyelles orales

[a] → chat, là, femme.
[ɑ] → pâle.
[e] → ôter, café, pied.
[ɛ] → lait, pêche, thème, beige, Noël.
[i] → glycine, dîner, maïs.
[œ] → peur, œuf.
[ə] → cerise.
[ø] → neveu.
[o] → pot, peau, tôt, taux.
[ɔ] → fort, rhum.
[y] → du, dû.
[u] → ou, où, goût.

Les consonnes orales

[p] → laper, japper.
[b] → table, abbé.
[t] → date, datte, théâtre.
[d] → dans, addition.
[k] → cou, coq, coque, accord, kaki, chorale, ticket, acquérir.
[g] → gare, guêpe, aggraver.
[s] → ses, ces, tasse, acrobatie, scie, glaçon.
[z] → ciseau, zéro.
[ʃ] → chat, schéma.
[ʒ] → je, geai, gel.
[f] → faim, affamer, phoque.
[v] → vous, wagon.
[l] → fil, ville.
[ʀ] → bar, erreur, rhume.

Les voyelles nasales

[ɛ̃] → pin, pain, peint, faim, thym, (nous) tînmes.
[œ̃] → brun, parfum.
[ɑ̃] → amande, amende, ample, emporter.
[ɔ̃] → pont, pompe

Les consonnes nasales

[m] → mon, imminent.
[n] → non, innocent.
[ɲ] → vigne.
[ŋ] → parking.

Les semi-voyelles ou semi-consonnes

[j] → pied, fille, rayon, soleil, aïeul.
[w] → jouet, watt.
[ɥ] → u (+[i]) : puis, huître.

Lexique grammatical

95 mots utiles

Adjectif qualificatif : mot variable qui indique une qualité ou une caractéristique du nom auquel il se rapporte.

Antécédent : nom ou pronom complété par une proposition subordonnée relative.

Antonyme : mot qui a un sens opposé à celui d'un autre; contraire.

→ ***Petit*** et ***grand***.
Minuscule et ***immense***…

Apposition : expansion du groupe nominal. Nom ou groupe nominal qui désigne le même être que le nom qu'il complète.

→ *Pierre, **mon frère**…*

Article : déterminant du nom, placé avant celui-ci, marquant sa valeur définie ou indéfinie, son nombre et souvent son genre.

→ ***Un** gâteau. **Le** gâteau.*
***Les** gâteaux.*

Attribut du sujet : adjectif ou nom qui indique une caractéristique du sujet par l'intermédiaire du verbe *être* ou d'un verbe attributif.

→ *Je deviens **savante**.*

Cause : ce qui détermine une chose, entraîne un résultat, une conséquence.

La cause peut être introduite par : *parce que, puisque, comme, à cause de, du fait de…*

Champ lexical : ensemble de mots qui désignent des réalités ou des idées appartenant au même thème.

→ *Cime, piolet, glacier* appartiennent au champ lexical de la montagne.

Communication : fait de communiquer quelque chose à quelqu'un; la chose que l'on communique. Toute communication suppose un émetteur, un récepteur, des signes, un message.

Complément d'agent : à la forme passive, complément qui indique l'agent (le responsable) de l'action exprimée par le verbe.

→ *Un piéton a été renversé **par une voiture**.*

Complément circonstanciel : complément qui n'est pas lié au verbe, mais qui complète l'ensemble de la phrase (complément de phrase).

→ ***Sur tous mes classeurs**, j'ai mis des photos.*

Complément de lieu : groupe nominal, adverbe indiquant la localisation de l'action. Il peut être essentiel ou circonstanciel.

→ *Le chat a sauté **sur l'étagère**.*
(complément essentiel)

Complément de temps : groupe nominal, adverbe ou proposition subordonnée indiquant le moment ou la durée de l'état ou de l'action. Il peut être essentiel ou circonstanciel.

→ ***À cinq heures**, elle prenait son thé comme d'habitude.*
(complément circonstanciel)

Complément d'objet direct (COD) : construit sans préposition, il désigne l'être ou la chose auxquels s'applique l'action exprimée par le verbe.

→ *Elle voudrait acheter **un ordinateur très puissant**.*

Complément d'objet indirect (COI) : complément d'objet construit avec une préposition.

→ *Marie se souvient avec nostalgie **des vacances**.*

Complément d'objet second (COS) : complément qui indique le destinataire de l'action et s'emploie avec un verbe qui a également un complément d'objet.

→ *Estelle a reçu **de sa grand-mère** un peu d'argent de poche supplémentaire.*

Complément du nom (ou déterminatif) : expansion du nom composée d'une préposition et d'un autre groupe nominal.

→ *J'ai emprunté le baladeur **de mon grand frère**.*

Complément essentiel : complément lié au verbe, qu'il est impossible de supprimer sans modifier le sens de la phrase.

→ *Elle va* ***à la pêche****.*

Conséquence : ce qui découle d'un fait, ce qui résulte d'une cause. La conséquence est introduite par : *donc, par conséquent, si bien que, de sorte que…*

Construction active : construction du verbe dans laquelle le sujet est généralement l'agent de l'action exprimée par le verbe.

→ ***Ma mère*** *a réparé mon vélo.*

Construction passive : construction du verbe dans laquelle le sujet subit l'action exprimée par le verbe.

→ *Les randonneurs ont été surpris par le mauvais temps.*

Destinataire : dans la communication, l'auditeur ou le lecteur, celui à qui est adressé le message du locuteur.

Déterminant : dans un groupe nominal, mot qui précède le plus souvent un nom. Il en porte les marques de genre et de nombre.

→ ***Un*** *vêtement.*
Le *blouson.* ***Mon*** *pull bleu.*
Cette *cravate originale.*

Émetteur : dans la communication, celui qui émet, qui produit des messages.

Énoncé : message, oral ou écrit, entre un émetteur et un destinataire.

Énonciation : fait de produire un énoncé. Manière d'énoncer.

Épithète : fonction de l'adjectif qualificatif.
On distingue l'**épithète liée**, directement placée après le nom, et l'**épithète détachée**, séparée du nom par une virgule.

→ *Un gilet* ***rouge***
(épithète liée)
Souriante*, la femme attendait.* (épithète détachée)

Étymologie : **1.** Science de l'origine des mots. – **2.** Origine d'un mot.

Fonction d'un mot (ou d'un groupe de mots) : rôle grammatical d'un mot ou d'un groupe de mots dans la phrase.

Forme de phrase : les formes de phrases s'opposent deux à deux : affirmative/négative ; active/passive ; neutre/emphatique ; personnelle/impersonnelle.

Homonymes : mots qui se prononcent de la même façon mais qui n'ont pas le même sens. Sous cette catégorie, on classe les **homographes** (mots qui s'écrivent de la même façon) et les **homophones** (mots qui se prononcent de la même façon).

→ *Ballet* et *balai*
(homonymes).

→ *Boucher* (marchand de viande) et *boucher* (verbe, boucher un trou) (homographes).

→ *Bal* et *balle...*
(homophones).

Imparfait de l'indicatif : temps de l'indicatif qui exprime un fait ou une action en train de se dérouler dans le passé, sans en montrer le début ni la fin (actions d'arrière-plan).

Impératif : mode du verbe exprimant l'ordre.

Indicatif : mode du verbe exprimant un fait réel, présent, passé ou futur.

Indices d'énonciation : mots qui renvoient à l'émetteur, au récepteur, au moment et au lieu de la conversation.
Ce sont :
– les marques de personne (pronoms personnels, indéfinis, pronoms et adjectifs possessifs, etc.) ;
– les indices temporels (temps des verbes, adverbes de lieux etc.) ;
– les indices spatiaux (adverbes de lieux).

Juxtaposition : mots ou phrases placés à la suite les uns des autres sans lien de coordination ou de subordination.

→ *Adieu, veau, vache, cochon, couvée…*

Liens logiques (ou « mots de liaison », « connecteurs ») : mots qui servent à assurer les articulations et la progression d'un texte.
Les principaux types de liens logiques sont des liens :
– de cause : *parce que, en effet, puisque…*
– de conséquence : *donc, par conséquent, on peut en déduire que…*
– d'addition : *de plus, par ailleurs, et…*
– de concession : *certes, bien sûr, évidemment, malgré…*
– d'opposition : *mais, en revanche, à l'inverse, cependant…*

Message : l'information, les paroles que l'émetteur transmet.

Mode du verbe : manière dont le verbe exprime l'état ou l'action. En français, on distingue l'indicatif, le subjonctif, l'impératif (modes personnels), l'infinitif et le participe (modes impersonnels).

Narrateur : celui qui raconte une histoire à l'intérieur d'un texte narratif. Il faut distinguer l'auteur (la personne qui écrit l'histoire) et le narrateur (le personnage qui raconte).

Nature d'un mot : catégorie grammaticale à laquelle le mot appartient : nom – adjectif – déterminant – pronom – verbe – adverbe – mot de liaison.

Nom : catégorie de mots qui désignent un être, une chose, une idée… Le nom peut être commun ou propre, animé ou non animé, abstrait ou concret.

Nom abstrait : nom qui désigne une action, une idée, une qualité, une propriété des êtres ou des objets.

→ *La confiance. Le bonheur. La légèreté.*

Nom animé : nom qui désigne un être vivant, humain ou non humain.

→ *Un écrivain. Une photographe. Un cheval.*

Nom commun : nom qui désigne les êtres et les objets d'une même espèce. Il est le plus souvent précédé d'un déterminant.

→ *Un chien. Une feuille. Un tube de peinture.*

Nom concret : nom qui désigne un être ou un objet qu'on peut percevoir par l'un des cinq sens.

→ *Le mur. La musique.*

Nom non animé : nom qui désigne une chose, un phénomène, une idée.

→ *Un vase. Une fleur.*

Nom propre : nom qui désigne un être ou un objet unique, bien individualisé. Il commence toujours par une majuscule.

→ *Paris. Deauville. Zoé.*

Organisateur : mot ou groupe de mots dont le rôle est d'établir des relations entre deux unités du texte, phrases ou paragraphes.
On distingue les organisateurs **temporels** (*un jour*), **spatiaux** (*en haut*) et **logiques** (*ainsi, donc*).

Paragraphe : division d'un texte en prose, offrant une unité de composition.
Un paragraphe commence par un alinéa et se termine par un retour à la ligne.

Passé simple : temps de l'indicatif qui exprime des faits passés sans contact avec le présent. Ces faits forment la trame principale du récit, tandis que l'imparfait décrit les actions d'arrière-plan.

Personne du verbe : forme de la conjugaison permettant de distinguer celui qui parle, celui qui écoute, celui ou ce dont on parle.

Phrase : suite de mots organisés pour former un élément de communication qui a du sens. Elle commence par une majuscule et se termine par un point.

Phrase complexe : phrase contenant plusieurs propositions construites autour de plusieurs groupes verbaux.

→ *Ma mère préfère que nous goûtions dans le jardin.*

Phrase simple : phrase qui contient un seul groupe verbal, construit autour d'un verbe conjugué.

→ *L'acteur répète longuement son rôle.*

Phrase non verbale : énoncé qui peut se limiter à un seul mot et ne comporte pas de verbe conjugué.

→ *Attention ! Vite !*

Phrase verbale : phrase construite autour d'un verbe conjugué au moins.

→ *La cafetière est sur la table.*

Ponctuation : système de signes servant à indiquer les divisions syntaxiques d'un texte, à noter certains types de phrases. Signes de ponctuation : point, virgule, guillemets, parenthèses…

Préfixe : élément de formation d'un mot qui se place avant le radical du mot.

→ ***Dé**composer.*

Progression thématique : dans un texte, enchaînement des informations connues et nouvelles, qui permet au texte de progresser et de s'organiser.

Pronom personnel : pronom qui représente l'émetteur, le récepteur ou l'objet de la communication cité précédemment dans un texte.

→ *Fabien a obtenu un vingt en orthographe. **Il** n'est pas encore remis de sa surprise.*

Pronom relatif : mot de relation qui unit la proposition relative à son antécédent. Il représente, en tête de la proposition relative, le nom ou le pronom antécédent.

→ *Laurent, **que** vous voyez là-bas, est expert-comptable.*

Propos : éléments du discours qui apportent des informations nouvelles (voir *thème*).

Proposition : unité de sens construite autour d'un sujet et d'un verbe conjugué.

Proposition indépendante : proposition qui constitue à elle seule une phrase.

Proposition principale : dans une phrase complexe, proposition qui contient l'information principale, et dont dépendent les propositions subordonnées.

Proposition subordonnée : proposition rattachée à une proposition principale par un mot de relation tel qu'un pronom relatif, une conjonction de subordination, un pronom interrogatif.

Proposition subordonnée relative : expansion du groupe nominal qui commence par un pronom relatif reprenant le nom ou le pronom antécédent.

Récepteur : personne à qui l'on parle ou à qui l'on écrit. Dans la communication, celui qui reçoit, qui est le destinataire du message.

Registre de langue : On distingue trois registres de langue : familier *(meule)*, courant *(mobylette)*, soutenu *(cyclomoteur)*.
À chaque registre de langue peut correspondre une syntaxe, une prononciation, ou encore un vocabulaire différent.

Subjonctif : mode du verbe exprimant le doute, la volonté, le désir.

Subordination : relation qui unit, à l'intérieur de la phrase, des propositions qui ne sont pas de même niveau, et dont l'une dépend de l'autre.

Substitut (ou mot de reprise) : groupe nominal ou pronom qui reprend des informations données précédemment.

Suffixe : élément de formation d'un mot qui se place après le radical du mot pour former un dérivé.

→ *Respir**ation** ; mécan**isme**.*